古典文獻研究輯刊

二十編

潘美月・杜潔祥 主編

第 16 冊

《水經注》與晉宋地理文學文獻研究（上）

鮑遠航 著

國家圖書館出版品預行編目資料

《水經注》與晉宋地理文學文獻研究（上）／鮑遠航 著 -- 初版 -- 新北市：花木蘭文化出版社，2015〔民 104〕

目 4+256 面；19×26 公分

（古典文獻研究輯刊 二十編；第 16 冊）

ISBN 978-986-404-097-1（精裝）

1. 水經注 2. 研究考訂

011.08　　　　　　　　　　　　　　　　103027408

ISBN-978-986-404-097-1

古典文獻研究輯刊

二十編　第十六冊　　　　　ISBN：978-986-404-097-1

《水經注》與晉宋地理文學文獻研究（上）

作　　者	鮑遠航
主　　編	潘美月　杜潔祥
總 編 輯	杜潔祥
副總編輯	楊嘉樂
編　　輯	許郁翎
企劃出版	北京大學文化資源研究中心
出　　版	花木蘭文化出版社
社　　長	高小娟
聯絡地址	235 新北市中和區中安街七二號十三樓
	電話：02-2923-1455／傳眞：02-2923-1452
網　　址	http://www.huamulan.tw 信箱 hml 810518@gmail.com
印　　刷	普羅文化出版廣告事業
初　　版	2015 年 3 月
定　　價	二十編 24 冊（精裝）台幣 42,000 元

《水經注》與晉宋地理文學文獻研究（上）

鮑遠航　著

作者簡介

鮑遠航（1967－），男，河北承德人，文學博士，湖州師範學院副教授。研究方向爲魏晉隋唐文學與歷史文化。在《北方論叢》、《湘潭大學學報》、《東南大學學報》、《長江學術》等刊物發表文史論文四十餘篇，2012 年主持國家社科基金項目《水經注與魏晉南北朝地理文學文獻研究》。著有《唐詩說唐史》（中華書局，2008 年），《唐詩話唐俗》（浙江科技出版社，2013 年），《唐史可以這樣讀》（臺灣麥田出版社，2011 年）等專著。

提　　要

　　《水經注》是著名的古代地理暨文學經典，有很高的學術價值和文學價值。本書主要從地理文學文獻的角度對《水經注》進行研究，並以此對中國山水散文的源頭作出探尋。

　　本文共分爲五章。

　　第一章，從《水經注》本身記載入手，結合史傳、家譜等文獻，對酈道元的家世、生平等做出更進一步的探討；並討論酈道元的正朔觀念、中國文化本位意識及以儒家爲主導的思想，以及其在北魏的政治活動情況。

　　第二章，對《水經注》所引用重要地理文學文獻作出考證，是本書重點內容之一。《水經注》徵引了大量文學性很強的地記文獻。本書對《水經注》所引用的二十種重要地記文獻和十種故事性雜史傳記文獻作出考證，搜集相關文獻，考證作者生平事迹、作品歷代著錄及其亡佚時代，並廣泛搜集類書、史注、地志等文獻材料以補輯佚文，以期對《水經注》文獻來源研究及古文獻之整理有所貢獻。

　　第三章，探討古代地記的景物描寫及其對中國山水散文產生的貢獻。重點考察漢末、東晉初、東晉後期和劉宋初的代表作品辛氏《三秦記》、羅含《湘中記》、袁山松《宜都記》及盛弘之《荊州記》，初步探討中國山水散文在古代地記作品中的形成和發展情況。

　　第四章，探討《水經注》中山水景物描寫的特點和成就。考察《水經注》的山水描寫和山水性格概括，及其寫景語言藝術與修辭手法，並比較《水經注》與以南朝山水箚記爲代表的南朝山水散文，考察其異同及原因。

　　第五章，考察《水經注》中的神話傳說、人物故事和戰爭故事以及《水經注》所引用的詩賦謠諺。

教育部人文社會科學研究一般項目資助

目

次

前　言

　　《水經》是中國古代地理專著，歷世既久，作者今已無考，清儒考證其為三國魏時人所作〔註1〕。魏晉以來，注《水經》者有兩家：晉郭璞注三卷，北魏酈道元注四十卷。郭注佚失，酈注獨存。

　　《水經》「追法《貢》體，錄為新經，羅並四際，總勒一典，凡所引天下之水，百三十有七」〔註2〕。迨於後魏，酈道元作《水經注》，尋圖訪跡，窮源竟委，所引枝流一千二百五十餘條，「鈎採群書，弘鋪抒述，新益見聞」〔註3〕，使數千年往跡故瀆、郡縣沿革更加詳明。《水經注》包孕甚廣，除了地理學外，其內容還涉及歷史學、金石學、方言學、軍事學、文學等眾多學科。明清以後，對酈道元及其《水經注》的研究遂成專學。

　　前人在酈學的研究中，於《水經注》的校勘考據方面用力最專。金代蔡珪有《補正水經》三卷，對《水經注》有所補正，已亡佚，僅見於元人序跋。明朱謀㙔《水經注箋》在分清經注、改錯補漏等方面多有貢獻。清初有何焯《何焯校本水經注》、沈丙巽《水經注集釋訂訛》等。至乾隆間，酈學大盛，以全祖望《七校水經注》、趙一清《水經注釋》和戴震的殿本《水經注》最為著名，但也因此開始了酈學界戴趙相襲的論戰。有許多知名學者，如段玉裁、

〔註1〕《唐六典》始稱漢桑欽作，宋鄭樵《通志》、晁公武《郡齋讀書志》等亦主此說。石晉劉昫《舊唐書‧經籍志》始稱晉郭璞撰，宋王應麟《困學記聞》、金蔡珪《補正水經》等亦主此說。清儒閻若璩《尚書古文疏證》證非郭氏作；胡渭《禹貢錐指》證非桑氏作；其後戴震、趙一清、全祖望、楊守敬考為三國時人所作，下不逮晉。
〔註2〕明黃省曾《水經序》語。
〔註3〕明李長庚《水經注箋序》語。

魏源、楊守敬、王國維、胡適等，都介入了這場論戰。其中魏源、楊守敬、王國維等持戴襲趙說，段玉裁、胡適等則持相反的看法。另外一些學者如王先謙、陳橋驛等則以爲斯無關《水經注》研究大局，故可存而不論。胡適遺稿《〈水經注〉校本的研究》和王國維以朱本《水經注箋》爲底本並與諸名本對勘而成的《水經注校》是此期實績。建國後，鍾鳳年、段熙仲、陳橋驛等，繼續從事《水經注》的版本研究，並取得了較大的成就。

地理學研究是傳統考據學發展的特殊種類，其不同於通常的文獻考據之處是以實地考察和地圖繪製爲基礎。清初黃宗羲撰《今水經》，指出《水經注》南方河流記載的一些錯誤，是從地理學角度研究《水經注》的開始。顧炎武、顧祖禹、胡渭、閻若璩、陳運溶等清代學者也非常重視《水經注》在地理學上的作用。清末楊守敬和其門人熊會貞則最後完成了《水經注疏》初稿和《水經注圖》的編繪，使得《水經注》的地理學研究漸趨成熟。由於《水經注》具有豐富的自然地理和人文地理內容，建國以來，按地理學方向進行研究的學者，如陳橋驛、史念海、陳吉餘、吳壯達、曹爾琴等，隊伍最爲壯大，成果也最爲顯著。特別是陳橋驛先生，潛志研究《水經注》數十年，陸續出版了《水經注研究》（1985）、《酈道元與水經注》、《水經注研究二集》（1987）、《酈學新論》（1992）、《酈道元評傳》（1994）等專著，在《水經注》的地理學研究、地名學研究、版本研究這三個方面都有較爲詳細的闡述，顯示了其在歷史地理學方面的深厚功力。

「酈氏爲書之旨，在因水以證地，即地以存古」〔註4〕，《水經注》往往掇拾遺聞，參稽古跡，使得傳說故實，駢列於書；又兼其敘山水奇勝，觀察細緻，繪形傳神，用語峻潔，文采絢爛，以致有寫山記水的「太上」之譽〔註5〕。凡此，都說明《水經注》具有很大的文獻價值和文學價值。

晚唐陸龜蒙、宋蘇軾都曾有吟詠《水經注》的詩句〔註6〕，已從文學角度欣賞《水經注》。明代學者朱之臣選編《水經注》詞章出色者而成《水經注刪》一書。楊慎也曾打算摘錄《水經注》文筆佳處爲一編以供吟賞〔註7〕。至明萬

〔註4〕 清王先謙校《水經注》自序。
〔註5〕 明張岱《跋寓山注》：「古人記山水，太上酈道元，其次柳子厚，近時則袁中郎。」
〔註6〕 陸龜蒙《和襲美寄懷南陽潤卿》：「高抱相逢各絕塵，水經山疏不離身。」蘇軾《寄周安孺茶詩》：「嗟我樂何深，水經亦屢讀。」
〔註7〕 楊慎《丹鉛總錄》：「《水經注》所載多他書傳未有者，其敘山水奇勝，文藻駢

曆間，「竟陵派」詩文領袖鍾惺、譚元春尤其看重《水經注》的優美辭藻和寫作技巧。現北京圖書館藏有明崇禎二年刊本鍾、譚評點本《水經注》。這表明，明代學者已經對《水經注》的文學性內容有所重視。

　　但是，學者們更爲專注的還是《水經注》的學術價值尤其是地理學價值，而忽視對其文學性的深入探討。如趙一清就說：「若乃綺章繪句，躡影希聲，規索枕中之秘，竊侈談柄之助，風斯愈下，吾無取焉」〔註8〕。他批評楊慎：「若夫獺祭之徒，取爲詩賦材料之用。至比之《玉壺冰》、《臥遊錄》雕蟲小技，烏足數哉？不知其有功於神禹之故跡，而爲來學之津梁」〔註9〕。在這種的觀念的影響下，二十世紀以來，人們對《水經注》的文學價值不夠重視。有關《水經注》文學性研究的論文並不多見，而且，主要集中於八十年代前，大多簡要說明其於山水景物描寫對於後代遊記文學的貢獻，這其中又以論《水經注·江水注》中的《三峽》一段的文學描寫者居多。除了幾種側重文學性的輯本和選本注釋如范文瀾《水經注寫景文鈔》、鄭德坤《水經注故事鈔》、譚家健、李知文《水經注選注》等外，幾乎沒有專門研究《水經注》文學性的論著。而且，對於《水經注》這樣一部「集六朝地志之大成」，徵引大量文獻的精博之作，在文獻學研究方面也缺乏細緻的探討。陳橋驛《水經注·文獻錄》統計，《水經注》中引錄六朝及以前的文獻共479種，並把這些文獻分爲地理、歷史、人物、圖籍等十八類，每種文獻都收集資料作了敘錄。筆者發現，儘管陳橋驛的統計是目前學界統計《水經注》文獻最全者〔註10〕，但仍有遺漏，且其敘錄文獻亦頗簡略，大多爲十幾字至幾十字，非所詳究，所以也存在繼續開掘的餘地。

　　鑒於以上研究狀況，本書擬對《水經注》在文獻學文學方面進行研究。

　　　麗，比之宋人《臥遊錄》、今之《玉壺冰》，豈不天淵？予嘗欲抄出其山水佳
　　　勝爲一帙，以洗宋人《臥遊錄》之陋，未暇也。」
〔註8〕　清趙一清《水經注釋自序》。
〔註9〕　清趙一清《書楊慎〈水經序〉後》。
〔註10〕明黃省曾校本《水經注》卷首列爲 164 種，王國維校明刊本（1984）卷首列
　　　169 種，馬念祖《水經注等八種古籍引用書目彙編》（1960）列 375 種，鄭德
　　　坤《水經注引得》（1934）列 437 種。見陳橋驛《酈道元評傳》，南京大學出
　　　版社，1994 年 4 月版，第 111 頁。

第一章　酈道元生平思想補論

　　關於酈道元的生平和思想的研究，以陳橋驛的《酈道元評傳》最爲系統。《評傳》把酈道元及其《水經注》放在四世紀初期到六世紀後期中國境內「地理大交流」〔註1〕的大環境中加以論證，指出酈道元無疑是當時最傑出的地理學家。《評傳》和陳氏的另外一篇文章《愛國主義者酈道元與愛國主義著作〈水經注〉》，還就《水經注》所表現的酈道元愛國主義精神及高尚情操作了探討。陳氏《評傳》和文章，爲酈道元及其《水經注》的研究作出了重要貢獻，是目前關於酈道元生平和思想研究的權威性作品。

　　但筆者認爲，在酈道元生平和思想方面，還可以在陳氏《評傳》的基礎上作出更進一步的挖掘。本章從陳氏《評傳》所未言及的一些方面，如酈道元的正朔觀念和漢民族本位意識、酈道元在北魏政治鬥爭中所屬派別、酈道元以儒家爲主導的思想等，以及陳氏《評傳》所言不夠具體深入的一些方面，如酈道元撰著《水經注》的時間、原因等，作出補充論述探討。

第一節　酈道元的家世和生平

一、酈道元的家世

　　酈道元的先祖可以追溯至漢初的酈食其和酈商。

〔註1〕「地理大交流」係陳橋驛提出，指從四世紀初期到六世紀後期之間，中國社會的大混亂，牽涉到廣大集團的人群在自然地理環境和人文地理環境上的深刻變異。見陳橋驛《酈道元評傳》，南京大學出版社1994年版，第19頁。

　　酈食其和酈商都是輔佐漢高祖開國的功臣。按《史記》卷九十七《酈生陸賈列傳》，「自沛公未入關，與項羽別而至高陽，得酈生兄弟」，酈食其和酈商在定三秦之前就追隨劉邦。酈食其助沛公襲陳留，得秦積粟，受封廣野君。酈商是酈食其之弟，在《高帝功臣表》「十八侯」位次中名列第六位。

　　《水經注》卷十六《穀水》「又東過河南縣北，東南入於洛」注：

> 陽渠水又東流，經漢廣野君酈食其廟南，廟在北山上，成公綏所謂「偃師西山」也。山上舊基尚存，廟宇東向，門有兩石人對倚，北石人胸前銘云「門亭長」。石人西有二石闕，雖經頹毀，猶高丈餘。闕西，即廟故基也。基前有碑，文字剝缺，不復可識，子安仰澄芬於萬古，贊清徽於廟像，文字厥集矣。

又卷二十四《睢水》「睢水出梁郡鄢縣」注：

> 蘇林曰：高陽者，陳留北縣也。按在留，故鄉聚名也。有漢廣野君廟碑，延熹六年十二月，雍丘令董生，仰餘徽於千載，遵茂美於絕代，命縣人長照為文，用章不朽之德。其略云：「輟洗分餐，謀謀帝猷，陳鄭有涿鹿之功，海岱無牧野之戰，大康華夏，綏靜黎物，生民以來，功盛莫崇。」今故宇無聞，而單碑介立矣。《陳留風俗傳》曰：酈氏居於高陽，沛公攻陳留縣，酈食其有功，封高陽侯。有酈峻，字文山，官至公府掾。大將軍商有功，食邑於涿，故自陳留徙涿。

又卷十二《巨馬河》「又東南過容城縣北」注：

> 巨馬水又東，酈亭溝水注之。水上承督亢溝水於逎縣東，東南流歷紫淵東。余六世祖樂浪府君，自涿之先賢鄉，爰宅其陰。西帶巨川，東翼茲水，枝流津通，纏絡墟圃，匪直田漁之贍可懷，信為遊神之勝處也。其水東南流，又名之為酈亭溝。

　　從上引《水經注》三段記述，可以推知：

　　第一，漢初的酈食其和酈商是酈道元的先祖。酈道元在《水經注》中兩次述及漢廣野君酈食其廟碑，並全文著錄碑文，蓋慎終追遠之意也。《水經注》還交代了樹碑時間是東漢桓帝延熹六年（163）十二月及樹碑人姓名，以誌不謬。

　　第二，秦時酈氏居陳留郡北縣高陽（今河南開封縣東南），漢立，酈商因「有功食邑於涿，故自陳留徙涿（今河北涿縣）」。至酈道元六世祖為樂浪府

君者，始自涿之先賢鄉，移至酈亭溝水北岸定居。

酈道元是酈範之長子，故鄉正是涿。《魏書》卷四十二《酈範傳》，「酈範，字世則，小名記祖，范陽涿鹿人。」《北史》卷二十七同。但按《魏書》卷一百六上《地形志》，范陽郡領七縣，有涿縣，並無涿鹿縣。又《魏書》記盧玄、盧同、盧景裕、盧觀諸人籍貫，均作「范陽涿人」，而不作「范陽涿鹿人」。看來，《魏書》、《北史》將酈範、酈道元籍貫作「涿鹿」，乃是筆誤。酈道元籍貫應作「涿」。酈氏與北魏高門四姓之一的范陽盧氏籍貫相同，均是范陽涿人（今河北涿縣）〔註2〕。

因此，酈道元當為酈商之後人。酈商以涿縣和曲周縣為封邑。

《水經注》卷十《濁漳水》「又東北過曲周縣東」注：

> 余按《史記》，大將軍酈商，以高祖六年封曲周縣為侯國。

北京圖書館方志家譜閱覽室藏有《浣江酈氏宗譜》。其書始輯於宋，民國戊子年（1948）續輯整理。其第五十三本《制誥》錄有漢高祖《詔封酈商曲周侯》文：

> 皇帝詔曰：夫有非常之功，必有非常之報。咨爾酈商，從朕起兵，滅秦誅項，歷有功勞……已封爾為右丞相，賜爵涿侯，與諸族剖符，世世勿絕，食邑涿五千戶。今更食曲周五千一百戶。

可知酈商先被封於涿，定居於彼，而後又加封曲周，故今《涿縣志》、《曲周縣志》之鄉賢志皆列有酈商。酈商之子為酈寄，《水經注》卷十《濁漳水》記載他曾參與平定七國之亂。景帝中二年，酈寄因故奪侯〔註3〕。

西晉末，衣冠之族多有南渡者，但酈氏家族安於故土，並未遷徙。當時留居中原故土的宗族多以塢壁亭障自保。在兩晉之際的中原地區，由原晉朝官吏或中原士豪出面結成的塢壁亭障隨處可見，僅伊洛地區，大的塢壁亭障

〔註2〕《嘉慶重修一統志》第2226冊卷六《順天府建置沿革》之《涿州》條：「秦上谷郡地。漢高帝置涿縣，並置涿郡，屬幽州。後漢因之。三國魏黃初中，改曰范陽郡。晉為范陽國。後魏仍為范陽郡，齊周因之。隋開皇初郡廢，大業初以縣屬涿郡。唐武德初屬幽州，七年改縣曰范陽，大曆四年析置涿州，屬河北道。五代晉天福初入遼，仍曰涿州，置永泰軍屬析津府。宋宣和四年賜名涿水郡，升威行軍節度。金仍曰涿州，屬中都路。元太宗八年升涿州路，中統四年復為涿州，屬大都路。明洪武初以州治范陽縣省入屬順天府，本朝因之。」是知北魏涿縣屬范陽，是郡治所在。從大曆四年「析置涿州」以至明、清，均為涿州，即今河北涿縣。

〔註3〕《史記》卷九十五《樊酈滕灌列傳》。中華書局，1959年版，第2663頁。

就達十餘個。亭，或曰鄉亭，就是這種亭障式的建築。《說文》:「亭，民所安定也。」《水經注》卷三《河水注》:「秦始皇逐匈奴，並河以東，屬之陰山，築亭障爲河上塞。」《漢書》卷七十《趙充國傳》:「分屯要害處。冰解漕下，繕鄉亭，濬溝渠。」《東觀漢記》:「衛颯爲桂陽太守，鑿山通路，列亭置郵。」《太平御覽》卷三百三十四《兵部六十五》專門列有「亭障」條。

酈道元的故鄉以酈亭爲名，大概也就是這種塢壁亭障。《水經注》卷十二《巨馬河注》說酈亭溝水「又西南，轉歷大利亭」，大利亭也當是和酈亭一樣的亭障。同卷涿水、淶水附近，又有垣翰亭、陽亭、故鄉亭、三女亭、樓亭、督亢亭、廣陽亭等。《水經注》中諸如邯亭、野亭、甘枳亭、步和亭、長寧亭、西平亭、永登亭、修遠亭、街亭、候馬亭等等以亭命名的地名，不下數十種。這些亭障，當都有塢壁性質。酈氏在漢以封國相承，至魏晉應仍存有一定的勢力影響。酈道元的六世祖既然官爲樂浪府君，必然有一定的宗族勢力，他遷徙於酈亭，很可能會借助宗族勢力，建立宗族鄉里組織，築塢壁以定居。因此，酈氏家族屬於北方士族，有一定的宗族聚居地。

北方的宗族勢力是強大而普遍的。入主中原的胡人政權，要建立並維持統治秩序，須依靠林立於北土的宗族塢堡。尤其是勢力或影響較大的宗族，往往會成爲統治者拉攏爭取的對象。另一方面，漢族宗族士人也需要有一個願意接納並能保證其傳統地位的勢力爲依託。這樣就促進了兩者的結合。

十六國時期鮮卑慕容氏較能禮遇漢族士人。前燕慕容廆「政事修明，愛重人物，故士民多往歸之」〔註4〕。慕容廆率先對漢族士人「推舉賢才，委以庶政」，努力爭取漢族士人的支持與合作。其後，仰慕華風的鮮卑慕容氏諸燕，與「尚武勇，不禮士大夫」的其他少數民族政權相比，對漢族氏族仍具有更大的吸引力。南燕慕容德曾稱:「燕趙之士樂爲燕臣也。」〔註5〕後燕的立國與發展，更重視任用漢族士人。其中，有些漢族士人在後燕政權中還居高官，如中書令封懿、中書監陽哲、侍中封勸、吏部尚書高湖、司隸校尉張顯等，都是漢人。正是在這樣的背景下，酈道元的曾祖酈紹，出任後燕慕容寶濮陽太守。當北魏道武帝拓拔珪南征時，慕容氏敗亡，酈紹以郡迎降，北魏任其爲袞州監軍，從此酈氏家族就效命於拓拔鮮卑〔註6〕。

〔註4〕《資治通鑒》卷八十八《晉紀十》愍帝建興元年。《資治通鑒》，〔宋〕司馬光著，〔元〕胡三省音注，上海古籍出版社，1987年版，第592頁。

〔註5〕《晉書》卷一百二十七《慕容德載紀》。中華書局，1974年版，第3162頁。

〔註6〕《魏書》卷四十二《酈範傳》。中華書局，1974年版，第949頁。

後起的拓拔鮮卑也加強對士人的籠絡。早在什翼重建代國時，拓拔鮮卑就注意任用漢族士人，許謙、燕鳳、莫顯等漢族士人都受到他的禮遇。拓拔珪建立北魏後，更加緊了對漢族士人的籠絡。據《魏書》卷二《太祖道武帝紀》：「帝初拓中原，留心慰納，諸士大夫詣軍門者，無少長，皆引入賜見，存問周悉，人得自盡，苟有微能，咸蒙敘用。」登國十年（395），拓拔珪於參合陂大敗後燕軍，「於俘虜之中擢其才識者賈彝、賈閨、晁崇等與參謀議，憲章故實。」於俘虜之中擢士以任，可見其對人才的渴求。北魏皇始二年（397），北魏攻克後燕的中山（今河北定縣），「其所屬公卿、尚書、將吏、士卒降者二萬餘人」〔註7〕。酈道元的曾祖酈紹「以郡迎降」於北魏，從此酈氏家族納入拓拔部鮮卑北魏政權系統。次年，北魏奠都平城。到太延五年（439），黃河流域爲北魏王朝所統一。

酈道元的祖父酈嵩，官居天水太守。酈道元的父親酈範，更得到獻文帝拓拔弘的親重。酈範深於謀略。按《魏書》卷四十二《酈範傳》，慕容白曜南征獲勝，酈範是首功。因此，北魏授酈範平東將軍、青州刺史、假范陽公。大約是酈範任青州刺史前後，酈道元出生。

從史書所記載的酈食其舌下三齊，酈商勸免禍端，酈寄智賺呂祿，酈紹以郡迎降，酈範智取無鹽、肥城諸事，可以推知，酈氏家族是一個具有政治鬥爭經驗和軍事智慧的家族。

酈氏家族政治經驗和軍事智慧的獲得，與其對歷史地理知識的掌握是密切相關的。從《史記》卷九十七《酈生陸賈列傳》記載酈食其勸說劉邦取陳留、下三齊諸事，我們可以看出，他對地理物產、山川形勢極爲熟悉：

> 酈生曰：「夫陳留，天下之衝，四通五達之郊也，今其城又多積粟。」

> 酈生因曰：「願足下急復進兵，收取滎陽，據敖倉之粟，塞成皋之險，杜大行之道，距飛狐之口，守白馬之津，以示諸侯效實形制之勢，則天下知所歸矣。」

《水經注》卷十三《漯水》「出雁門陰館縣，東北過代郡桑乾縣南」注：「祁夷水又東北得飛狐谷，即廣野君所謂杜飛狐之口也。蘇林據酈公之說，言在上黨。」酈道所言飛狐谷即酈食其所謂飛狐之口（今河北淶源縣西北）。

〔註7〕《魏書》卷七《太祖紀》，皇始二年十月甲申。中華書局，1995 年版，第 31 頁。《資治通鑒》卷一百九《晉紀三十一》隆安元年十月同。

酈寄曾參與平定七國之亂。《水經注》卷十《濁漳水》「又東過列人縣南」注：

> 漢景帝時，七國悖逆，命曲周侯酈寄攻趙，圍邯鄲，相捍七月，引牛首拘水灌城，城壞，王自殺。

據《史記》卷九十五《樊酈滕灌列傳》，酈寄攻趙，事在漢景帝前三年。酈寄巧妙利用地理形勢，以水灌城，出奇制勝，攻下邯鄲。這說明酈寄對地理知識也非常瞭解。

酈範南征獲勝，也基於他對齊地諸城地理地位的把握。

酈氏家族對地理知識的重視和學習，應對酈道元產生重大影響。酈道元是以其豐富的地理知識知名於北魏朝廷的。《魏書》卷十八《廣陽王建傳附嘉子淵傳》：

> 東西部敕勒之叛，朝議更思（元）深言，遣兼黃門侍郎酈道元為大使，欲復鎮為州，以順人望。會六鎮盡叛，不得施行。

又《魏書》卷一百一《蠻傳》：

> 永平初，東荊州表口口太守桓叔興前後招慰大陽蠻歸附者一萬七百戶，請置郡十六、縣五十，詔前鎮東府長史酈道元檢行置之。

北魏朝廷置立州郡，往往指定酈道元負責，正是因為他熟悉歷代州郡沿革、土俗形勢。對於豐富的地理知識的瞭解和把握，是他撰著《水經注》的必要條件。

酈氏家族具備良好的儒家文化教育傳統。地理知識僅是其中一項內容。其他如文學、歷史、禮制諸學，也都為這個家族所重視。按《史記》卷九十七《酈生陸賈列傳》，酈食其「好讀書」，是典型的儒生。酈食其的後人，東漢的酈炎也「老於掌故」〔註8〕，以文學知名於當時，《後漢書》卷八十下《文苑傳下》有《酈炎傳》。酈炎所以能「老於掌故」，還是得益於儒學的滋潤。

降及北魏之世，酈氏家族仍是以儒學傳家。《魏書》卷四十二《酈範傳》：

> 範，世祖時給事東宮。高宗踐阼，追錄先朝舊勳，賜爵永寧男，加寧遠將軍。以治禮郎奉遷世祖、恭宗神主於太廟，進爵為子。

酈範在明元帝拓拔嗣泰常年代（416～423），任東宮給事，成為太子之師。

〔註8〕梁鍾嶸《詩品下》：「漢令史班固、漢孝廉酈炎、漢上計趙壹詩，孟堅才流，而老於掌故。觀其《詠史》，有感歎之詞。文勝託詠靈芝，懷寄不淺。」見清嚴可均輯校《全上古三代秦漢三國六朝文·全梁文》卷五十五，中華書局1958年12月版版，第3279頁。

這足以說明他在學養方面具有深厚功底。他對太武帝拓拔燾的重士禮賢、振作有爲應該有很大影響。因此當拓拔燾即位後，就賜給他的老師酈範永寧男爵，加寧遠將軍。

再看《酈範傳》所附酈氏宗族諸人：

> 道元好學，歷覽奇書，撰注《水經》四十卷，《本志》十三篇。

> 又爲《七聘》及諸文皆行於世。

又云：

> 道元第四弟道慎，字善季。涉歷史傳，有干略。

又云：

> 道慎弟約，字善禮……樸質遲鈍，頗愛琴書。

又云：

> 神牙（酈範弟）弟夒。子惲，字幼和，好學，有文才，尤長吏幹。

又云：

> 夒弟神期，中書博士。

又云：

> 神期弟顯度，司州秀才、尚書庫部郎。

於中可見，酈氏一族，或通於文，或涉於史，或愛琴書，或長於吏幹。這說明，酈道元之家族深受儒家文化薰陶，具有家族文化背景和較高的文化素質。論及魏晉南北朝家族教育的特點時，陳寅恪說：「夫士族之特點既在其門風之優美，不同於凡庶，而優美之門風，實基於學業之因襲。」〔註9〕錢穆說：「當時門第傳統的共同理想，所期望於門第中人，上自賢父兄，下至佳子弟，不外兩大要目：一則希望其能有孝友之內行，一則希望其能有經籍文史之修養。前一項之表現，則成爲家風；後一項之表現，則成爲文學。」〔註10〕陳寅恪、錢穆所言甚是。酈道元之家族即爲典型北方士族。酈道元無論在思想上還是在文學、史學等方面的才干上，都與其以儒學傳家的文化傳統密切相關。

二、酈道元的生平

酈道元卒於孝昌三年（527），學界殆無異議。於其生年，則存在著不同

〔註9〕陳寅恪《唐代政治史述論稿》，上海古籍出版社，1980年版，第72頁。
〔註10〕錢穆《中國學術思想史論叢》，臺灣東大圖書公司，1977年版。

的看法。楊守敬《水經注疏》在《巨洋水注》「余總角之年，侍節東州」下疏云：「考道元孝昌三年遇害，年四十二，……是生於太和九年（485）。」趙貞信、陳橋驛認為可能生於延興二年（472）﹝註11﹞。日人森鹿三及今人段熙仲先生則認為生於皇興三年（469）﹝註12﹞。

本文認為森鹿三、段熙仲的推論結果比較切實，趙貞信、陳橋驛之說亦可參考，楊守敬之說則不妥。

《水經注》卷三《河水》「又東，過雲中楨陵縣南，又東過沙南縣北，從縣東屈南，過沙陵縣西」注：

> 余以太和中為尚書郎，從高祖北巡，親所徑涉。

同注條又云：

> 余以太和十八年，從高祖北巡，屆於陰山之講武臺。臺之東有
> 高祖講武碑，碑文是中書郎高聰之辭也。

從這兩段注文可知，酈道元太和十八年（494）為尚書郎。則酈道元為官必在此時或稍前。若其生於太和九年（485），則此時他還是一個十歲的兒童，不可能為官從巡，故楊守敬之說未妥。

又按《水經注》卷二十六《淄水》「又東過利縣東」注：

> 陽水又東北流，石井水注之。水出南山，山頂洞開，望若門焉，
> 俗謂是山為劈頭山。其水北流注井，井際廣城東側，三面積石，高
> 深一匹有餘。長津激浪，瀑布而下，澎贔之音，驚川聒谷，濆瀳之
> 勢，狀同洪井，北流入陽水。余生長東齊，極遊其下，於中闊絕，
> 乃積綿載，後因王事復出海岱，郭金紫惠同，石井賦詩言意，彌日
> 嬉娛，尤慰羈心，但恨此水時有通塞耳。

注中明言其「余生長東齊」。考《魏書·酈範傳》，酈範於北魏皇興元年（467）隨征南大將軍慕容白曜南征，為白曜左司馬。在平定三齊的戰爭過程中，酈範出謀劃策，多有建樹，使「青、冀之地，盡入於魏」，白曜遂表酈範「為青州刺史以撫新民」。戎馬倥傯之後，酈範開始有一段相對安定的生活。其長子酈道元大約也就是在其南征後一、二年後即皇興三年（469）前後出生

﹝註11﹞ 趙貞信《酈道元生卒年考》，載《禹貢半月刊》第七卷，1937年第1～3合期。陳橋驛《愛國主義者酈道元與愛國主義著作水經注》，載《水經注研究二集》，山西人民出版社1987年版。趙貞信還認為可能生於和平六年（465）。

﹝註12﹞ 森鹿三《酈道元傳略》，載《東洋史研究》1950年第六卷第二號。段熙仲《水經注六論》，載《水經注疏》，江蘇古籍出版社1989年版。

的。北魏皇興四年（470），慕容白曜被誅。也許因爲這個原因，酈範被調離青州還朝。

太和三年（479）後，酈範再除青州刺史。《水經注》卷二十六《巨洋水》「又北過臨朐縣東」注：

> 先公以太和中作鎮海岱，余總角之年，侍節東州，至若炎夏火流，閒居倦想，提琴命友，嬉娛永日，桂筍尋波，輕林委浪，琴歌既洽，歡情亦暢，是焉棲寄，寔可憑衿。小東有一湖，佳饒鮮筍，匪直芳齊芍藥，寔亦潔並飛鱗。其水東北流入巨洋，謂之薰冶泉。

又《水經注》卷二十六《淄水》「又東過利縣東」注：

> 陽水又東逕東陽城東南，義熙中，晉青州刺史羊穆之築此，以在陽水之陽，即所謂東陽城，世以濁水爲西陽水故也。水流亦有時窮通，信爲靈矣。昔在宋世，是水絕而復流，劉晃賦《通津》焉。魏太和中，此水復竭，輟流積年。先公除州，即任未暮，是水復通，澄映盈川，所謂幽谷枯而更溢，窮泉輟而復流矣。海岱之士，又頌《通津》焉。平昌尨民孫道相頌曰：惟彼洍泉，竭踰三齡，祈盡珪璧，竭窮斯牲，道從隆替，降由聖明。臺民河間趙疑頌云：敷化未暮，元澤潛施，枯源揚瀾，洍川滌陂。北海郭欽曰：先政輟津，我後通洋。但頌廣文煩，難以具載。

《水經注》這兩段都提到了酈範於北魏太和中「作鎮海岱」事。從「魏太和中，此水復竭，輟流積年」及「惟彼洍泉，竭踰三齡」可以推測，酈範除州，必在太和三年（479）後，此時酈道元年方十餘歲，正是「提琴命友，嬉娛永日」的總角之年。

下面，本文即以《水經注》、《魏書》、《北史》以及自宋始修的《浣江酈氏宗譜》等相關材料爲依據，爲酈道元生平行年作一簡要敘錄。

酈道元青年時代即已入仕。酈道元父卒後，以長子襲爵永寧侯，例降爲伯。

太和十八年（494）酈道元爲尚書主客郎，從孝文帝北巡懷荒（今河北沽源縣）、柔玄（今河北張北縣）、撫冥（今河北張北縣）、武川（今內蒙古五川縣西）四鎮。六鎮中只有沃野（今內蒙古五原縣西北）、懷朔（今內蒙古固陽縣西北）兩鎮未至〔註13〕。《水經注》中不止一次提到此事。

〔註13〕《魏書》卷七下《高祖紀》：太和十八年，「秋七月……壬辰，車駕北巡。戊

太和十九年（495）北魏都城由平城遷往洛陽。當時，「御史中尉李彪以道元秉法清勤，以太尉掾引爲治書侍御史。」李彪被李沖奏免，道元也「以屬官坐免」〔註14〕。

太和二十三年（499），孝文帝於南伐歸途中「崩於谷塘原」，宣武帝元恪在魯陽即位〔註15〕。

景明中（500～503），道元「爲冀州鎮東府長史。刺史于勁，順皇后父也，西討關中，亦不至州，道元行事三年。爲政嚴酷，吏人畏之，奸盜逃於他境。」〔註16〕景明末，爲潁川太守〔註17〕。

永平中（508～511），道元試守魯陽郡（今河南魯山）。《水經注》卷二十一《汝水注》提到此事：「余以永平中，蒙除魯陽太守。」《浣江酈氏宗譜》存有宣武帝詔令《詔褒魯陽郡守安定男酈道元》：

> 皇帝詔曰：王化之成，興於文教；民俗之厚，繫於郡守。欲其上答天心、下按民命，詎能多得？魯陽地僻山隅，俗染剽悍，火種刀耕，人鮮知學。爾道元先任冀州刺史，化行政浹，盜息民安。今守魯陽，特建簧序，闡揚聖教，釋金戈而誦絃歌，家詩書而戶禮樂，克副朕命，用嘉爾功。爰晉爵三品，封安定縣男，加祿五千石，咨爾久任，以歷官箴，尚其懋哉！

延昌四年（515），肅宗孝明帝即位〔註18〕，道元爲東荊州（今河南信陽附近）刺史。《水經注》卷二十九《比水注》：「延昌四年，蒙除東荊州刺史，州治比陽縣故城。」

戌，謁金陵。辛丑，幸朔州……八月癸卯，皇太子朝於行宮。甲辰，行幸陰山，觀雲川。丁未，幸閱武臺，臨觀講武。癸丑，幸懷朔鎮。己未，幸武川鎮。辛酉，幸撫冥鎮。甲子，幸柔玄鎮。乙丑，南還。」中華書局，1974年版，第174頁。

〔註14〕 《北史》卷二十七《酈道元傳》。中華書局，1974年版，第995頁。

〔註15〕 《魏書》卷七下《高祖紀》：「夏四月丙午朔，帝崩於谷塘原之行宮，時年三十三。秘諱，至魯陽發哀，還京師。上諡曰孝文皇帝，廟曰高祖。」中華書局，1974年版，第185頁。

〔註16〕 《北史》卷二十七《酈道元傳》。中華書局，1974年版，第995頁。

〔註17〕 《水經注》卷二十二《洧水》「又東南過長社縣北」注：「余以景明中，出宰茲郡。」〔民國〕楊守敬、熊會貞《水經注疏》，江蘇古籍出版社，1989年版，第1848頁。

〔註18〕 《魏書》卷九《肅宗孝明帝紀》：「四年春正月丁巳夜，即皇帝位。」中華書局，1974年版，第221頁。

熙平年間（515～518），道元「威猛爲政，如在冀州。蠻人詣闕訟其刻峻，請前刺史寇祖禮。及以遣戍兵七十人送道元還京，二人並坐免官。」〔註 19〕「久之，行河南尹，尋即眞。」〔註 20〕

正光五年（524）北魏朝廷接受尚書令李崇和廣陽王元琛的建議，「遣兼黃門侍郎酈道元爲大使，欲復鎮爲州，以順人望。會六鎮盡叛，不得施行。」〔註 21〕雖然所行未果，但道元「與都督李崇籌宜置立，裁減去留，儲兵積粟，以爲邊備」〔註 22〕，十分盡心。

孝昌元年（525），「刺史元法僧又於彭城反叛。詔道元持節、兼侍中、攝行臺尚書，節度諸軍，依僕射李平故事。軍至渦陽，敗退。道元追討，多有斬獲。」〔註 23〕

平叛歸後，「除御史中尉。道元素有嚴猛之稱，權豪始頗憚之。而不能有所糾正，聲望更損。司州牧、汝南王悅嬖近左右丘念，常與臥起。及選州官，多由於念。念常匿悅第，時還其家，道元密訪知，收念付獄。悅啓靈太后，請全念身，有敕赦之。道元遂盡其命，因以劾悅。」〔註 24〕

孝昌三年（527）十月，「時雍州刺史蕭寶夤反狀稍露，侍中、城陽王徽素忌道元，因諷朝廷，遣爲關右大使。寶夤慮道元圖己，遣其行臺郎中郭子帙圍道元於陰盤驛亭。亭在岡下，常食岡下之井。既被圍，穿井十餘丈不得水。水盡力屈，賊遂逾牆而入。道元與其弟道闕二子俱被害。道元瞋目叱賊，厲聲而死。寶夤猶遣斂其父子，殯於長安城東。事平，喪還，贈吏部尚書、冀州刺史、安定縣男。」〔註 25〕

三、酈道元撰著《水經注》年代考

《水經注》成書於何時？現有文獻都無記載。我們只好從酈道元的生平情況和《水經注》本身發現一些線索。我們先從《水經注》中記載的較晚的年號開始尋繹。公元 500 年，北魏宣武帝即位，是爲景明元年。此後宣武帝

〔註 19〕《北史》卷二十七《酈道元傳》。中華書局，1974 年版，第 995 頁。
〔註 20〕《魏書》卷八十九《酷吏傳・酈道元傳》。中華書局，1974 年版，第 1925 頁。
〔註 21〕《魏書》卷十八《廣陽王建傳附嘉子淵傳》。中華書局，1974 年版，第 1925 頁。
〔註 22〕《魏書》卷八十九《酷吏傳・酈道元傳》。中華書局，1974 年版，第 1925 頁。
〔註 23〕《北史》卷二十七《酈道元傳》。中華書局，1974 年版，第 995 頁。
〔註 24〕《北史》卷二十七《酈道元傳》中華書局，1974 年版，第 995 頁。
〔註 25〕《北史》卷二十七《酈道元傳》。中華書局，1974 年版，第 995 頁。

又用了正始、始平、永平、延昌諸年號。這些年號中,《水經注》有的已涉及到:

> 長社,魏潁川郡治也。余以景明中（500～503）,出宰茲郡,於南城西側,修立客館。[註26]

> 景明正始之年（503～504）,又敕符節令江式以大篆易之,今諸桁榜題皆是式書。[註27]

> 余以永平（508～512）中,蒙除魯陽太守,會上臺下,列山川圖,以方志參差,遂令尋其源流。此等既非學徒,難以取悉,既在逕見,不容不述。[註28]

> 余以延昌四年（515）,蒙除東荊州刺史,州治比陽縣故城,城南有蔡水,出南磐石山,故亦曰磐石川,西北流注於比,非泄水也。
> [註29]

上述諸年號,大都是酈道元敘述自己的經歷時帶出的,都帶有明顯的回憶語氣。而延昌四年是宣武帝在位的最後一年。可見酈道元撰寫《水經注》必在宣武帝後。又《水經注》卷三十《淮水》「又東過鍾離縣北」注:

> 山北對巉石山,梁氏天監中,立堰於二山之間,逆天地之心,乖民神之望,自然水潰壞矣。

天監,梁武帝蕭衍年號（502～519）。《水經注》所敘浮山堰,是梁武帝從魏降人王足之計而修築的。堰始築於天監十三年（514）,「十五年（516）四月,堰乃成」,「至其秋八月,淮水暴長,堰悉壞決」。事見《梁書》卷十八《康絢傳》。《水經注》既記其「潰壞」,則《水經注》應寫於此後。此時北魏孝明帝已即位。

孝明帝用了熙平（516～518）、神龜（518～520）、正光（520～525）、孝

[註26] 《水經注》卷二十二《洧水》「又東南過長社縣北」注。〔民國〕楊守敬、熊會貞《水經注疏》,江蘇古籍出版社,1989年版,第1848頁。以下數條引《水經注》版本同。

[註27] 《水經注》卷十六《穀水》「又東過河南縣北,東南入於洛」注。《水經注疏》,第1410頁。

[註28] 《水經注》卷二十一《汝水》「出河南梁縣勉鄉西天息山」注。《水經注疏》,第1740～1741頁。

[註29] 《水經注》卷二十九《比水》「比水出比陽東北太胡山,東南流過其縣南,泄水從南來注之」注。《水經注疏》,第2479頁。

昌（525～527）等年號。孝昌三年（527），酈道元卒。今檢《水經注》，有三
處用到了孝明帝的年號：

> 水西有永寧寺，熙平中始創也。〔註30〕

> 漢建安九年，魏武王於水口，下大枋木以成堰，遏淇水東入白
> 溝，以通漕運，故時人號其處爲枋頭……自後遂廢，魏熙平中復通
> 之。〔註31〕

> 魏正光中，齊王之鎮徐州也，立大堨，遏水西流，兩瀆之會，
> 置城防之，曰曲沭戍。〔註32〕

《水經注》使用了兩次熙平年號和一次正光年號。正光是《水經注》中
出現的最晚的年號。今按《魏書》考其本事。《水經注》中所說的齊王，就
是後來殺死酈道元的蕭寶夤，按《魏書》卷五十九《蕭寶夤傳》，蕭寶夤景
明三年四月爲齊王，又云「（正光）五年，蕭衍遣其將裴邃、虞鴻等率眾寇
揚州，詔寶夤爲使持節、散騎常侍、車騎大將軍、都督徐州東道諸軍事，率
諸將討之。」則蕭寶夤之鎮徐州，事在正光五年（524）。那麼，《水經注》
是否是酈道元在正光五年以後所作呢？酈道元卒於孝昌三年（527），如果說
酈道元是在正光六年（525）開始撰寫《水經注》，則他一定是在此兩年到三
年內完成《水經注》。《北史》卷二十七《酈道元傳》：

> 孝昌初，遣將攻揚州，刺史元法僧又於彭城反叛。詔道元持節、
> 兼侍中、攝行臺尚書，節度諸軍，依僕射李平故事。軍至渦陽，敗
> 退。道元追討，多有斬獲。

孝昌初元法僧叛亂，已是酈道元遇害之前兩年的事了。酈道元奉命平
叛，軍旅倥傯，必不暇於著作。則《水經注》應作於其卒前之一兩年。但這
是很荒唐的。像《水經注》這樣洋洋數十萬字、徵引數百種文獻、內容涉及
多種學術領域的恢弘巨著，無論如何也不可能在這麼短的時間內完成。所
以，只以《水經注》中出現的年號爲依據去推斷《水經注》的創作時間是不
夠的。我們還應當從酈道元的生平經歷中去尋找些許線索。《魏書》卷八十

〔註30〕　《水經注》卷十六《穀水》「又東過河南縣北，東南入於洛」注。《水經注疏》，
　　　　　第1413頁。
〔註31〕　《水經注》卷九《淇水》「淇水出河內隆慮縣西大號山」注。《水經注疏》，第
　　　　　857～858頁。
〔註32〕　《水經注》卷二十六《沭水》「又南過陽都縣東入於沂」注。〔民國〕楊守敬、
　　　　　熊會貞《水經注疏》，江蘇古籍出版社，1989年版，第2198頁。

九《酈道元傳》：

> 累遷輔國將軍、東荊州刺史。威猛爲治，蠻民詣闕訟其刻峻，
> 坐免官。久之，行河南尹，尋即眞。

又按前面所引《水經注》，延昌四年（515）酈道元授東荊州刺史，則其被免官約在熙平（516～518）前後。又按《魏書》卷十八《廣陽王建傳附嘉子淵傳》，正光五年（524）北魏朝廷「遣兼黃門侍郎酈道元爲大使，欲復鎮爲州，以順人望。會六鎮盡叛，不得施行。」則此時酈道元之「黃門侍郎」官是兼職，其本官必已「行河南尹」。從於東荊州刺史任上被免官到再度爲官，這期間有七、八年的時間，即《魏書》所云「久之」的一段時間。此時酈道元賦閒，正可集中精力進行撰著。《水經注序》：「竊以多暇，空傾歲月，輒述《水經》，布廣前文。」〔註 33〕足爲明證。所以酈道元在《水經注》裏寫宣武帝時自己的經歷最多，又用回憶性筆法。而朝廷欲復鎮爲州時，特派酈道元前往，則說明酈道元對地理故實、州郡沿革之熟悉，已爲朝廷有所知曉。

由上所述，可以推知酈道元撰著《水經注》，當主要在熙平元年（516）至正光五年（524）這一時間範圍內。

酈道元再次被北魏朝廷起用時，書或未完稿。從上述我們對《水經注》中所記最後一個年號「正光中」應係正光五年的分析看，《水經注》一直爲酈道元增刪改易著。再聯繫到酈道元在著書之前就一直在對水道地理「脈其枝流之吐納，診其沿路之所躔，訪瀆搜渠」〔註 34〕的經歷，就可以說，《水經注》是酈道元窮其一生的辛勤之作。

第二節　酈道元與北魏政治

一、酈道元之從政

酈道元能夠順利地走上仕途，當然與其家世有著重要關係。如前所述，酈道元之家世也屬於北魏士族。從其曾祖酈紹始，酈氏就已經效忠於北魏朝廷了，尤其是酈道元的父親酈範，深得明元帝拓拔嗣、太武帝拓拔燾、獻文

〔註 33〕《水經注序》最初見《水經注》聚珍本。按此序諸本皆佚，聚珍本從《永樂大典》錄出。

〔註 34〕酈道元《水經注序》語。

帝拓拔弘諸帝的親寵和任用。而酈範也忠誠地爲北魏朝廷盡力。他先是以文官起家，明元帝時就任東宮給事，應當在文化上、謀略上給當時作太子的太武帝拓拔燾以較大的影響和啓發；後來是輔助慕容白曜平定三齊，爲北魏立下了赫赫戰功，最終也以武功兩鎮海岱，爵高位重。

　　酈範能夠在北魏政壇上受到重用，是與北魏前期大量任用漢族士人的用人政策相關的。北魏道武帝拓跋珪「初拓中原「時，就「留心慰納，諸士大夫詣軍門者，無少長皆引入……苟有微能，咸蒙敘用」。明元帝拓跋嗣在永興五年（413），又下詔：「豪門強族爲州閭所推者」，使「各詣京師，隨才敘用」。太武帝拓跋燾統一北中國後，又在神䴥四年（431）下詔徵聘世族地主范陽盧玄，趙郡李靈等三十五人，參加政權工作。所以北魏初期的「公卿方鎮」，一部分是由原來的「部落大酋」；另一部分就是「參用趙魏舊族」來充任了。到孝文帝拓跋宏時，更加強了對漢族世族大姓的籠絡。《資治通鑑》稱：「魏主雅重門族，以范陽盧敏，清河崔宗伯，滎陽鄭羲，太原王瓊（王慧龍孫）四姓，衣冠所推，咸納其女，以充後宮。隴西李沖……當朝貴重，所結姻莫非清望，帝亦以其女爲夫人」〔註35〕。六國王妃中，除了穆明樂女，是鮮卑八族外，其餘不是出自滎陽鄭氏，范陽盧氏，便是出自隴西李氏。此外如范陽盧氏，「一門三主」，盧道裕尚顯祖（拓跋弘）女樂浪長公主，盧道虔尚高祖（拓跋宏）女濟南長公主，盧元聿尚高祖女義陽長公主，尤爲當時大地主階級所稱慕。

　　酈氏一族，與范陽盧氏同鄉，雖然位望不如盧氏，但在范陽畢竟也是具有文化傳統和勢力的一個大宗族，所以也就自然成爲了北魏統治者「留心慰納」的對象。孝文帝拓跋宏的確是一個雄才大略之主，他能做到用人不疑。酈範在青州任上時，鎮將元伊利上表誣告酈範「造船市玉，與外賊交通」。孝文帝知道這是誣告，懲戒了元伊利，並下詔給酈範說：「卿身非功舊，位無重班，所以超遷顯爵，任居方夏者，正以勤能致遠。雖外無殊效，亦未有負時之愆……卿宜克循，綏輯邊服，稱朕意也。」可見孝文帝對酈範還是能夠放心地加以任用的。北魏政權之所以能夠成爲我國古代史上第一個強大的、時間較長久的少數民族政權，與其統治者極力招納和拉攏漢族世家的才能之士是密切相關的。《魏書·序紀》史臣論北魏「終於百六十載，光宅區中，其原

〔註35〕《資治通鑑》卷一百十四《齊紀》齊建武三年（北魏太和二十年，公元 496 年）。

固有由矣。」傾心禮賢，重用漢族世家，就是其中一個重要「原由」。酈道元也就是在這樣的社會背景下步入北魏朝廷任職的。

二、酈道元與李彪、李沖

北魏的前期政治的另一面是，當時社會充滿著各種矛盾，如拓拔部統治集團內部保守勢力與進步勢力的矛盾、拓拔族與其他各族的矛盾、拓拔及漢姓貴族與庶族的矛盾、人少而社會落後的拓拔勢力與人多而地域廣大的中原地區先進制度的矛盾等等。大約在太和中走上仕途的酈道元就直接面對這些矛盾。

給酈道元以較大影響的，是為孝文帝所親重的漢族士人李彪。時任御史中尉的李彪，因為酈道元「秉法清勤」，把酈道元由太尉掾提拔為治書侍御史。酈道元與李彪誼在師友之間，酈道元的政治經歷與李彪大有關係。李彪「識性嚴聰，學博墳籍，剛辯之才，頗堪時用；兼憂吏若家，載宣朝美」，才能卓著，因此得到孝文帝的重用，累官至御史中尉兼度支尚書。御史中尉負責「督司百僚」，所以李彪任職後，輔佐孝文帝打擊豪強，澄清吏治，政績顯著，被孝文帝視為股肱之臣。孝文帝非常寵信李彪，往往尊稱之為「李生」而不呼其名，還曾對僕射李沖曰：「李彪之直，是我國家得賢之基。」

但是後來李彪與李沖交惡，終於被李沖上奏免官，酈道元也隨著李彪受到了仕途上的第一次打擊。

李沖本是隴西大姓敦煌公李寶少子，後來仕魏，得文明太后賞識，歷官侍中、吏部尚書、東宮少傅等職，「綜攝內外」，權重一時。李彪本來是李沖舉薦給孝文帝的。史載李彪「以沖好士，傾心宗附。沖亦重其器學，禮而納焉，每言之於高祖，公私共相援益」。可是後來為什麼兩人又鬧翻了呢？

《魏書》卷五十三《李沖傳》說：「高祖南征，沖與吏部尚書、任城王澄並以彪倨傲無禮，遂禁止之。」好像是說因為李彪「倨傲無禮」，李沖才把他關押起來。但這實在不過是一個藉口，問題的關鍵在於兩人的政見不同，矛盾激化而為衝突。

雖然自拓拔燾以來，拓拔族「稍僭華典」，但孝文帝即位後，仍然是「胡風國俗，雜相揉亂」〔註36〕，經濟上也是「富強者併兼山澤，貧弱者望絕一

〔註36〕《南齊書》卷五十七《魏虜傳》。中華書局，1972年版，第990頁。

塵，致令地有遺利，民無餘財，或爭畝畔以亡身，或因飢饉以棄業」〔註37〕，為了改變這種落後狀況，加速拓拔鮮卑的封建化進程，以實現其「南蕩甌吳，復禮萬國」的壯志宏圖，孝文帝認為：把都城從平城（今山西大同市東北）遷往洛陽，勢在必行。可是，他的封建化改革遭到了保守派勢力的激烈反對和嚴重阻撓。他們主張保持鮮卑固有風俗，不主張漢化，更不主張遷都。李沖就是堅決反對遷都的總代表。《魏書》卷五十三《李沖傳》：

> 車駕南伐，加沖輔國大將軍，統眾翼從。自發都至於洛陽，霖雨不霽，仍詔六軍發軫。高祖戎服執鞭御馬而出，群臣啟顙於馬首之前。高祖曰：「長驅之謀，廟算已定，今大將軍進，公等更欲何云？」沖進曰：「臣等不能折衝帷幄，坐制四海，而令南有竊號之渠，實臣等之咎。陛下以文軌未一，親勞聖駕，臣等誠思亡軀盡命，效死戎行。然自離都淫雨，士馬困弊，前路尚遙，水潦方甚。且伊洛境內，小水猶尚致難，況長江浩汗，越在南境。若營舟楫，必須停滯，師老糧乏，進退為難，矜喪反斾，於義為允。」高祖曰：「一同之意，前已具論。卿等正以水雨為難，然天時頗亦可知。何者？夏既炎旱，秋故雨多，玄冬之初，必當開爽。比後月十間，若雨猶不已，此乃天也，脫於此而晴，行則無害。古不伐喪，謂諸侯同軌之國，非王者統一之文。已至於此，何容停駕？」沖又進曰：「今者之舉，天下所不願，唯陛下欲之。漢文言：吾獨乘千里馬，竟何至也？臣有意而無其辭，敢以死請。」高祖大怒曰：「方欲經營宇宙，一同區域，而卿等儒生，屢疑大計，斧鉞有常，卿勿復言！」策馬將出。於是大司馬、安定王休，兼左僕射、任城王澄等並殷勤泣諫。高祖乃諭群臣曰：「今者興動不小，動而無成，何以示後？苟欲班師，無以垂之千載。朕仰惟遠祖，世居幽漠，違眾南遷，以享無窮之美，豈其無心，輕遺陵壤？今之君子，寧獨有懷？當由天工人代、王業須成故也。若不南鑾，即當移都於此，光宅土中，機亦時矣，王公等以為何如？議之所決，不得旋踵。欲遷者左，不欲者右。」安定王休等相率如右。南安王楨進曰：「夫愚者暗於成事，智者見於未萌。行至德者不議於俗，成大功者不謀於眾，非常之人乃能非常之事。廓神都以延王業，度土中以制帝京，周公啟之於前，陛下行之於後，

〔註37〕《魏書》卷七《高祖紀》。中華書局，1974年版，第156頁。

固其宜也。」高祖初謀南遷，恐眾心戀舊，乃示為大舉，因以協定群情，外名南伐，其實遷也。舊人懷土，多所不願，內憚南征，無敢言者，於是定都洛陽。沖言於高祖曰：「陛下方修周公之制，定鼎成周。然營建六寢，不可遊駕待就；興築城郭，難以馬上營訖。願暫還北都，令臣下經造，功成事訖，然後備文物之章，和玉鑾之響，巡時南徙，軌儀土中。」高祖曰：「朕將巡省方岳，至鄴小停，春始便還未宜。」遂不歸北。

於中可見，孝文帝遷都，保守派群臣藉故攔馬勸阻，其起組織和領導作用的就是李沖。為了反對遷都，李沖等人開始以「古不伐喪」諫之，此時又以「離都淫雨，士馬困弊」阻之，但其本意，無非是「舊人懷土，多所不願，內憚南征」，害怕失去自己的既得利益和鮮卑舊俗。所以當孝文帝不容停駕的時候，李沖竟然不顧一切地說：「今者之舉，天下所不願，唯陛下欲之」，並以死相請。硬抗不成，於是這些人又來軟磨，大司馬、安定王元休，兼左僕射、任城王元澄等「並殷勤泣諫」。當這些手段都無濟於事的時候，李沖又以「營建六寢，不可遊駕待就；興築城郭，難以馬上營訖」為由勸孝文帝「願暫還北都」，企圖以此消磨孝文帝的決心，但孝文帝義無返顧，堅決留了下來。李沖諸人計劃落空，於是又慫恿太子元恂北歸，但使他們沒有料到的是，決意漢化遷都的孝文帝竟廢死了太子元恂。

《魏書》卷二十二《太子恂傳》：

　　高祖幸代，遂如長安。中尉李彪承間密表，告恂復與左右謀逆。高祖在長安，使中書侍郎邢巒與咸陽王禧，奉詔齎椒酒詣河陽，賜恂死，時年十五。殮以粗棺常服，瘞於河陽城。二十二年冬，御史臺令史龍文觀坐法當死，告廷尉，稱恂前被攝左右之日，有手書自理不知狀，而中尉李彪、侍御史賈尚寢不為聞。賈坐繫廷尉。時彪免歸，高祖在鄴，尚書表收彪赴洛，會赦，遂不窮其本末。賈尚出繫，暴病數日死。

於中可見，李彪與侍御史賈尚參與了處理孝文帝太子元恂的事件。這應是使李沖最為切齒銜恨的。這不但是因為李沖是太子元恂的老師和岳父〔註38〕，而且此舉讓李沖等人反對遷都的陰謀徹底破產了。所以，後來李沖、元澄等

〔註38〕《魏書》卷五十三《李沖傳》：「東宮既建，拜太子少傅。高祖初依《周禮》，置夫、嬪之列，以沖女為夫人。」中華書局，1974年版，第1181頁。

人趁著孝文帝車駕南伐之機，拘押了李彪。《魏書》卷六十二《李彪傳》：

> 沖時震怒，數數責彪前後愆悖，嗔目大呼，投折几案。盡收御史，皆泥首面縛，詈辱肆口。沖素性溫柔，而一旦暴恚，遂發病荒悸，言語亂錯，猶扼腕叫詈，稱李彪小人。醫藥所不能療，或謂肝藏傷裂。

《魏書》此節，形象地描繪了李沖當時對切齒痛恨的情狀。「盡收御史，皆泥首面縛，詈辱肆口」，這裡的御史，是李彪的屬下，其中第一個就是酈道元。《魏書》卷五十三《李沖傳》，李沖拘押李彪後給孝文帝上表說：

> 臣輒集尚書以下、令史以上，並治書侍御史臣酈道元等於尚書都座，以彪所犯罪狀告彪，訊其虛實，若或不知，須訊部下。彪答臣言：「事見在目，實如所劾，皆彪所知，何須復召部下。」

李沖爲了網羅李彪罪名，對酈道元等刑訊逼供，「皆泥首面縛，詈辱肆口」，李彪爲了避免屬下繼續受辱，於是站出來承擔了李沖等強加給他的「身爲違傲，矜勢高亢，公行僭逸」的罪名。這應該使酈道元等人深爲感動。當時，與酈道元同官的還有李煥等人，他們都是李彪的追隨者。《魏書》卷三十六《李順傳》：

> （李）煥，字仲文，小字醜璝。有幹用。少與酈道元俱爲李彪所知。自給事中轉治書侍御史。恒州刺史穆泰據代都謀反，高祖詔煥與任城王澄推治之。煥先驅至州，宣旨曉喻，仍誅泰等。

穆泰是拓拔舊貴族，他與太子恂帶頭反對遷都，並在代郡發動了叛亂。與酈道元同曹的李煥，爲防止也反遷都的任城王元澄祖護穆泰而發生變故，先驅至州，誅殺穆泰等人。可見酈道元與李彪的其他屬吏與李彪一樣，都是站在擁護孝文帝漢化改革、主張遷都的一方的。所以，李彪被李沖奏免，道元也「以屬官坐免」。

由以上所述，我們可以看出：酈道元與李彪、元楨等人屬於同一政治派別，主張積極推進漢化改革，加速封建化進程，以強有力的手段打擊豪強，鎮壓反叛，穩定國家，增強實力，以求最終打破南北朝對峙的局面，實現統一的願望，是進取派。李沖、元澄等人則屬於另外的政治派別，他們不圖進取，從自身私利出發，不肯放棄貴族階層的既得利益，讒毀正直之士，阻撓統一進程，是保守派。他們抱著不同的政治設想，而在是否遷都這一問題上明顯地表現出來。前者銳意進取，志期混一；後者快意現狀，固步自封。

三、酈道元與「酷吏」說

《魏書》酈道元本傳言其「素有嚴猛之稱」,「爲政嚴酷,吏人畏之」,故將其列入《酷吏傳》。後人多以爲《魏書》多曲筆〔註39〕,此記酈道元之行事,想必亦不實之詞。唐李延壽撰《北史》,就將酈道元從《酷吏傳》中拉出,附於其父酈範傳後。《四庫全書總目提要》卷四十六《史部二》稱讚李延壽:「出《酈道元》於《酷吏》,附《陸法和》於《藝術》,離合編次,亦深有別裁。」清代酈學家趙一清《水經注釋》附《北史》本傳按語:

> 《魏書》列傳,高謙之專意經史,與袁翻、常景、酈道元、溫子升之徒,咸申款舊。按道元立身行己,自有本末,不幸生於亂世,而大節無虧,即其持法嚴峻,亦由拓拔朝淫污溷冗,救敝扶衰使然,何至列於《酷吏傳》耶?恐素與魏收嫌怨,才名相軋故耶?知人論世,必有取於余言也。

近人段熙仲《水經注六論》也說:「魏收穢史,入道元於《酷吏傳》。」今人陳橋驛《酈道元評傳》特地把《北史》和《魏書》酈道元本傳作了比較,說明《北史》補入了魏收有意未寫的材料,指出:「且不說像魏收這樣一個玩猴摸狗的人,眞眞的正人君子,因爲時代接近,直接間接,千絲萬縷的恩怨關係,包括後朝的御意和其他的社會影響,對於束縛修史者的手腳,蒙蔽修史者的眼睛,作用是很大的。」總之,諸人是要爲道元正名,斥魏收以虛妄。

筆者認爲,把酈道元列入《酷吏傳》當然不妥,但《魏書》所載酈道元本事也未必完全失實。正如周一良先生《魏收之史學》評《魏書》時所說:「伯起之書,昔賢詆毀者眾,而鑽研者少。」按魏收生於北魏宣武帝正始三年(506),北齊文宣帝天保二年(551),高洋始令魏收編寫魏史,天保五年(554)完成。魏收開始修史之時,酈道元已卒二十四年,魏收比酈道元晚生三、四十年,故並不存在才名相軋的情況。李延壽在《北史·魏收傳論》中也曾說魏收「勒成魏籍,追從班、馬,婉而有則,繁而不蕪,持論序言,鈎深致遠。但意存實錄,好抵陰私,到於親故之家,一無所說,不平之議,

---

〔註39〕〔唐〕劉知幾《史通·曲筆》:「夫史之曲筆誣書,不過一、二,語其罪負,爲失已多。而魏收雜以寓言,殆將過半。」見〔清〕浦起龍《史通通釋》,上海古籍出版社,1978年版,第197~198頁。〔清〕趙翼《廿二史札記》卷十三《魏齊周隋書並北史·魏書多曲筆》:「褒貶肆情,則其曲筆可知也。」見《廿二史札記校證》,王樹民校證,中華書局1984年版,第263頁。

見於斯矣。」清人王鳴盛、紀昀等亦以爲穢史之說是「已甚之詞」〔註40〕。因此魏收爲酈道元作傳，也未必毫無根據。酈道元不是酷吏，但有可能是一個執法非常嚴厲的官吏。趙一清指出酈道元「威猛爲政」的原因是「拓拔朝淫污溻冗，救敝扶衰使然」，倒是一個合乎情理的說法。

本傳稱酈道元景明中爲冀州鎮東府長史，「爲政嚴酷，吏人畏之，奸盜逃於他境。」《魏書·酷吏傳》寫其他諸人如於洛侯、張赦提等或殘暴或貪贓，往往言其情狀。而寫道元，只說其「威猛爲政」，並不及任何酷暴之狀。酈道元一心爲公，畏懼者則是不法的吏人、作惡的權豪、擄掠的奸盜。冀州一帶，自魏晉以來，一直是豪強大族土地兼併最殘酷的地區，《魏書》說道元「爲政嚴酷」，可能與他打擊豪強有些關係。亂世用重典，斯亦無可厚非。

「酷吏」之說也可能與酈道元「治蠻」有些關係。酈道元本傳言「道元在郡，山蠻伏其威名，不敢爲寇。」又言「延昌中，爲東荊州刺史，威猛爲政，如在冀州。蠻人詣闕訟其刻峻，請前刺史寇祖禮。」都涉及到了治理蠻人的問題。酈道元出任地方官，所在多是群蠻雜處之地，也大多是南北政權互相對峙和爭奪的地帶，非常難於治理。《魏書》云「自劉石亂後，諸蠻無所忌憚，故其族類，漸得北遷，陸渾以南，滿於山谷，宛洛蕭條，略爲丘墟矣。」〔註41〕景明末，道元出任潁川太守。潁川之地是一個民族矛盾和階級矛盾交織的敏感地帶。景明三年，「魯陽蠻魯北燕等聚眾攻逼潁川，詔左衛將軍李崇討平之，徙萬餘家於河北諸州及六鎮。尋叛南走，所在追討，比及河，殺之皆盡。」〔註42〕李崇討平魯陽蠻，採取了血腥鎮壓的手段。而此時酈道元恰好是潁川太守，或許有所參與。「荊雍蠻」據說是盤瓠之後，也是群蠻雜處、南北爭奪之地。景明四年，「東荊州蠻樊素安反，僭帝號。正始元年，素安弟秀安復反，李崇、楊大眼悉討平之。」可見這裡也是一個不容易管理的地區。平叛十二年後，即延昌四年，酈道元除東荊州刺史，執法嚴峻，或爲形勢所迫。

〔註40〕王鳴盛《十七史商榷》卷六十五《北史合魏齊周隋書一·魏收魏書》：「愚謂魏收手筆不褥，亦未見必出諸史之下，乃其後改修者甚多，而總不能廢收之書，千載而下，他書盡亡，收書巋然特存，則又不可解。」紀昀《四庫全書總目提要》卷四十六《史部二》：「人非南董，豈信其一字無私。但互考諸書，證其所著，亦未甚於是非。穢史之說，無乃已甚詞乎？」
〔註41〕《魏書》卷一百一《蠻傳》。中華書局，1974年版，第2246頁。
〔註42〕《魏書》卷一百一《蠻傳》。中華書局，1974年版，第2247頁。

酈道元後來任御史中尉，也使權豪「頗憚之」。這大約是受到了曾在酈道元之前做御史中尉的李彪的作風影響。

北魏在孝文帝實行班祿制前，聽憑官吏自己搜刮。此風之行既久，實行班祿制後尚或有不能即改者。爲此，孝文帝指出：「其有貪殘非道、侵削黎庶者，雖在官甫爾，必加黜罰。著之於令，永爲彝準。」並任用李彪等「正直之士」爲御史中尉，糾核百官，整頓吏治。出身於寒門的李彪〔註43〕，「秉志信行，不避豪勢，其所彈劾，應弦而倒。赫赫之威，振於下國；肅肅之稱，著自京師。天下改目，貪暴斂手」。就是與之有宿怨的李沖也不得不承認他「賞忠識正，發言懇惻，惟直是語，辭無隱避。雖復諸王之尊，近侍之要，至有是非，多面抗折。酷疾矯詐，毒忿非違，屬色正辭，如鷹鸇之逐鳥雀，懍懍然實似公清之操」〔註44〕。《魏書》卷六十二《李彪傳》：「始彪爲中尉，號爲嚴酷。以奸款難得，乃爲木手，擊其脅腋，氣絕而復屬者時有焉。又慰喻汾州叛胡，得其凶渠，皆鞭面殺之。」《魏書》並不把李彪列入《酷吏傳》，究其原因，大概是因爲李彪一心秉公而無私念罷。

《魏書》卷十四《元思傳》：「案《御史令》云：『中尉督司百僚；治書侍御史糾察禁內。』李彪任御史中尉，就舉薦酈道元做了治書侍御史。李彪主事時，酈道元入仕未久，李彪的行爲，或許會成爲酈道元的榜樣。

元魏貴族往往以特權階層自視，橫行不法。可李彪、酈道元等人卻不買他們的賬。《魏書》卷十四《元志傳》：

> （元志）與御史中尉李彪爭路，俱入見，面陳得失。彪言：「御史中尉避承華車蓋，駐論道劍鼓，安有洛陽縣令與臣抗衡？」志言：「神鄉縣主，普天之下誰不編户？豈有俯同眾官，避中尉？」高祖曰：「洛陽我之豐沛，自應分路揚鑣。自今以後，可分路而行。及出，與彪折尺量道，各取其半。」

《魏書》卷十四《元思傳》載元思爲御史中尉，上表云：

〔註43〕 據《魏書》卷六十二《李彪傳》記載，李彪「家世寒微。少孤貧，有大志，篤學不倦」。這裡所說的「家世寒微」，顯然是指李彪祖父門第低微。這還可以從孝文帝嘉獎李彪的詔書中得到證明，在詔書中孝文帝說：「彪雖非清第，本闕華資。」可知李彪出身於寒門是確定無疑的。中華書局，1974年版，第1381頁。

〔註44〕 《魏書》卷六十二《李彪傳》李衝上表語。中華書局，1974年版，第1392頁。

案《御史令》云：「中尉督司百僚；治書侍御史糾察禁內。」
又云：「中尉出行，車輻前驅，除道一里，王公百辟避路。」時經四
帝，前後中尉二十許人，奉以周旋，未曾暫廢。府寺臺省，並從此
令。唯肅宗之世，爲臨洮舉哀，故兼尚書左僕射臣順不肯與名，又
不送簿。故中尉臣酈道元舉而奏之。而順復啓云：「尚書百揆之本，
令僕納言之貴，不宜下隸中尉，送名御史。」尋亦蒙敕，聽如其奏。
從此迄今，使無準一。

　　這兩段分別記述了李彪、酈道元與元魏皇室權貴爭路的事情。二人依法
辦事，據理力爭，不讓權貴，勇敢地維護自己的體面和尊嚴，做法何其相似。
但皇帝還是迴護自家宗室，使得法度「無準一」。儘管如此，遇到不法的權
貴，他們並不忌憚，哪怕是皇族成員，也不放過。《魏書》卷二十一《元幹
傳》：

趙郡王幹貪淫不遵典法，御史中尉李彪將糾劾之。會遇幹於尚
書下舍，因屏左右而謂幹曰：「殿下，比有風聞，即欲起彈，恐損聖
明委託之旨，若改往修來，彪當不言；脫不悛改，夕聞旦發。」而
幹悠然不以爲意，彪乃表彈之。高祖省之忿惋，詔幹與北海王詳，
俱隨太子詣行在所。既至，詳獨得朝見，幹不蒙引接。密令左右察
其意色，知無憂悔，乃親數其過，杖之一百，免所居官，以王還第。

《魏書》卷八十九《酈道元傳》：

司州牧、汝南王悅嬖近左右丘念，常與臥起。及選州官，多由
於念。念常匿悅第，時還其家，道元密訪知，收念付獄。悅啓靈太
后，請全念身，有敕赦之。道元遂盡其命，因以劾悅。

　　李彪彈劾了趙郡王元幹，酈道元彈劾了汝南王元悅，他們都敢於懲處「貪
淫不遵典法」的皇室成員。從這裡也可看出李彪對酈道元的行爲表率作用。
但不同的是：孝文帝尚能懲治頑劣，不失明君，但酈道元時的靈太后則是包
庇罪徒，縱容邪惡。

　　孝文帝死後，北魏吏治日趨腐敗，宣武帝時就公開賣官鬻爵。《魏書》卷
十五《元暉傳》：

遷吏部尚書，納貨用官，皆有定價，大郡二千匹，次郡一千匹，
下郡五百匹，其餘官職各有差，天下號曰「市曹」。出爲冀州刺史，
下州之日，連車載物，發信都，至湯陰間，首尾相繼，道路不斷。

北魏後期，官吏貪暴無恥，「餓虎將軍」、「饑鷹侍中」所在皆是。孝明帝以年幼接位，靈太后專制朝權，「自是朝政疏緩，威恩不立，在下牧守，所在貪惏。」〔註45〕吏治更加腐敗。在這樣的現實條件下，要想嚴肅吏治，無疑難度更大。但酈道元鐵面無私，不避豪強，顯示出他極大的勇毅精神。從依公辦案，懲治不法，嚴正不阿這些方面看，與其說酈道元是酷吏，不如說他是直吏、嚴吏。

四、酈道元遇難原因考察

北魏孝明帝孝昌三年（527）十月，酈道元被封為關右大使，受命前往雍州，考察刺史蕭寶夤的情況。蕭寶夤慮道元「圖己」，遂遣其行臺郎中郭子帙圍道元於陰盤驛亭而殺之。

北朝素有大使巡行制度，即根據需要臨時派遣親信大臣出使視察地方，事畢即撤消的制度。北魏大使巡行頻繁，僅據《魏書》記載就有三十四次之多。名目眾多，巡行目的也各自不同。有黜陟使、觀風俗使、撫恤使、戶口使、招討使、外交使、監軍使等等，此外還有分道巡行的大使，如畿內大使、河西大使、東道大使等等〔註46〕。酈道元此次被封為關右大使，即是分道巡行的大使。但應注意的是酈道元身為御史中尉，其本職就有監察百官，彈劾不法之責。

為什麼朝廷派酈道元出使雍州呢？《魏書》卷五十九《蕭寶夤傳》：

> 是時，山東、關西寇賊充斥，王師屢北，人情沮喪。寶夤自以出軍累年，糜費尤廣，一旦覆敗，慮見猜責，內不自安。朝廷頗亦疑阻，乃遣御史中尉酈道元為關中大使。

其實，當時蕭寶夤反狀已經暴露。正光五年，蕭寶夤代楊椿為刺史、行臺。《魏書》卷五十八《楊椿傳》：

> （楊椿）還鄉里，遇子昱將還京師，因謂曰：「當今雍州刺史亦不賢於蕭寶夤，但其上佐，朝廷應遣心膂重人，何得任其牒用？此乃聖朝百慮之一失。且寶夤不藉刺史為榮，吾觀其得州，喜悅不少。至於賞罰云為，不依常憲，恐有異心，關中可惜。汝今赴京，

〔註45〕《魏書》卷十三《皇后列傳》。中華書局，1974 年版，第 339 頁。
〔註46〕參見《冊府元龜》卷一百六十一《帝王部‧命使》及卷六百五十二至六百六十四《奉使部》。

稱吾此意，以啓二聖，並白宰輔，更遣長史、司馬、防城都督。欲
安關中，正須三人耳。如其不遣，必成深憂。」昱還，面啓肅宗及
靈太后。

可見，寶夤欲反，朝中早已有所警覺。那麼，爲什麼還要派酈道元出使
呢？這就是朝中權貴的詭計了。詭計的設計者《魏書》說是侍中、城陽王元
徽「素忌道元，因諷朝廷，遣爲關右大使」，《北史》則說是元悅等人。元悅
嬖近左右丘念，道元殺丘念而彈劾元悅，元悅當然要借機報復。而元徽爲什
麼會「素忌道元」呢？原來，在元魏宗室內，城陽王元徽與廣陽王元深是死
對頭。《魏書》卷十八《元深傳》：

　　〔元深〕坐淫城陽王徽妃於氏，爲徽表訟。詔付丞相、高陽王
雍等宗室議決其罪，以王還第。

從此元徽與廣陽王元深結下深怨。元徽向靈太后進讒：「廣陽以愛子握兵
在外，不可測也。」而元深則指責元徽：「自徽執政以來，非但抑臣而已，北
征之勳，皆被擁塞。將士告捷，終無片賞，雖爲表請，多不蒙遂。」

酈道元與元深、李崇等都是積極主張漢化改革的一派，與李沖等保守勢
力的政治見解相對立。六鎮反叛時，元深上表：

　　邊豎構逆，以成紛梗，其所由來，非一朝也。昔皇始以移防爲
重，盛簡親賢，擁麾作鎮，配以高門子弟，以死防遏，不但不廢仕
官，至乃偏得復除。當時人物，忻慕爲之。及太和在曆，僕射李沖
當官任事，涼州土人，悉免廝役，豐沛舊門，仍防邊戍。自非得罪
當世，莫肯與之爲伍。征鎮驅使，但爲虞候白直，一生推遷，不過
軍主。然其往世房分留居京者得上品通官，在鎮者便爲清途所隔。

在表中，元深分析了六鎮反叛的原因，指出李沖當官任事，徇私利以貽
害國家造成的嚴重後果。由此也可以看出元深對李沖的不滿。繼之，元深承
李崇之議，再次提出「求改鎮爲州」，然而當時朝廷不納其策。

《魏書》卷十八《元深傳》：

　　東西部敕勒之叛，朝議更思深言，遣兼黃門侍郎酈道元爲大
使，欲復鎮爲州，以順人望。會六鎮盡叛，不得施行。

改鎮爲州，是從游牧民族軍事制度走向郡縣制的一種手段，是漢化改革
措施的一部分。朝廷特地派遣酈道元爲大使，「持節兼黃門侍郎，馳驛與大
都督李崇籌宜置立，裁減去留」，說明酈道元與元深、李崇有著共同的政治

主張，與李沖、元徽屬於不同的政治派別。《北史》卷三十四《宋游道傳》所引一事，更能表明酈道元與元深的密切關係及與元徽的敵對情緒：

> 魏廣陽王深北伐，請（宋游道）爲鎧曹，及爲定州刺史，又以爲府佐。廣陽爲葛榮所殺，元徽誣其降賊，收錄妻子，游道爲訴得釋，與廣陽子迎喪返葬。中尉酈善長嘉其氣節，引爲殿中侍御史。
>
> 臺中語曰：「見惡能討，宋游道。」

宋游道爲元深辯冤，酈道元「嘉其氣節」而向朝廷舉薦，足以說明酈道元對元深的同情和對元徽的反感。因此，元徽等人對酈道元嗣機報復也就不足爲奇了。

對於元徽等人的陷害，酈道元自然心知肚明，但道元以國事爲重，毅然出巡。《水經注》卷三十七《浪水》「又東至蒼梧猛陵縣爲鬱溪」注：

> 建安十六年，吳遣臨淮步騭爲交州刺史，將武吏四百人之交州，道路不通。蒼梧太守長沙吳巨，擁眾五千。騭有疑於巨，先使諭巨。巨迎之於零陵，遂得進州。巨既納騭，而後有悔。騭以兵少，恐不存立。巨有都督區景，勇略與巨同，士爲用，騭惡之，陰使人請巨。巨往，告景勿詣騭。騭請不已，景又往，乃於廳事前中庭，俱斬以首徇眾。

這裡酈道元給我們講述了一個步騭以王命出任刺史，智殺謀逆之臣吳巨、區景的故事。大約酈道元也存有這樣的僥倖心理，企圖作出步騭、傅介子之類的事跡吧？酈道元實際上是以身殉國的英雄。其臨終「瞋目叱賊，厲聲而死」，其中想必包含著他對腐朽勢力的憤怒和壯志未酬的痛惜。

第三節　論酈道元的正朔觀念和民族意識

一、對酈道元的正朔觀念的不同看法

關於酈道元的正朔觀念，學界歷來有不同的看法。

蕭滌非認爲：「北朝士大夫是談不上什麼民族意識、祖國觀念的……道元卻不是這樣，他身仕魏朝，心念祖國，這從注中所用書法可以得到證明。比如，他對五胡十六國裏的外族君主像劉淵、劉曜、石勒、石虎、慕容垂、慕容儁、符堅等，都一概斥其名，而對於一度滅後秦，平定關中的劉裕，則稱

爲劉公，或稱宋武王，而不書名，對他率領的晉軍也稱爲王師。儘管由於黑暗的統治，他不得不採用這種微詞，但愛憎還是分明的。」〔註47〕

陳橋驛在《酈道元評傳》中則這樣說：「酈道元的大一統思想，顯然有兩個階段。開始，他滿懷信心，一個版圖廣大的帝國，將在北魏君主元宏手中出現。但是到後來，嚴酷的事實，使他不得不承認南北並存的天下大局。」〔註48〕「但他並不是一個失敗主義者，儘管事不可爲，他把這種希望寄託於撰述，潛心寫作，把他的全部愛國主義感情傾注在《水經注》這樣一部巨著中。」〔註49〕

按蕭先生看法，酈道元是一個民族情感至上者，一直以南朝爲正統；按陳先生的意見，酈道元的思想曾有過重大的變化，始則希望漢化後的北魏一統天下，後來則「隨著南北形勢的變遷」而「南北兼顧，不忘他畢生未曾親履的南方半壁河山」。〔註50〕

那麼，酈道元的正朔觀念到底是怎樣的呢？本文認爲，酈道元不是「身仕魏朝，心念祖國」，一直以南朝作爲正朔所在；也不必「朝秦而暮楚」，在思想上出現過什麼反覆或變化。他撰寫《水經注》是在孝文帝漢化改制之後，他從漢民族本位觀念出發，以東晉、劉宋爲王朝正統，以改制之後的北魏作爲王朝正統的繼承者。這些都可以通過《水經注》的書法表現出來。

二、從《水經注》看酈道元對秦至西晉歷朝的態度

南北朝是一個特殊的歷史時期，南北對峙的政治形勢當會使人們對國家觀念產生不同的理解。那麼，酈道元到底奉哪一方爲正統呢？我們先從《水經注》中尋繹一下酈道元對秦以來歷史上各個朝代的看法。

《水經注》卷二十五《泗水》「又東南過彭城縣東北」注：

> 周顯王四十二年，九鼎淪沒泗淵。秦始皇時，而鼎見於斯水，始皇自以德合三代，大喜，使數千人沒水求之，不得，所謂「鼎伏」也。亦云，繫而行之，未出，龍齒齧斷其繫。故《語》曰：稱樂大

〔註47〕蕭滌非《解放集》96～97頁；又蕭先生主編的《中國文學史》第三編第二節294頁亦有同樣觀點。
〔註48〕陳橋驛《酈道元評傳》，南京大學出版社1994年版，第42頁。以下兩條注釋引《酈道元評傳》版本同。
〔註49〕陳橋驛《酈道元評傳》，第36頁。
〔註50〕陳橋驛《酈道元評傳》，第41頁。

早絕鼎繫。

按夏后所鑄九鼎〔註51〕，是皇權帝位的象徵，以故楚有問鼎之譏。酈道元言秦始皇求鼎而不成，是說秦始皇得帝位，並非天意所歸，他「自以德合三代」，不過是狂妄自大。《水經注》卷十九《渭水》「又東過鄭縣北」注：

> 昔秦始皇之將亡也，江神素車白馬，道華山下，返璧於華陰平舒道曰：「爲遺鎬池君。」使者致之，乃二十八年渡江所沈璧也。即江神返璧處也。

江神返璧於秦始皇，是言秦始皇殘暴貪虐，江神以受其物爲恥辱，其運祚當移之於漢也。

對漢朝，酈道元則在字裏行間透露出自己的敬意。《水經注》卷二十七《沔水》「東過南鄭縣南」注：

> 漢高祖入秦，項羽封爲漢王。蕭何曰：「天漢，美名也。」遂都南鄭。大城周四十二里，城內有小城，南憑津流，北結環雉，金墉漆井，皆漢所修築。

酈道元借蕭何之口明言漢之國號爲美名。《水經注》卷二《河水》注：

> 樓蘭王不恭於漢，元鳳四年，霍光遣平樂監傅介子刺殺之，更立後王。漢又立其前王質子尉屠耆爲王，更名其國爲鄯善。百官祖道橫門，王自請天子曰：「身在漢久，恐爲前王子所害，國有伊循城，土地肥美，願遣將屯田積粟，令得依威重。」遂置田以鎮撫之。

顯見，酈道元是以漢爲正統，漢可統領萬國，懷柔布化，「不恭於漢」之王，漢自可廢之殺之。

對於篡漢的王莽，酈道元則表現出厭惡和嘲諷：

> 漢平帝時，王莽秉政，欲耀威德以服遠方，諷羌獻西海之地，置西海郡，而築五縣焉。周海亭燧相望。莽篡政紛亂，郡亦棄廢。

〔註52〕

> 地皇三年，霸橋木災自東起，卒數千以水沃救不滅，晨焚夕盡。王莽惡之，下書曰：甲午火橋，乙未，立春之日也，予以神明聖祖、黃虞遺統受命，至於地皇四年，爲十五年，正以三年終冬，

〔註51〕 《水經注》卷十九《渭水》「又東過鄭縣北」注引《禹貢》：「北條荊山，在南，山下有荊渠，即夏后鑄九鼎處也。」見陳橋驛《水經注校釋》，杭州大學出版社，1999年版，第346頁。以下兩條引《水經注》版本同。

〔註52〕 《水經注》卷二《河水》「又東入塞」注。見陳橋驛《水經注校釋》，第24頁。

絕滅霸駁之橋，欲以興成新室，統一長存之道，其名霸橋爲長存橋。
〔註53〕

《水經注》說王莽「欲耀威德」，說其「篡政紛亂」，鄙夷之情溢於言表。霸橋火災，沃救不滅，表明王莽運數當絕，縱然把霸橋更名爲「長存橋」，也無法長存了。《水經注》卷十《濁漳水》「又東北過下博縣之西」注：

> 漢光武自滹沱南出，至此失道，不知所以，遇白衣老父，曰：「信都爲長安守，去此八十里。」世祖赴之，任光開門納焉。漢氏中興，始基之矣。尋求老父不得，議者以爲神。

看來，漢氏中興，自有神助。漢氏之爲華夏正統，是酈道元心中認定的了。

運移漢祚，三國鼎立，酈道元又該如何定正統呢？《水經注》這樣寫道：

> 魏因漢祚，復都洛陽，以譙爲先人本國，許昌爲漢之所居，長安爲西京之遺跡，鄴爲王業之本基，故號五都也。〔註54〕

酈道元講「魏因漢祚」就是說以曹魏爲三國正統。《四庫全書總目提要》說，《三國志》「以魏爲正統，至習鑿齒作《漢晉春秋》，始立異議。自朱子以來，無不是鑿齒而非壽。然以理而論，壽之謬萬萬無辭。以勢而論，則鑿齒帝漢順而易，壽欲帝漢逆而難。蓋鑿齒時晉已南渡，其事有類乎蜀，爲偏安者爭正統，此孚於當代之論者也。壽則身爲晉武之臣，而晉武承魏之統，僞魏是僞晉矣，其能行於當代哉？」此論極爲精當，僞魏是僞晉，也正好說明了酈道元以曹魏爲三國正統的用意，即：正魏即是正晉。《水經注》卷二十二《潁水》「又東南過陽翟縣北」注：

> 文帝以漢獻帝延康元年，行至曲蠡，登壇受禪於是地，改元黃初。其年，以潁陰之繁陽亭爲繁昌縣。城內有三臺，時人謂之繁昌臺。壇前有二碑，昔魏文帝受禪於此，自壇而降曰：「舜、禹之事，吾知之矣。」故其石銘曰「遂於繁昌築靈壇」也。於後其碑六字生金，論者以爲司馬金行，故曹氏六世遷魏而事晉也。

三家歸晉，晉承魏禪，酈道元以西晉爲正統。《水經注》卷十七《渭水》「東北過襄武縣北」注：

〔註53〕　《水經注》卷十九《渭水》「又東過霸陵縣北」注。見陳橋驛《水經注校釋》，第339頁。
〔註54〕　《水經注》卷十《濁漳水》「又東出山過鄴縣西」注。見陳橋驛《水經注校釋》，杭州大學出版社，1999年版，第181頁。

《魏志》稱，咸熙二年，襄武上言，大人見，身長三丈餘，跡長三尺二寸，白髮，著黃單衣巾，拄杖呼民王，始語云：今當太平，十二月天祿永終，曆數在晉。遂遷魏而事晉。

酈道元引《魏志》以證明遷魏而事晉是合於天數的。又《水經注》卷二十二《溳水》「又東南至汝南新陽縣北」注：

晉太傅東海王越之東奔也，石勒追之，焚屍於此。數十萬眾，斂手受害。勒縱騎圍射，屍積如山，王夷甫死焉。余謂俊者，所以智勝群情；辨者，所以文身祛惑。夷甫雖體荷儁令，口擅雌黃，污辱君親，獲罪羯勒，史官方之華王，諒爲褒矣。

酈道元痛責王衍（夷甫）清談誤國，以致「污辱君親，獲罪羯勒」，故此死不足惜，不合褒獎。從中可以看出酈道元對西晉之亡的痛惜之情。

三、酈道元以東晉爲正統

公元 386 年，北魏道武帝改國號爲魏，定年號爲登國元年，表示不再接受晉朝的封號，先後與東晉、宋、齊、梁對峙。酈道元是北魏官員，按理他在撰著《水經注》時應該統一使用北魏的年號。可是，人們發現，實際並非如此。

清初沈炳巽在其《水經注集釋訂訛》中首先發現《水經注》卷三《河水》「又東，過雲中楨陵縣南，又東過沙南縣北，從縣東屈南，過沙陵縣西」注中，有「其水南流，逕武川鎮城，城以景明中築，以禦北狄矣」一語，指出：「景明是宋少帝年號。」全祖望見此注驚曰：「愚爲非也，善長豈用南朝之年乎？」

其實，除了這一條，酈道元在《水經注》中還大量使用了東晉和南朝年號。今檢《水經注》共用東晉年號五十四處，劉宋年號二十四處，南齊年號兩處，蕭梁年號一處〔註55〕。

看來，《水經注》使用過的東晉及南朝的年號遠不止一個，而且各朝並有。其實，酈道元不但使用東晉及南朝的年號，而且對於其君主有時也道以尊稱：

義熙十三年，劉武帝西入長安，又廣其功。〔註56〕

〔註55〕 參見附錄一：《水經注》所用東晉與南朝年號。
〔註56〕 《水經注》卷八《濟水》「其一水東南流，其一水從縣東北流入鉅野澤」注。

　　園城，劉武帝北伐廣固，登之以望王難。〔註57〕

　　山際有五龍口。義熙五年，劉武帝伐慕容超於廣固也。〔註58〕

　　酈道元不像差不多與他同時的《洛陽伽藍記》的作者楊衒之那樣重北輕南，尊北朝爲正宗。他稱劉裕爲「劉武帝」，足見其對南朝君主的敬重。但對於劉淵、劉曜、石勒、石虎、慕容垂、慕容儁、符堅等胡族君主，酈道元則直斥其名，毫不客氣。兩相比較，正可以看出酈道元對漢族王朝的同情。

　　如果我們比較一下稍後於酈道元的魏收，這點就顯得更爲突出。魏收作《魏書》，每稱東晉爲「僭晉」，稱桓玄、劉裕、蕭道成爲「島夷」。《史記》卷二《夏本紀》：「島夷卉服」，《集解》孔安國曰：「南海島夷草服葛越。」《舊唐書》卷三十六《天文下》：「島夷蠻貊之人，聲教之所不泊，皆繫於狗國。」言「僭晉」，是言東晉不得天道之正統；言「島夷」，意謂南朝不得文化之眞傳，字義頗有蔑視侮辱的意味。楊守敬說：「道元於南朝之君，皆稱謚號，不如魏收之妄〔註59〕。」酈道元甚至在《水經注》中寄寓著對東晉王朝遞變傳承之合法性的承認。如《水經注》卷三十九《贛水》「又北過南昌縣西」注：

　　應劭《漢官儀》曰：豫章，樟樹生庭中，故以名郡矣。此樹嘗中枯，逮晉永嘉中，一旦更茂，豐蔚如初，咸以爲中宗之祥也。《禮斗威儀》曰：君政訟平，豫樟常爲生。太興中，元皇果興大業於南，故郭景純《南郊賦》云「弊樟擢秀於祖邑」是也，以宣王祖爲豫章故也。

　　元皇指東晉元帝司馬睿，大興是其年號。「果興大業於南」，寄寓著對司馬睿在江南即位的認可。從這段記述看，酈道元認爲東晉承西晉建國，也是順理成章之事。再如《水經注》卷四《河水》「又南至華陰潼關，渭水從西來注之」注：

　　　　見陳橋驛《水經注校釋》，杭州大學出版社，1999年版，第135頁。以下各條版本同。

〔註57〕《水經注》卷二十五《沂水》「出泰山蓋縣艾山」注。見陳橋驛《水經注校釋》，第456～457頁。

〔註58〕《水經注》卷二十六《淄水》「又東過利縣東」注。見陳橋驛《水經注校釋》，第472頁。

〔註59〕《水經注》卷二十六《巨洋水》「又北過臨朐縣東」注：「其城（監朐）上下沿水，悉是劉武皇北伐廣固，營壘所在矣。」見陳橋驛《水經注校釋》，第467頁。據《宋書‧武帝紀》，伐南燕在義熙五年。

郭緣生《記》曰：漢末之亂，魏武征韓遂、馬超，連兵此地。
今際河之西，有曹公壘。道東原上，云李典營。義熙十三年，王師
曾據此壘。

楊守敬在此下作按語曰：「《通鑑》晉義熙十三年，王鎭惡引兵大抵潼關，
又檀道濟、沈林子至潼關，破秦魯公紹，不言據曹公壘。至十四年，王敬先
戍曹公壘，則克長安後事，非緣生所指矣。」楊守敬的說法是正確的，此文
後半並非酈道元引述郭緣生《述征記》之語，是酈道元自家語。在這裡，酈
道元徑稱東晉軍爲「王師」，足見其以東晉爲正統。

以晉爲正統，也是得到元魏朝廷的認可的。按《魏書》卷一百八之一《禮
四之一》，太和十四年八月，孝文帝下詔，令群臣議論五德配尙以定北魏行次。
高閭以爲，漢「承周爲火德。自茲厥後，乃以爲常。魏承漢，火生土，故魏
爲土德。晉承魏，土生金，故晉爲金德。趙承晉，金生水，故趙爲水德。燕
承趙，水生木，故燕爲木德。秦承燕，木生火，故秦爲火德。」主張「以魏
承秦，魏爲土德」。李彪、崔光等以爲：「司馬祚終於郟鄏，而元氏受命於雲
代」，因此主張「紹晉定德」。太和十五年正月，孝文帝詔令承晉爲水德。

計五德之論，自漢代始。其時張蒼以漢爲水德，賈誼、公孫臣以漢爲土
德，劉向以漢爲火德。若以秦繼曆，相即爲次，不推逆順之異，則應定土德；
若越惡承善，不以世次爲正，則棄秦承周，以漢爲火德。如果這樣比較的話，
高閭是相繼爲次，而李彪、崔光的看法是「趙、秦、二燕雖地據中華，德祚
微淺，並獲推敘，於理未愜」，則是「越惡承善」。酈道元彼時尚未入仕或官
職尚微，但從《水經注》表現出來的傾向來看，他應該是與李彪、崔光的看
法一致的。《水經注》卷五《河水》「又東北，過黎陽縣南」注：

《春秋左傳》僖公十四年，沙鹿崩，晉史卜之曰：「陰爲陽雄，
土火相乘，故有沙鹿崩。後六百四十五年，宜有聖女興，其齊田
乎？」後王翁孺自濟南徙元城，正直其地，日月當之，王氏爲舜
后，土也。漢，火也。王禁生政君，其母夢見月入懷。年十八，
詔入太子宮，生成帝，爲元后，漢祚道污，四世稱制，故曰火土
相乘而爲雄也。及崩，大夫揚雄作誄曰：「太陰之精，沙鹿之靈，
作合於漢，配元生成」者也。

酈道元認爲漢行火德，表明其亦主張越惡承善。酈道元在《水經注》中
大量使用了從晉元帝而至晉恭帝的幾乎所有東晉皇帝的年號，說明他把東晉

看作王朝正統。同時，他把其他雜胡諸國視爲「野虜」。如《水經注》卷二《河水》「又東過隴西河關縣北，洮水從東南來流注之」注：

> 吐谷渾者，始是東燕慕容之枝庶，因氏其字，以爲首類之種號也，故謂之野虜。

四、從《水經注》看酈道元對劉宋的同情

如果說，以東晉爲正統，魏承晉祚的觀念獲得了當時朝廷的認可，那麼，酈道元對劉宋的態度則更能說明道元對漢族王朝在某程度上的同情和認可。《水經注》卷三十二《淝水》「北入於淮」注：

> 瀆水又北徑相國城東，劉武帝伐長安所築也。

他稱劉裕爲劉武帝，稱劉裕義熙十三年（417）攻打後秦姚泓爲「伐長安」。伐者，以上對下、以有道征於無道之謂。用語之間，褒貶已見。《水經注》卷三十五《江水》「湘水從南來注之」注：

> 宋景平二年，迎文帝於江陵，法駕頓此，因以爲名。文帝車駕發江陵，至此，黑龍躍出，負帝所乘乘舟，左右失色，上謂長史王曇首曰：「乃夏禹所以受天命矣，我何德以堪之？」故有龍穴之名焉。

這段記述，亦見於沈約《宋書》卷六十三《王曇首傳》，「黑龍」作「黃龍」。但酈道元引此，並未及出處。若參見《水經注》卷三十五《江水》「又東南，油水從東南來注之」注：

> 昔禹南濟江，黃龍夾舟，舟人五色無主。禹笑曰：「吾受命於天，竭力養民。生，性也；死，命也。何憂龍哉？」於是二龍弭鱗掉尾而去焉。

則可顯見酈道元對宋文帝即位的態度：宋文帝即帝位是受命於天，得天人符應，事類大禹。無獨有偶，明顧炎武《日知錄》卷二十：「《水經注》引盛宏之《荊州記》曰：「江中有九十九洲，楚諺云：『洲不百，故不出王者。』桓玄有問鼎之志，乃增一洲，以充百數。僭號數旬，宗滅身屠。及其傾敗、洲亦消毀，今上在西，忽有一洲自生，沙流回薄，成不淹時。其後未幾，龍飛江漢矣。」注乃北魏酈道元作，而記中所指今上則南宋文帝，以宜都王即帝位之事，古人不以爲嫌。」此外，如前所列，宋文帝「元嘉」的年號，也是《水經注》使用得最頻繁的南朝年號，一共出現了十六次。《水經注》卷

三十五《江水三》「又東過鄂縣北」注：

> 宋孝武帝舉兵江州，建牙洲上，有紫雲蔭之，即是洲也。

酈道元直接稱劉駿爲「宋孝武帝」，又說「有紫雲蔭之」，意在說劉駿舉兵江州，誅殺了弑帝謀逆的劉劭，爲宋文帝報了仇，因而是得帝位之正傳者。

酈道元這樣屬意於宋文帝，自有其因。宋文帝是一個留心文教的皇帝。元嘉十五年，宋文帝徵雷次宗至京師，開館於雞籠山，聚徒教授儒學，又令何尚之立玄學，何承天立史學，謝元立文學，凡四學並建〔註60〕。《宋書》卷五十五《臧燾徐廣傳隆傳》後史臣曰：

> 庠序黌校之士，傳經聚徒之業，自黃初至於晉末，百餘年中，儒教盡矣。高祖受命，議創國學，宮車早晏，道未及行。迄於元嘉，甫獲克就，雅風盛烈，未及曩時，而濟濟焉，頗有前王之遺典。天子鸞旗警蹕，清道而臨學館，儲後冕旒黼黻，北面而禮先師，後生所不嘗聞，黃髮未之前睹，亦一代之盛也。

宋文帝對文化的崇尚可能會對酈道元等漢族士人產生一定程度的吸引力。唐劉知幾《史通·內篇·言語第二十》：「然自咸、洛不守，龜鼎南遷，江左爲禮樂之鄉，金陵實圖書之府，故其俗猶能語存規檢，言喜風流，顚沛造次，不忘經籍。而史臣修飾，無所費功。其於中國則不然，何者？於斯時也，先王桑梓，翦爲蠻貊，被髮左衽，充牣神州。其中辯若駒支，學如郯子，有時而遇，不可多得。」酈道元作爲一個對於漢民族文化有著深刻感受和理解的漢族世家子弟，是完全有可能把當時的南朝作爲「禮樂之鄉」、「圖書之府」的。

酈道元在《水經注》中還有幾次直接寫到了劉宋與北魏之間的戰爭：

> 宋元嘉中，右將軍到彥之、留建威將軍朱修之守此城。魏軍南伐，修之執節不下，其母悲憂，一旦乳汁驚出，母乃號踊告家人曰：「我年老，非有乳時，今忽如此，吾兒必沒矣！」修之絕援，果以其日陷沒。〔註61〕

> 宋太尉劉義恭於彭城，遣軍主稽玄敬北至城，覘候魏軍。魏軍

〔註60〕 參見《宋書》卷九十三《隱逸·雷次宗傳》。中華書局，1974 年版，第 2293頁。

〔註61〕 《水經注》卷五《河水》「又東北，過武德縣東，沁水從西北來注之」注。見陳橋驛《水經注校釋》，杭州大學出版社，1999 年版，第 77 頁。以下各條版本同。

於清西望見玄敬士眾。魏南康侯杜道俊引趣泡橋，沛縣民逆燒泡橋，
又於林中打鼓。俊謂宋軍大至，爭渡泡水。水深酷寒，凍溺死者殆
半。〔註62〕

　　元嘉八年，朱修之守滑臺城，城陷被俘。拓跋燾嘉其守節，以為侍中，
妻以宗室女。但朱修之後來毅然俟機逃歸。酈道元於《水經注》中突出其「執
節不下」的英武，欽佩之情可見。元嘉二十七年，拓跋燾南侵，宋太尉江夏
王劉義恭總領諸軍之，《水經注》專門記述了魏軍失敗的過程。「沛縣民逆燒
泡橋，又於林中打鼓」以助宋軍，魏軍被嚇得爭相逃命，以至於「凍溺死者
殆半」，慘敗而歸。由此可見在戰爭中民眾人心之所在，同時也流露出酈道元
的感情傾向。《水經注》卷五《河水》「又東北過茌平縣西」注：

　　　至（宋元嘉）二十七年，以王玄謨為寧朔將軍，前鋒入河，平
礦磝，守之。

　　值得注意的是酈道元在這裡把宋將王玄謨打敗了拓拔燾的軍隊，說成
「平礦磝」。《魏書》卷七十《傅豎眼傳》：「劉駿將蕭斌、王玄謨寇礦磝」。
《北史》卷四十五《傅豎眼傳》：「宋將蕭斌、王玄謨寇磝礦。」敘述同一史
事，《魏書》、《北史》用「寇」字，而酈道元用「平」字，顯見，酈道元在
此已把宋軍看作了正義之師。酈道元能夠在《水經注》中這樣描述或引證，
說明酈道元從民族自尊心的角度出發，對劉宋具有強烈的同情意識。這反映
了他以南朝劉宋為正統的心理實質。

五、酈道元對孝文帝後北魏朝的認同

　　北魏與南朝的對峙是從東晉開始的，但南北朝時戰亂紛紜，即使北魏孝
文帝也為以哪家王朝為正統而感到棘手，下詔曰：「越近承遠，情所未安。然
考次推時，頗亦難繼。」最後才從眾臣之議，表示承晉為水德。群臣廷議時
意見也不一致，如高閭就主次秦為序。既然允許高閭有次秦之論，當然也應
允許酈道元有繼宋之見。只不過，酈道元的這種看法並未直說，他是在《水
經注》中含蓄地表現出來的。

　　酈道元的正統觀由劉宋而至後魏，自有其因。劉宋後期，骨肉相殘，政
治混亂。宋明帝把除了他自己的兒子以外的文帝、武帝的兒子幾乎全部殺

〔註62〕《水經注》卷二十五《泗水》「又東過沛縣東」注。見陳橋驛《水經注校釋》，
　　　　杭州大學出版社，1999 年版，第 453 頁。

盡。泰始二年（466），徐州刺史薛安都等降魏，與魏軍合力擊敗宋軍，劉宋淮河以北青、冀、徐、兗四州及豫州淮河以西九郡都先後被北魏奪取，劉宋疆域再次縮小，在南北對峙的格局中，北魏明顯佔據了優勢。正當此時，北魏孝文帝即位（471）。孝文帝拓拔宏是一個振作有爲的皇帝。他有抱負、有遠見。他心存大志，以一統萬方爲己任。他對群臣說：「吾方經營天下，期於混一。」〔註63〕又說「王者以四海爲家，或南或北，何常之有？」〔註64〕他力排眾議，把都城由平城遷往洛陽。《水經注》卷十五《洛水》「又東過洛陽縣南，伊水從西來注之」注：

> 洛陽，周公所營洛邑也。故《洛誥》曰：我卜瀍水東，亦惟洛食。其城方七百二十丈，南繫於洛水，北因於郟山，以爲天下之湊。方六百里，因西八百里，爲千里。《春秋》昭公三十二年，晉合諸侯大夫戍成周之城，故亦曰成周也。司馬遷《自序》云：太史公留滯周南。摯仲治曰：古之周南，今之洛陽。漢高祖始欲都之，感婁敬之言，不日而駕行矣。屬光武中興，宸居洛邑。逮於魏晉，咸兩宅焉。

酈道元細緻清楚地記述了洛陽的由來、範圍和歷史，重點說明了歷代在洛陽建都的情況，氣勢宏偉，規模壯大，字裏行間透露著自豪與期望。洛陽不但從地理位置上「以爲天下之湊」，而且也易成爲士人心理上中原文化的正朔之所在。

「任何一個游牧民族只要進入平原，落入精耕細作的農業社會裏，遲早就會服伏帖帖地主動地融入漢族之中。」〔註65〕孝文帝認識到鮮卑族既已發展到特定的歷史階段，還要保持固有的生活方式，已不可能。所以他主張徹底漢化，同時那時的世族琅邪王肅，清河崔光，廣平程靈虯，太原郭祚諸人，也都積極支持孝文帝的推行漢化政策。孝文帝遷都後，在政治上，在社會風俗上的一系列的改革，如改官制、禁胡服、禁鮮卑語，改鮮卑複姓等等。而遷都洛陽，植根中土，更給當時的漢族士人以心理上的支持和安慰。太和十四年，高閭上書時即說：「臣聞居尊據極，允應明命者，莫不以中原爲正統，

〔註63〕〔宋〕司馬光《資治通鑒》卷一百三十八《齊記》四，武帝永明十一年。上海古籍出版社，1987年版第923頁。

〔註64〕〔宋〕司馬光《資治通鑒》卷一百三十九《齊記》五，明帝建武元年。上海古籍出版社，1987年版第926頁。

〔註65〕費孝通《中華民族多元一體格局》，中央民族學院出版社，1989，31頁。

神州爲帝宅。」〔註66〕在這樣的時代氛圍下，酈道元將北魏作爲王朝正統，也就理所當然了。《水經注》中很少言及齊、梁年號，但孝文帝「太和」的年號在書中出現竟達三十多次。

酈道元承認天道變化，運祚興衰。《水經注》卷十六《穀水》「又東過河南縣北，東南入於洛」注：

> 咸寧元年，洛陽大風，帝社樹折，青氣屬天，元王東渡，魏社
> 代昌矣。

這條記載本於王隱《晉書》：「武帝咸寧元年八月，大風折太社樹，有青氣出。占曰，東莞當有帝者。明年，元帝生，此晉室中興之表也。」但《水經注》故意把「晉室中興之表」改作「元王東渡，魏社代昌」。趙一清與楊守敬深識其意。有的學者以爲此敍晉事，「魏社」當作「晉社」。趙一清反駁說：「道元生於拓跋朝，是時魏都洛陽，記此正以表晉衰魏興之兆，安得云晉社代昌乎？」《水經注》卷二十九《沔水下》「又東至會稽餘姚縣東入於海」注：

> 虞翻嘗登此山四望，誡子孫可居江北，世有祿位，居江南則不
> 昌也。然住江北者，相繼代興，時在江南者，輒多淪替。仲翔之言
> 爲有徵矣。

酈道元假借三國吳虞翻之語，含蓄地表達了自己對於南北兩朝的看法。「仲翔之言爲有徵矣」，是道元親身經歷南北盛衰的切實感受。

如前所述，酈道元自乃祖始即仕於北朝，其父兩「鎮海岱」，其本人後期也位望通顯，多爲北魏王朝倚重。他曾帶兵平定彭城刺史元法僧的叛亂，後來魏帝以之爲關右大使巡檢蕭寶寅，也不能說不是對他的信任。加上南朝政治的庸俗腐敗和孝文帝漢化措施深入推行的現實對比，酈道元很容易作出選擇和判斷。因此作爲北魏朝廷的命官，他對魏室也很忠誠。他在《水經注》中經常提到「皇魏」、「大魏」、「朝廷」、「烈祖」、「高祖」等，都無不含有敬意。如：

> 漯水又東北徑石亭西，蓋皇魏天賜三年之所經建也。漯水又
> 東北，逕白狼堆南，魏烈祖道武皇帝於是遇白狼之瑞，故斯阜納稱
> 焉。〔註67〕

〔註66〕《魏書》卷一百八之一《禮四之一》。中華書局，1974年版，第2744頁。
〔註67〕《水經注》卷十三《漯水》「出雁門陰館縣，東北過代郡桑乾縣南」注。見陳

又東北徑臨齊城南。始東齊未賓，大魏築城以臨之，故城得其名也。〔註 68〕

伊水又東北至洛陽縣南，徑圜丘東，大魏郊天之所，準漢故事建之。〔註 69〕

朝廷太和中修復故堨。〔註 70〕

爲了表示對北魏王朝的敬意，他還特地把「廣漢」全改作「廣魏」〔註 71〕。通過這些用語，我們自可知酈道元的的爲北魏之忠臣。

隨著北魏自孝文帝後漢化程度的逐步加深、封建化步伐的全面加快和其對漢族士人政策的轉變，在政治上北魏政權得到了漢族漢族士人的擁護和支持，從而協調了統治集團的內部關係；從經濟上看，北魏政策的轉變也奠定了北強南弱，最後由北方統一的基礎。魏明帝正光年間（520～524），大約也就是酈道元撰著《水經注》的時候，北魏經濟出現了繁榮局面：「時惟全盛，戶口之數，比夫晉太康，倍而餘矣。」〔註 72〕《洛陽伽藍記》說當時「百姓殷阜，年登俗樂，鰥寡不聞犬豕之食，煢獨不見牛馬之衣。」〔註 73〕北魏團結漢族士人的種種舉措，無疑對漢族士人具有強大的吸引力，從而加強了北方胡漢統治者的聯合。孝文帝時，南齊明帝曾讓崔惠景給其在北魏的從兄崔僧淵寫信，勸其改圖。崔僧淵覆書明確表示要繼續留在北魏。這就是一個典型的例子。酈道元也一樣，他把一統天下、再造兩漢般的盛世的希望寄予了

橋驛《水經注校釋》，杭州大學出版社，1999 年版，第 230 頁。以下各條版本同。

〔註 68〕《水經注》卷五《河水》「又東北，過黎陽縣南」注。見陳橋驛《水經注校釋》，杭州大學出版社，1999 年版，第 83 頁。以下各條引《水經注》，版本同。

〔註 69〕《水經注》卷十五「又東北至洛陽縣南北入於洛」注。見陳橋驛《水經注校釋》，第 279 頁。

〔註 70〕《水經注》卷十六《穀水》「又東過河南縣北，東南入於洛」注。見陳橋驛《水經注校釋》，第 289 頁。

〔註 71〕〔清〕顧炎武《日知錄》卷二十六《魏書》：「《魏書・崔浩傳》：浩既工書，人多託寫《急就章》。從少至老，初不憚勞。所書蓋以百數，必稱『馮代繮』，以示不敢犯國，其謹也如此。史於『馮代繮』下注曰：『疑。』按《急就篇》有『馮漢繮魏起漢北』，以漢強爲諱，故改云『代繮』，魏初國號曰代故也。顏師古《急就篇序》曰：『避諱改易，漸就蕪舛。』正指此。」酈道元《水經注》以「廣漢」並作「廣魏」，即其例也。《日知錄集釋》，〔清〕黃汝成集釋，欒保群、呂宇力校點，花山文藝出版社，1990 年版第 1134 頁。

〔註 72〕見唐杜佑《通典・食貨典・歷代盛衰戶口》。

〔註 73〕《洛陽伽藍記》卷四《城西・法雲寺》。

孝文帝以後的北魏，而不是南朝。

六、酈道元的中國文化本位意識

酈道元在以何家為正統的問題上是有一個尺度的，即是否符合漢民族的文化精神並以此為出發點而達成修明政治。《水經注》卷二十六《淄水》「又東過利縣東」注：

> 女水導川東北流，甚有神焉。化隆則水生，政薄則津竭。燕建
> 平六年，水忽暴竭，玄明惡之，寢病而亡。燕太上四年，女水又竭，
> 慕容超惡之，燕祚遂淪。

顯見，酈道元認為後燕慕容盛（玄明），南燕慕容超都是政薄德寡之君，不足承大統以蒞中原。酈道元心中理想的「化隆」之代是兩漢，他在《水經注》中敘及兩漢故實最多，而且明顯地以漢民族為本位：

> 公孫述之有蜀也，青衣不服，世祖嘉之，建武十九年以為郡，
> 安帝延光元年置蜀郡屬國都尉。青衣王子心慕漢制，上求內附，順
> 帝陽嘉二年，改曰漢嘉，嘉得此良臣也。〔註74〕

> 其水又東南流，羌人因水以氏之。漢沖帝時羌涌狐奴歸化，蓋
> 其渠帥也。〔註75〕

> 縣，故九隆哀牢之國也。……遣六王將萬許人攻鹿茤，鹿茤王
> 與戰，殺六王，哀牢耆老共埋之。其夜，虎掘而食之。明旦，但見
> 骸骨，驚怖引去，乃懼，謂其耆老小王曰：「哀牢犯徼，自古有之，
> 今此攻鹿茤，輒被天誅，中國有受命之王乎？何天祐之明也？」即
> 遣使詣越巂奉獻，求乞內附，長保塞徼。〔註76〕

《水經注》上述片段都寫到了寫到漢廷懷柔布化，邊地少數民族「心慕漢制」，「求乞內附」之事。據魏、晉文獻記載，東漢以來有許多少數民族，如匈奴、鮮卑、羯、氐、羌等，都紛紛內遷，逐漸成為中原王朝的臣民。在《水經注》中的這些記述，表明酈道元具有一種相信漢民族的文化優勢，以

〔註74〕《水經注》卷三十六《青衣水》「出青衣縣西蒙山，東與沫水合也」注。見陳橋驛《水經注校釋》，第619頁。

〔註75〕《水經注》卷三《河水》「又南過赤城東，又南過定襄桐過縣西」注。見陳橋驛《水經注校釋》，第46頁。

〔註76〕《水經注》卷三十七《淹水》「過不韋縣」注。見陳橋驛《水經注校釋》，杭州大學出版社，1999年版，第640頁。以下各條引《水經注》版本同。

漢民族爲本位的思想意識。

也正是這個原因，酈道元把漢化後的北魏，而不是此前以野蠻征服爲事的北魏，才看作是能夠承繼兩漢魏晉，定鼎中原、紹承禮儀的文化正宗。《水經注》云：

> 魏太和中，蠻田益宗效誠，立東豫州，以益宗爲刺史。〔註77〕

> 又南徑御夷鎮城西，魏太和中置，以捍北狄也。〔註78〕

> 余以太和中從高祖北巡，狄人猶有此獻。〔註79〕

> 其水南流徑武川鎮城。城以景明中築，以禦北狄矣。〔註80〕

酈道元在這裡涉及的北魏年號都是孝文帝以後的年號。他把太和以後的北魏看作是王朝正統，而稱當時南地的少數民族爲「蠻」，以當時居於漠北的柔然爲「北狄」，將其降魏說成「效誠」，將其遣使慰問說成獻貢。又《水經注》卷三十二《蘄水》「出江夏蘄春縣北山」注：

> 蠻左憑居，阻藉山川，世爲抄暴，宋世沈慶之於西陽上下誅伐
> 蠻夷，即五水蠻也。

按《宋書》卷六《孝武帝紀》，大明四年（460）「冬十月庚寅，遣新除司空沈慶之討沿江蠻。」值得注意的是，大明四年即北魏文成帝和平元年，酈道元稱之爲「宋世」，稱宋將沈慶之「誅伐蠻夷」，說明酈道元在思想中已經把劉宋看作出現於全面漢化後之北魏前面的一個正統王朝。

酈道元實際上並沒有把孝文帝之前的北魏即全面漢化前的北魏看作王朝正統。其主要原因是此前的北魏也還帶著「世爲抄暴」的野蠻民族的習性。《資治通鑒》卷一百二十六《宋紀八》宋文帝元嘉二十八年（451）：「魏人凡破南兗、徐、兗、豫、青、冀六州，殺掠不可勝計，丁壯者即加斬截，嬰兒貫於槊上，盤舞以爲戲。所過郡縣，赤地無餘，春燕歸，巢於林木。」其野蠻殘酷之狀，真是觸目驚心。每有戰爭，拓拔燾就驅漢人與「雜夷」在前

〔註77〕 《水經注》卷三十《淮水》「又東過新息縣南」注。見陳橋驛《水經注校釋》，第 529 頁。

〔註78〕 《水經注》卷十四《沽河》「從塞外來」注。見陳橋驛《水經注校釋》，第 248 頁。

〔註79〕 《水經注》卷二十《漾水》「出隴西氐道縣嶓冢山，東至武都沮縣爲漢水」注。見陳橋驛《水經注校釋》，第 361 頁。

〔註80〕 《水經注》卷三《河水》「又東，過雲中楨陵縣南，又東過沙南縣北，從縣東屈南，過沙陵縣西」注。見陳橋驛《水經注校釋》，第 44 頁。

臨敵，而讓鮮卑本部騎兵在陣後督戰。他寫信給劉宋守將臧質，竟說：「吾今所遣鬥兵，盡非我國人，城東北是丁零與胡，南是氐、羌。設使丁零死，正可減常山、趙郡賊；胡死，減并州賊；氐、羌死，減關中賊。卿若殺之，無所不利。」深受家族相傳的漢家文化思想薰陶和培養的酈道元當然不願意把這樣一個未曾接受漢民族文化改造的殘暴國家，奉爲文化正宗。所以，如前所述，他在宋、魏之間的戰爭中，欣賞「執節不下」的宋將，記載魏軍在劉宋軍民的合力打擊下的殘敗等等，也就不值得奇怪了。

但劉宋之末季，一代雄主孝文帝即位了，酈道元也在此時出生了。酈道元親身經歷了孝文帝推行的種種漢化措施，親自目睹了孝文帝實行徹底漢化的決心，親自體驗到了漢化政策變革舊俗所帶來的顯著效果。而與此相對比的是，南齊明帝屠戮宗親，其繼位者也兇狂亂殺，臣屬人人自危，內亂大起，國運日危。趙翼《廿二史札記・江左世族無功臣》就列舉了南朝世族諸多腐朽沒落的史實。因此，酈道元在心理上選擇了北魏作爲劉宋以後的王朝正統的繼承者。

其實，不只是酈道元如此，定都洛陽後，許多漢族世家已在心理上奉北魏爲正朔。據《洛陽伽藍記》卷二《城東》，北魏孝莊帝永安二年（529），梁陳慶之送北海王顥入北魏。他在席間自誇：「魏朝甚盛，猶曰五胡。正朔相承，當在江左，秦皇玉璽，今在梁朝。」北魏楊元愼正色反駁：「江左假息，僻居一隅。地多濕墊，攢育蟲蟻，疆土瘴癘，蛙黽共穴，人鳥同群。短髮之君，無杼首之貌；文身之民，稟蕞陋之質。浮於三江，棹於五湖。禮樂所不沾，憲章弗能革。雖復秦餘漢罪，雜以華音，復閩、楚難言，不可改變。雖立君臣，上慢下暴。是以劉劭殺父於前，休龍淫母於後，見逆人倫，禽獸不異。加以山陰請婿賣夫，朋淫於家，不顧譏笑。卿沐其遺風，未沾禮化，所謂陽翟之民，不知瘿之爲醜。我魏膺籙受圖，定鼎嵩洛，五山爲鎭，四海爲家。移風易俗之典，與五帝而並跡；禮樂憲章之盛，凌百王而獨高。豈卿魚鼈之徒，慕義來朝，飲我池水，啄我稻粱；何爲不遜，以至於此？」陳慶之「杜口流汗，含聲不言。」及其還梁，「欽重北人，特異於常」，還對人說：「自晉、宋以來，號洛陽爲荒土，此中謂長江以北盡是夷狄。昨至洛陽，始知衣冠士族並在中原。禮儀富盛，人物殷阜，目所不識，口不能傳。所謂帝京翼翼，四方之則。如登泰山者卑培塿，涉江海者小湘、沅。北人安可不重？」值得注意的是，爲北魏張目，責斥陳慶之者是出自世族名家的弘農楊氏的楊元愼。

這說明定都洛陽後，北魏政權的漢化已臻完成，拓拔鮮卑統治集團的政治文化素質已經得到更新，而且已經得到了當時北方漢族門閥的積極認同，北魏政權已經成為鮮卑和漢族統治者基於共同的心理素質而形成的政治實體。在當時許多漢族世家的眼中，北魏政權已經儼然是中原文化正統的繼承者，酈道元也是如此。

若參看我們上面所列《水經注》使用南朝年號的情況，我們會發現，酈道元在涉及劉宋以後事跡時，很少用南朝年號。僅有的三處，兩處是「齊永明」，都是廟碑碑文，故須如實載錄。一處是梁「天監」，《水經注》卷三十「又東過鍾離縣北」注：

> 山北對巉石山，梁氏天監中，立堰於二山之間，逆天地之心，乖民神之望，自然水潰壞矣。

《梁書》卷十八《康絢傳》記述了梁武帝天監十三年修築浮山堰的情況：「時魏降人王足陳計，求堰淮水以灌壽陽。……高祖以為然，使水工陳承伯、材官將軍祖晅視地形，咸謂淮內沙土漂輕，不堅實，其功不可就。高祖弗納，發徐、揚人，率二十戶取五丁以築之。……十四年，堰將合，淮水漂疾，輒復決潰，眾患之。或謂江、淮多有蛟，能乘風雨決壞崖岸，其性惡鐵，因是引東西二冶鐵器，大則釜鬵，小則鋘鋤，數千萬斤，沉於堰所。猶不能合，乃伐樹為井幹，填以巨石，加土其上。緣淮百里內，岡陵木石，無巨細必盡，負擔者肩上皆穿。夏日疾疫，死者相枕，蠅蟲晝夜聲相合。……是冬又寒甚，淮、泗盡凍，士卒死者十七八。」酈道元在《水經注》中雖然用了「天監」年號，但只是為了敘述的方便。而其要意在於說梁武帝「逆天地之心，乖民神之望」，荼毒百姓，罪孽深重。其憤恨之情，厭惡之狀形諸筆端。而除此三處之外，遍查《水經注》，並再無一語涉及南朝年號及國號，更不用說兩朝皇帝的事跡。這與《水經注》多用劉宋國號、多述宋事跡的情形，形成明顯的對照。這表明，酈道元不以齊、梁為正統，而開始以北魏為正統。

綜上所述，酈道元深受漢家文化濡養，具有很強的漢民族本位意識，以兩漢政治為理想，奉魏晉、劉宋以及孝文帝漢化改革後的北魏為王朝正統。酈道元之奮鬥目標實在於以漢民族文化改造北魏王朝，而這也正是從崔浩等人以來包括酈氏家族的北方士族為之力行不輟的目標。陳寅恪先生指出：「北朝胡漢之分，不在種族，而在文化，其事彰彰甚明，實為論史之關要」，

「北朝漢人、胡人之分別，不論其血統，只視其所受教化爲漢抑爲胡而定」。
〔註81〕論文化，酈道元以漢民族文化爲本位，論政治則爲北魏王朝之忠臣，
並力圖以儒家思想來促進北魏政治的漢化進程，這才是問題的關鍵。

第四節　酈道元以儒家爲主導的思想

一、北魏以儒家爲主的思想氛圍對酈道元的影響

　　儒家思想在漢武帝後至西晉一直在思想文化領地佔據主導地位。永嘉之
亂，衣冠南渡，仍有部分漢族世家宗族留居北土。從此，南北兩朝在思想文
化上，各自出現了帶有不同側重的變化，產生了分流。

　　東晉以來，受玄風影響，南朝儒學已見衰落。《晉書‧荀崧傳》：「喪亂以
來，儒學尤寡，今處學則闕朝廷之秀，仕朝則廢儒學之俊。」宋明帝泰始六
年（470）置玄儒文史四科，玄學列於儒學之前。趙翼《廿二史札記‧六朝清
談之習》：「梁時於五經之外，仍不廢老莊，且又增佛義，晉人虛僞之習，依
然未改，且又甚焉。」與之相關，在南朝，儒家經學也發生了重要變化。皮
錫瑞《經學歷史》：「范甯《穀梁集解》，雖存《穀梁》舊說，而不專主一家。」
此實爲「漢學」向「宋學」轉變之發軔。梁時，「《莊》《老》《周易》，總謂三
玄」〔註82〕，經學已經成爲談辯之資，迅速玄化。

　　而與此不同的是，在北朝，留居北土的漢族世家，素以儒家經義相傳。
在五胡入主中原以後，又力圖以所守之儒家思想影響和改造異族統治者。北
方漢族世家所守、五胡統治者所接觸者，是漢、西晉以來的儒家經學傳統。
北方漢族世家大多勤於事功，繼承以鄭玄爲代表的漢代經學，注重典章制度、
章句訓詁，而非清談玄理。故雖然北方五胡雲擾，而儒統不絕。從這個意義
上看，北方漢族世家，實爲儒家文化傳承之中流砥柱。如前所述，酈氏家族
是留居北土的漢族世家，素以儒學之道相傳，「基於學業之因襲」〔註83〕，酈
道元必亦以儒家學術爲宗。

〔註81〕陳寅恪《隋唐制度淵源略論稿‧統治階級之氏族及其升降》，上海古籍出版社，
　　　　1982年2月版，第18頁。
〔註82〕《顏氏家訓‧勉學第八》。
〔註83〕陳寅恪：「夫士族之特點既在其門風之優美，不同於凡庶，而優美之門風，實
　　　　基於學業之因襲。」《唐代政治史述論稿》上海古籍出版社，1980年，第72頁。

另一方面，北朝統治者高度重視儒家學術。趙翼《廿二史札記》卷十五《北朝經學》：「北朝偏安竊據之國，亦知以經術為重……北朝經學較南朝稍盛，實上之人有以作興之也。」趙翼這話說得不錯。北魏自建國之初，「始建都邑，便以經術為先」〔註84〕。到了孝文帝在位酈道元走向仕途時，北魏王朝的儒化進程進入了實質性的階段，儒家政治得到全面推行。孝文帝本人就是一個充滿著儒家情調的胡族皇帝。《魏書》卷七下《高祖本紀》說他「雅好讀書，手不釋卷。《五經》之義，覽之便講，學不師受，探其精奧。史傳百家，無不該涉。」〔註85〕他舉行了一系列的尊孔活動。按《魏書·高祖本紀》：太和十三年（489），「立孔子廟於京師。」太和十六年（492），「改諡仲尼曰文聖尼父，告諡孔廟。」太和十九年（495），「行幸魯城，親祠孔子廟。」「又詔選諸孔宗子一人，封崇聖侯，邑一百戶，以奉孔子之祀。又詔兗州為孔子起園柏，修飾墳壟，更建碑銘，褒揚聖德。」這說明，孝文帝已決心要用儒家思想改造舊俗，全面推行漢族儒家政治文化了。

《隋書·儒林傳》：「及夫太和之後，盛修文教，縉紳碩學，濟濟盈朝，宋及齊梁不能相尚也。」孝文帝還非常注意學校的設置。《北史·儒林傳》：「太和中，又開皇宗之學。」遷都之後，又「及遷都洛邑，詔立國子、太學、四門小學。」這些學校的設置，為北魏社會意識形態的儒化創造了必要的條件。

北魏宣武帝永平年間（508～511），酈道元試守魯陽郡，「表立黌序，崇勸學教」，宣武帝下詔說：「魯陽本以蠻人，不立大學。今可聽之，以成良守文翁之化。」〔註86〕今檢民國戊子年（1948）輯存的《浣江酈氏宗譜》，中有《詔褒魯陽郡守安定男酈道元》〔註87〕：

> 皇帝詔曰：王化之成，興於文教；民俗之厚，繫於郡守。欲其上答天心、下按民命，詎能多得？魯陽地僻山隅，俗染剽悍，火種刀耕，人鮮知學。爾道元先任冀州刺史，化行政決，盜息民安。今守魯陽，特建黌序，闡揚聖教，釋金戈而誦絃歌，家詩書而戶禮樂，克副朕命，用嘉爾功。爰晉爵三品，封安定縣男，加祿五千石，咨爾久任，以歷官箴，尚其懋哉！

〔註84〕 《北史》卷八十一《儒林傳》。中華書局，1974年版，第1841頁。
〔註85〕 《魏書》卷七下《高祖本紀》，下同。中華書局，1974年版，第177頁。
〔註86〕 《北史》卷二十七《酈道元傳》。中華書局，1974年版，第995頁。
〔註87〕 北京圖書館分館方志家譜閱覽室藏。此條不見於其他文獻記載。

按《浣江酈氏宗譜序》,《宗譜》係創自宋代,其材料有相當的可信度。
從這條詔書,我們可知:

一,北魏統治者非常注重儒學教化,以爲「王化之成,興於文教」,把儒
學提高到了相當的高度。

二,北魏統治者提倡學校建設,鼓勵官吏辦學,所以酈道元才因爲「表
立黌序」而受到嘉獎,晉爵加祿。

三,也是最重要的,酈道元「表立黌序,崇勸學教」,是爲了「闡揚聖
教」,以儒家仁義思想教化蠻民,以達到「釋金戈而誦絃歌,家詩
書而戶禮樂」的目的。

以上說明,酈道元之所以以儒家思想作爲其主導思想,是受到了特定歷
史環境、社會儒家文化氛圍以及家族儒家文化傳統等多方面的影響。

魏晉南北朝時期,中國的思想文化開始打破儒學一統天下的局面而走向
多元化。酈道元所處時代,佛教和道教在南北兩朝都十分流行。即勿論南朝,
北魏佛、道二教也很是盛行。

佛教雖在太武帝時遭到過滅頂之災,但其後不久,文成帝就下詔興佛
〔註88〕,佛教勢力又重起而漸盛。北魏數代皇帝先後費鉅資歷時百年在平
城雲崗和洛陽龍門修鑿佛像,僧俗崇佛已成風俗。

道士寇謙之在太武帝的支持下對道教進行了改革,把早期道教逐漸納入
儒家的道德規範,創立了北天師道。太武帝採用太平眞君爲年號,以「神武
應期」的眞君自居,使道教取得了準國教的地位。魏晉高門大族多信奉道教,
據陳寅恪先生考證,上谷寇氏、范陽盧氏、清河崔氏等都是信奉天師道的
〔註89〕。酈氏先祖與范陽盧氏同鄉,姓氏雖然不及盧氏顯達,但很可能也
信仰天師道。這從酈範名諸子以道元、道約、道愼等皆以「道」字行,就可
以隱約感覺到。酈道元的叔輩名神虎、神期、顯度,也都頗有道教意味,也
許是因爲他們生於太武帝崇奉道教的時代。

生活於這樣的時代環境的影響下,使得酈道元不可能對佛教和道教採取
絕對排斥的態度。酈道元《水經注》中說明了佛教和天師道的起源:

　　　穀水又南,逕白馬寺東。昔漢明帝夢見大人,金色,項佩白光,

〔註88〕見《魏書》卷一百十四《釋老志》。中華書局,1974年版,第3036頁。北魏
太武帝滅佛,事在太平眞君七年（446年）。

〔註89〕《天師道與賓海地域之關係》,載《金明館叢稿初編》,上海古籍出版社1980
年版。

以問群臣。或對曰：西方有神，名曰佛，形如陛下所夢，得無是乎？
於是發使天竺，寫致經像。始以榆樻盛經，白馬負圖，表之中夏，
故以白馬爲寺名。此榆樻後移在城內愍懷太子浮圖中，近世復遷此
寺。然金光流照，法輪東轉，創自此矣。〔註90〕

　　沔水又東逕白馬戍南，濜水入焉。水北發武都氐中，南逕張魯
城東。魯，沛國張陵孫。曾學道於蜀鶴鳴山，傳業衡，衡傳於魯。
魯至，行寬惠，百姓親附，供道之費，米限五斗，故世號五斗米道。
初平中，劉焉以魯爲督義司馬，住漢中，斷絕谷道，用遠城治，因
即嶮嶺，周回五里，東臨濬谷，杳然百尋。西北二面，連峰接崖，
莫究其極。從南爲盤道，登陟二里有餘。濜水又南逕張魯治東水西
山上，有張天師堂，於今民事之。〔註91〕

　　酈道元對佛教和道教採取了寬容的態度，但並不意味著他在思想上接受
了佛教和道教。魏晉南北朝時許多天師道教徒在學術思想方面實質上還是以
儒學爲宗的。如北魏漢化的先驅者崔浩，拜寇謙之爲師，但他注釋《急就章》、
《孝經》、《論語》、《詩》、《尙書》、《春秋》、《禮記》、《周易》諸書，無一不
是儒家經典。他「性不好《老》、《莊》之書，每讀不過數十行，輒棄之，曰：
「此矯誣之說，不近人情，必非老子所作。老聃習禮，仲尼所師，豈設敗法
之書，以亂先王之教。」〔註92〕可見他的歸宿點還是「先王之教」即儒學。
出身於具有天師道信仰的家族、又成了道士的崔浩，能以儒學爲宗，酈道元
以儒家思想爲主導亦不足爲異。酈道元在《水經注》中沒有輪迴轉世、因果
報應之類的佛法宣傳和降神鬧鬼、斬妖捉怪的神仙方術描寫，也沒有表露任
何「空」、「無」觀念。酈道元從佛教和道教中所選擇汲取的是兩家學說中合
於儒家思想的「寬惠」、「仁義」和「篤信」。上文所引言張魯「行寬惠」即是
一例。又如：

　　阿育王所治之城，城中宮殿皆起牆闕，雕文刻鏤，累大石作山，
山下作石室，長三丈，廣二丈，高丈餘，有大乘婆羅門子，名羅汰

〔註90〕《水經注》卷十六《榖水》「又東過河南縣北，東南入於洛」注。見陳橋驛《水
　　　　經注校釋》，杭州大學出版社，1999年版，第295頁。以下各條引《水經注》，
　　　　版本同。
〔註91〕《水經注》卷二十七《沔水上》「沔水出武都沮縣東狼谷中」注。見陳橋驛《水
　　　　經注校釋》，第486～487頁。
〔註92〕《魏書》卷三十五《崔浩傳》。中華書局，1974年版，第812頁。

私婆，亦名文殊師利，住此城，裏爽悟多智，事無不達，以清淨自
居。國王宗敬師事之。賴此一人，宏宣佛法，外不能陵，凡諸國中，
惟此城爲大，民人富盛，競行仁義。〔註93〕

釋法顯自烏帝西南行，路中無人民，沙行艱難，所徑之苦，人
理莫比。在道一月五日，得達于闐。其國殷庶，民篤信，多大乘學，
威儀齊整，器缽無聲。〔註94〕

《水經注》關於佛教和佛教傳說的引述非常集中地出現在第一卷和第二
卷。這主要是爲了辨明黃河的源頭。佛教爲了增加本教的神秘色彩，就說阿
耨達太山是黃河的源頭。酈道元則指出阿耨達太山其實就是傳說中漢民族始
祖黃帝所居的崑崙山：

釋氏《西域記》曰：阿耨達太山，其上有大淵水，宮殿樓觀甚
大焉。山，即崑崙山也。《穆天子傳》曰：天子陞於崑崙，觀黃帝之
宮，而封豐隆之葬。豐隆，雷公也。黃帝宮，即阿耨達宮也。〔註95〕

酈道元指出釋氏假合比附的荒謬：

余考釋氏之言，未爲佳證。《穆天子》《竹書》及《山海經》皆
埋縕歲久，編韋稀絕，書策落次，難以緝綴。後人假合，多差遠意，
至欲訪地脈川，不與經符，驗程準途，故自無會。釋氏不復根其眾
歸之鴻致，陳其細趣，以辨其非，非所安也。〔註96〕

爲此，酈道元對《山海經》、《淮南子》和東方朔《十洲記》等書作了認
眞的考查，以駁斥釋氏之非：

考東方朔之言及《經》五萬里之文，難言浮圖調、康泰之是矣。
六合之內，水澤之藏，大非爲巨，小非爲細，存非爲有，隱非爲無，
其所苞者廣矣。於中同名異域，稱謂相亂，亦不爲寡。至如東海方
丈，亦有崑崙之稱，西洲銅柱，又有九府之治。〔註97〕

〔註93〕《水經注》卷一《河水》「屈從其東南流，入於渤海」注。見陳橋驛《水經注
校釋》，第7頁。
〔註94〕《水經注》卷二《河水》「其一源出于闐國南山，北流，與?嶺河合，東注蒲
昌海」注。見陳橋驛《水經注校釋》，第19頁。
〔註95〕《水經注》卷一《河水》「屈從其東南流，入於渤海」注。見陳橋驛《水經注
校釋》，第3頁。
〔註96〕《水經注》卷一《河水》「屈從其東南流，入於渤海」注。見陳橋驛《水經注
校釋》，第9～10頁。
〔註97〕《水經注》卷一《河水》「屈從其東南流，入於渤海」注。見陳橋驛《水經注

老子被道教徒奉爲祖師。道教記述了老子青牛出關而成仙，關令尹喜見紫氣東來，知爲眞人，強令著書〔註98〕等許多故事。這又是道教的自神其教。酈道元對道教的長生永視之說也深表懷疑。《水經注》卷十九《渭水下》「又東過槐里縣南，又東，澇水從南來注之」注：

> 世謂之老子陵。昔李耳爲周柱史，以世衰入戎於此，有冢。事非經證，然莊周著書云：老聃死，秦失弔之，三號而出。是非不死之言，人稟五行之精氣，陰陽有終變，亦無不化之理。以是推之，或復如傳，古人許以傳疑，故兩存耳。

再如《水經注》卷三十九《廬江水》「出三天子都，北過彭澤縣，西北入於江」注：

> 《豫章舊志》曰：廬俗，字君孝，本姓匡，父東野王，共鄱陽令吳芮佐漢定天下而亡。漢封俗於鄡陽，曰越廬君。俗兄弟七人，皆好道術，遂寓精於宮亭之山，故世謂之廬山。漢武帝南巡，睹山以爲神靈，封俗大明公遠法師。《廬山記》曰：殷、周之際，匡俗先生受道仙人，共遊此山。時人謂其所止爲神仙之廬，因以名山矣。又按周景式曰：廬山匡俗，字子孝，本東里子，出周武王時，生而神靈，屢逃徵聘，廬於此山，時人敬事之。俗後仙化，空廬猶存，弟子睹室悲哀，哭之旦暮，事同烏號，世稱廬君，故山取號焉。斯耳傳之談，非實證也，故《豫章記》以廬爲姓，因廬以氏，周氏遠師，或託廬慕爲辭，假憑廬以託稱。二證既違，二情互爽。按《山海經》創之大禹，記錄遠矣。故《海內東經》曰：廬江出三天子都，入江彭澤西。是曰廬江之名，山水相依，互舉殊稱，明不因匡俗始，正是好事君子，強引此類，用成章句耳。

這段文字述及廬山得名的由來。《豫章舊志》、《廬山記》等以均匡俗得道成仙爲假託，但酈道元則指道教之羽化之說爲「耳傳之談，非實證也」。

酈道元不以佛教思想和道教思想爲主導，還可以從其所交往的朋友對佛

校釋》，杭州大學出版社，1999 年版第 11 頁。

〔註98〕 事見劉向《列仙傳》：「關令尹喜者，周大夫也。善內學星宿，服精華，隱德行仁，時人莫知。老子西遊，喜先見其氣，知眞人當過，候物色而跡之，果得老子。老子亦知其奇，爲著書。與老子俱之流沙之西，服臣勝實，莫知其所終。亦著書九篇，名關令子。」見《史記》卷六十三《老子列傳》，中華書局，1959 年版，第 2141 頁。又見葛洪《抱朴子·神仙傳》。

教和道教的看法中得到一些線索。《魏書》卷七十七《高謙之傳》：

> 謙之與袁翻、常景、酈道元、溫子升之徒，咸申款舊。好於贍
> 恤，言諾無虧。居家僮隸，對其兒不撻其父母，生三子便免其一，
> 世無髡黥奴婢，常稱「俱稟人體，如何殘害？」以父舅氏沮渠蒙遜
> 曾據涼土，國書漏闕，謙之乃修《涼書》十卷，行於世。涼國盛事
> 佛道，爲論貶之，因稱佛是九流之一家。當世名士，競以佛理來難，
> 謙之還以佛義對之，竟不能屈。以時所行曆，多未盡善，乃更改元
> 修撰，爲一家之法，雖未行於世，議者歎其多能。

酈道元的朋友高謙之秉承的是儒家仁義思想，即使是對奴婢也一體同
仁。他作史論貶低佛家，降低其地位，引來佛教信奉者的圍攻，但高謙之並
非不懂佛理，「以佛義對之，竟不能屈」。物以類聚，人以群分，同道相應，
同氣相求。酈道元既然與高謙之互「申款舊」，必然與之能夠在思想上產生
一定程度的共鳴。按《魏書·高謙之傳》，高謙之「專意經史，天文、算曆、
圖緯之書」，袁翻、常景、溫子升之徒，也大抵以儒學爲宗。袁翻「以才學
擅美一時」，北魏正始初年，宣武帝曾下詔讓他與常景等人考論律令〔註99〕，
可見他對禮學是非常熟悉的。常景「少聰敏，初讀《論語》、《毛詩》，一受
便覽。及長，有才思，雅好文章」，魏收論曰：「常景以文義見宗，著美當代。」
〔註100〕溫子升「博覽百家，文章清婉」，常景愛其文章，才把他舉薦給廣陽
王元深〔註101〕。從以上諸人都以儒術文章著稱這一點看，酈道元也必與諸
人有著大體相同的志趣，即以儒家思想爲主導。

二、從《水經注》看酈道元對儒家思想的認同

酈道元事跡，文獻記載寥寥，欲瞭解其思想狀況，只好把主要的著眼點
放在其傳世作品《水經注》上了。陳橋驛先生《酈道元評傳》說的不錯：「《水
經注》其實就是酈道元自傳。從這部自傳中，我們可以研究酈道元的思想。」
下面以《水經注》作爲主要考察對象，說明《水經注》中所體現的儒家思想。

（一）酈道元推重先秦儒家的仁義德政思想

「仁」，是儒家思想的核心內容。《論語》中有許多對於「仁」的表述。

〔註99〕見《魏書》卷六十九《袁翻傳》。中華書局，1974年版，第1536頁。
〔註100〕見《魏書》卷八十二《常景傳》。中華書局，1974年版，第1808頁。
〔註101〕見《魏書》卷八十五《溫子升傳》。中華書局，1974年版，第1875頁。

《學而》：「泛愛眾，而親仁。」《論語・八佾》：「人而不仁，如禮何？人而不仁，如樂何？」《顏淵》：「樊遲問仁。子曰：愛人。」《堯曰》：「雖有周親，不如仁人。」在孔子看來，「仁」就是「愛人」，就是推己及人的對所有人的關愛，它是禮樂制度的基礎。孟子更直指惻隱之心爲仁。酈道元在《水經注》中通過引述故事的形式，表達他對孔、孟仁義思想的認同：

> 又東徑單父縣故城南，昔宓子賤之治也。孔子使巫馬期觀政，入其境，見夜漁者，問曰：「子得魚輒放，何也？」曰：「小者吾大夫欲長育之故也。」子聞之曰：「誠彼形此，子賤得之善矣。惜哉不齊所治者小也。」〔註102〕

> 亂流東徑中牟宰魯恭祠南，漢和帝時，右扶風魯恭，字仲康，以太尉掾遷中牟令，政專德化，不任刑罰，吏民敬信，蝗不入境。河南尹袁安疑不實，使部掾肥親按行之。恭隨親行阡陌，坐桑樹下，雉止其旁，有小兒，親曰：「兒何不擊雉？」曰：「將雛。」親起曰：「蟲不入境，一異；化及鳥獸，二異；豎子懷仁，三異。久留非優賢，請還。」是年，嘉禾生縣庭。安美其治，以狀上之，徵博士侍中，車駕每出，恭常陪乘，上顧問民政，無所隱諱，故能遺愛，自古祠享來今矣。〔註103〕

《周易・乾》：「乾道變化，各正性命。」《中庸》：「萬物並育而不相害。」按儒家觀念，天道人心一體同善，人的仁愛之心可以化及鳥獸以至萬物。《水經注》上面所敘述的兩則小故事，正體現了酈道元對這一思想的接受和認同。第一則故事通過宓子賤治單父縣不許縣民打撈小魚的記敘，反映了儒家「數罟不入洿池」〔註104〕的那種仁愛施於萬物的思想。後來杜甫《過津口》詩寫「白魚困密網，黃鳥喧嘉音。物微限通塞，惻隱仁者心」，說的就是這種施仁於物的民胞物與精神。第二則故事的記敘用意其實與第一則故事是相同的。「蟲不入境」、「嘉禾生縣庭」的記敘是受到了董仲舒天人感應思想影響。《水經注》卷二十五《泗水注》：「昔曾參居此，梟不入。」用的都是這種筆法，

〔註102〕《水經注》卷二十五《泗水》「又東過沛縣東」注。見陳橋驛《水經注校釋》，杭州大學出版社，1999年版，第452～453頁。以下一條版本同。

〔註103〕《水經注》卷二十二《渠水》「出滎陽北河，東南過中牟縣之北」注。見陳橋驛《水經注校釋》，第399頁。

〔註104〕《孟子・梁惠王上》。《四書章句集注》，朱熹著，中華書局，1983年版，第203頁。

爲的是突出德行的感化力量。德行儘管可以感天動地，但是，酈道元所要表達最終的關照點還是落到了德化政治上。《水經注》記孔子褒揚宓子賤「惜哉不齊所治者小也」，漢代魯恭「政專德化，不任刑罰，吏民敬信」，說的都是現實的政治效力。而這些政治效力都是可以由體現仁愛小事顯現出來的。孟子認爲，恩及禽獸，「舉斯心加諸彼」，則功必可至於百姓，「推恩足以保四海，不推恩無以保妻子。」〔註105〕《水經注》卷二十三《推水》「東，過蕭縣南，睢水北流注之」注：

> 《春秋》宣公十二年，楚伐蕭，蕭潰。申公巫臣曰：「師人多寒，王巡三軍撫之，士同挾纊，蓋恩使之然矣。」

酈道元借助《春秋》記事，說明只有與民同樂，恩及百姓，才能所向無敵的道理，這是孟子「推恩」說之一例證。

從仁民愛物，布行德政這一觀念出發，酈道元在《水經注》中巧妙地借助地名解釋表達了自己對於應該如何作地方官吏的看法：

> 《風俗通》曰：百里曰同，總名爲縣。縣，玄也，首也，從系倒首，舉首易偏矣。言當玄靜，平徭役也。《釋名》又曰：縣，懸也，懸於郡矣。黃義仲《十三州記》曰：縣，弦也，弦以貞直，言下體之居，鄰民之位，不輕其誓，施繩用法，不曲如弦，弦聲近縣，故以取名，今系字在半也。〔註106〕

在酈道元看來，一個合格的地方官吏，應該「玄靜」，「不輕其誓」，「施繩用法，不曲如弦」，使徭役均平，法無偏私。《論語・爲政》：「爲政以德，譬如北辰，居其所而眾星共之。」《集注》：「爲政以德，則不動而化、不言而信、無爲而成。所守者至簡而能御煩，所處者至靜而能制動，所務者至寡而能服眾。」酈道元所說的「玄靜」，就是此意。所以，他往往在《水經注》中對施行德政，不以苛煩政令擾民，公平正直的官吏加以褒揚。《水經注》卷四十《漸江水》「北過餘杭，東入於海」注記載了一個小故事：

> 漢世劉寵作郡，有政績，將解任去治，此溪父老，人持百錢出送，寵各受一文。

〔註105〕《孟子・梁惠王上》。《四書章句集注》，朱熹著，中華書局，1983 年版，第209 頁。
〔註106〕《水經注》卷二《河水》「又東過隴西河關縣北，洮水從東南來流注之」注。見陳橋驛《水經注校釋》，杭州大學出版社，1999 年版，第 25 頁。

在敘述完這個故事後，酈道元感喟評判：「然山棲遯逸之士，谷隱不羈之民，有道則見，物以感遠爲貴，荷錢致意，故受者以一錢爲榮，豈藉費也，義重故耳。」說明有德於民的官吏，也會得到人民的回報和紀念。

（二）酈道元贊成先秦儒家的儉約主張

儒家主張儉約。孔子歷來主張溫、良、恭、儉、讓。他說：「禮，與其奢也，寧儉。」〔註107〕魯大夫臧文仲爲藏龜之室，而刻山於柱頭斗栱、畫藻於梁上短柱，孔子就說：「臧文仲居蔡，山節藻梲，何如其知也？」〔註108〕朱熹《論語集注》：「當時以文仲爲知，孔子言其不務民義，而諂瀆鬼神如此，安得爲知？春秋傳所謂作虛器，即此事也。」可見，爲了一己的奢華，那些殘民以自逞的暴君、貪官往往不惜損害民力。對此，酈道元則予以無情的批判。這集中表現於酈道元對於厚葬問題的批評上：

> 瑕丘在縣西南，昔衛大夫公叔文子陞於瑕丘，蘧伯玉從。文子曰：「樂哉斯丘，死則我欲葬焉。」伯玉曰：「吾子樂之，則瑗請前。」刺其欲害民良田也。瑕丘之名，蓋因斯以表稱矣。〔註109〕

> 洧水東流，綏水會焉，水出方山綏溪，即《山海經》所謂浮戲之山也。東南流，逕漢宏農太守張伯雅墓塋域四周，壘石爲垣，隅阿相降，列於綏水之陰。庚門，表二石闕，夾對石獸於闕下。冢前有石廟，列植三碑。碑云：德字伯雅，河南密人也。碑側樹兩石人，有數石柱及諸石獸矣。舊引綏水南入塋域，而爲池沼。沼在醜地，皆蟾蜍吐水，石隍承溜。池之南又建石樓。石廟前又翼列諸獸。但物謝時淪，凋毀殆盡。夫富而非義，比之浮雲，況復此乎？〔註110〕

> 碑之西有魏徵南軍司張詹墓。墓有碑，碑背刊云：白楸之棺，易朽之裳，銅鐵不入，瓦器不藏，嗟矣後人，幸勿我傷！自後古墳舊冢，莫不夷毀，而是墓至元嘉初，尚不見發。六年，大水蠻饑，

〔註107〕《論語·八佾》。《四書章句集注》，朱熹著，中華書局，1983 年版，第 62 頁。

〔註108〕《論語·公冶長》。《四書章句集注》，朱熹著，中華書局，1983 年版，第 80 頁。

〔註109〕《水經注》卷二十五《泗水》「又西過瑕邱縣東，屈從縣東南流，漷水從東來注之」注。見陳橋驛《水經注校釋》，杭州大學出版社，1999 年版，第 449 頁。以下各條版本同。

〔註110〕《水經注》卷二十二《洧水》「出河南密縣西南馬領山」注。見陳橋驛《水經注校釋》，第 391 頁。

始被發掘。説者言：初開，金、銀、銅、錫之器，朱漆雕刻之飾爛然。有二朱漆棺，棺前垂竹簾，隱以金釘。墓不甚高，而内極寬大，虛設白楸之言，空負黃金之實。雖意錮南山，寧同壽乎？〔註111〕

　　濟水又東北逕定陶恭王陵南，漢哀帝父也，帝即位，母丁太后建平二年崩，上曰：宜起陵於恭皇之園，送葬定陶貴震山東。王莽秉政，貶號丁姬，開其槨户，火出炎四五丈，吏卒以水沃滅，乃得入，燒燔槨中器物，公卿遣子弟及諸生四夷十餘萬人，操持作具，助將作掘平共王母傅太后墳及丁姬冢，二旬皆平，莽又周棘其處，以爲世戒云。〔註112〕

這四段所敘述的都是有關厚葬的事情。值得注意的是，在事情敘述完後都有酈道元的評論。其一，他指出「瑕丘」之名由來，隱含著對欲害民良田以營葬的衛大夫叔文子的譏刺。其二與其三，對張伯雅、張詹的厚葬排場極爲蔑視，他指出張伯雅墓雖窮一時之盛，「但物謝時淪，凋毀殆盡」，從而感慨：「夫富而非義，比之浮雲，況復此乎？」他嘲笑張詹：「虛設白楸之言，空負黃金之實。雖意錮南山，寧同壽乎？」其四，言丁太后冢爲王莽所掘，落得個屍燒跡滅的下場，指出其事足「爲後世戒」。

先秦儒家是不主張厚葬，甚至是反對厚葬的。《周易·繫辭》上：「古之葬者，厚之以薪，藏之中野。」《論語·先進第十一》：「顏淵死，門人欲厚葬之，子曰：不可。門人厚葬之。子曰：回也視予猶父也，予不得視猶子也。非我也，夫二三子也！」孔子認爲厚葬顏淵並非自己的本意，認爲這樣做辜負了「一簞食，一瓢飲，在陋巷，人不堪其憂，回也不改其樂」〔註113〕的弟子。《論語·八佾》：「林放問禮之本。子曰：大哉問！禮，與其奢也，寧儉；喪，與其易也，寧戚。」意思是喪禮與其注重儀節，不如注重哀情。孟子也曾講：「蓋上古之世嘗有不葬其親者，其親死，則舉而委之於壑」，「掩之誠是也，則孝子仁人之掩其親，亦必有道矣。」〔註114〕認爲喪禮起源於人類的愛

〔註111〕《水經注》卷二十九《湍水》「出酈縣北芬山，南流過其縣東，又南過冠軍縣東」注。見陳橋驛《水經注校釋》，第517頁。
〔註112〕《水經注》卷七《濟水一》「又東過定陶縣南」注。見陳橋驛《水經注校釋》，第128頁。
〔註113〕《論語·雍也》。《四書章句集注》，朱熹著，中華書局，1983年版，第83頁。
〔註114〕《孟子·滕文公上》。《四書章句集注》，朱熹著，中華書局，1983年版，第262～263頁。

親、思親、孝親。

但在禮崩樂壞的春秋戰國時期，喪禮超過了親孝的範圍，厚葬盛行。《水經注》卷二十五《泗水》「又南，過沛縣東」注：

> 泗水又南徑宋大夫桓魋冢西，山枕泗水，西上盡石，鑿而爲冢，今人謂之石郭者也。郭有二重，石作工巧，夫子以爲不如死之速朽也。

《禮記‧檀弓上》：「昔者夫子居於宋，見桓司馬自爲石槨，三年而不成。夫子曰，若是其靡也，死不如速朽之愈也。」酈道元直接引用孔子之語，表明其對儒家儉約思想的贊同。秦始皇大修驪山墓，耗盡民力，窮極奢華。《水經注》卷十九《渭水》「又東過霸陵縣北，霸水從縣西北流注之」注：

> 池水西北流，逕始皇冢北。秦始皇大興厚葬，營建冢壙於麗戎之山，一名藍田，其陰多金，其陽多玉。始皇貪其美名，因而葬焉。斬山鑿石，下錮三泉，以銅爲槨，旁行周回三十餘里。上畫天文星宿之象，下以水銀爲四瀆百川，五嶽九州，具地理之勢。宮觀百官，奇器珍寶，充滿其中。令匠作機弩，有所穿近，輒射之。以人魚膏爲燈燭，取其不滅者，久之，後宮無子者，皆使殉葬，甚眾。墳高五十丈，周回五里餘。作者七十萬人，積年方成。而周章百萬之師已至其下，乃使章邯領作者以禦難，弗能禁。項羽入關，發之以三十萬人，三十日，運物不能窮。關東盜賊，銷槨取銅。牧人尋羊，燒之，火延九十日，不能滅。

秦始皇冢，《史記》略而不錄。酈道元寫「秦始皇大興厚葬」，「作者七十萬人，積年方成。」可最後卻不免冢墓被發，「銷槨取銅」，火燒三月的下場。敘述之間，已見譏諷之意。而且，「後宮無子者，皆使殉葬」，更揭露了秦朝皇帝的暴虐無道。《太平廣記》卷二百二十五《伎巧一》：「昔始皇爲冢，斂天下瑰異，生殉工人。傾遠方奇寶於冢中，爲江海川瀆及列山嶽之形。以沙棠沉檀爲舟楫，金銀爲鳧雁，以琉璃雜寶爲龜魚。又於海中作玉象鯨魚銜火珠爲星，以代膏燭。光出冢間，精靈之偉也，皆生埋巧匠於冢裏。又列燈燭如皎日焉。先所埋工匠於冢內，至被開時皆不死。巧人於冢裏，琢石爲龍鳳仙人之像，及作碑辭贊。漢初發此冢，驗諸史傳，皆無列仙龍鳳之製，則知生埋匠者之所作也。後人更寫此碑文，而辭多怨酷之言，乃謂『怨碑』。」

漢承秦制，厚葬之風較秦王朝有過之而無不及。如漢武帝生前營建茂陵，

帝王厚葬，宗室勳貴起而效尤。史書上所謂「竇氏青山」、「衛青廬山」、「霍去病祁連山」等，都是形容漢代勳戚墳冢的高大。只有漢文帝還能納諫而止，不失明智。《水經注》卷十九《渭水》「又東過霸陵縣北，霸水從縣西北流注之」注：

> 昔文帝居霸陵北，臨廁指新豐路示慎夫人曰：「此走邯鄲道也。」因使慎夫人鼓瑟，上自倚瑟而歌，悽愴悲懷，顧謂群臣曰：「以北山石為槨，用紵絮斮陳漆，其間豈可動哉？」釋之曰：「使其中有可欲，雖錮南山猶有隙；使無可欲，雖無石槨又何戚焉？」文帝曰：「善。」拜廷尉。

《史記》卷一百二《張釋之馮唐列傳》亦載此事。酈道元借張釋之之口道出了「使其中有可欲，雖錮南山猶有隙」的道理。前事不遠，後世之師。秦始皇暴屍荒野的教訓，終於使漢文帝有所省悟。《水經注》在同一卷內寫到了秦始皇和漢文帝兩個君主對於喪葬的不同處理態度，明顯具有對比之意，一暴虐，一英明。酈道元崇尚儉約、反對奢侈的思想也就在其中得到顯現。

（三）酈道元的戰爭觀和儒家一致

魏晉南北朝時期戰亂頻仍，是中國社會最為動蕩不安的歷史時期。和平與統一，是當時人們最為期盼的事情。《水經注》記載了人民對戰爭的厭惡情緒：

> 桃林塞在長安東四百里，若有軍馬經過，好行則牧華山，休息林下；惡行則決河漫延，人馬不得過矣。〔註115〕

> 水出臺壁西張諱岩下。世傳岩赤則土罹兵害，故惡其變化無常，恒以石粉污之令白，是以俗目之為張諱岩。〔註116〕

> 南徑燕山下。懸岩之側有石鼓，去地百餘丈，望若數百石囷，有石梁貫之。鼓之東南有石援，桴狀同擊勢。耆舊言：燕山石鼓鳴，則土有兵。〔註117〕

〔註115〕《水經注》卷四《河水》「又東過河北縣南」注。見陳橋驛《水經注校釋》，杭州大學出版社，1999年版，第61頁。以下各條版本同。

〔註116〕《水經注》卷十《濁漳水》「又東北過屯留縣南，潞縣北」注。見陳橋驛《水經注校釋》，第178頁。

〔註117〕《水經注》卷十四《鮑邱水》「又南至雍奴縣北，屈東入於海」注。見陳橋驛《水經注校釋》，第254頁。

　　《水經注》的這些片段，突出地反映出當時一般民眾對於戰爭既懼怕又厭惡的心理，表達了他們對於戰爭的詛咒和對和平的企盼。百姓在戰亂中備受塗炭，往往談兵色變，但無情的社會現實就擺在面前。《水經注》卷十三《㶟水》「出雁門陰館縣，東北過代郡桑乾縣南」注：

　　　　按《燕書》，建興十年，慕容垂自河西還，軍敗於參合，死者六萬人。十一年，垂眾北至參合，見積骸如山，設祭弔之禮，死者父兄皆號泣，六軍哀慟，垂慚憤嘔血，因而寢疾焉。輿過平城北四十里，疾篤，築燕昌城而還。即此城也，北俗謂之老公城。

　　酈道元在這裡所描述的是後燕建興十年（395），後燕與北魏之間的一場惡戰。魏軍在參合陂大敗後燕，燕軍戰死六萬，元氣大傷。酈道元的曾祖酈紹，本是後燕的濮陽太守，也就是在這次戰鬥結束一、二年以後，降於北魏的。

　　酈道元對於戰爭的看法是與儒家一致的。《論語·子路》：「善人為邦百年，亦可以勝殘去殺矣。」《論語·顏淵》：「子貢問政。子曰：『足食，足兵，民信之矣。』子貢曰：『必不得已而去，於斯三者何先？』曰：『去兵。』」《孟子·離婁上》：爭地以戰，殺人盈野；爭城以戰，殺人盈城，此所謂率土地而食人肉，罪不容於死。故善戰者服上刑，連諸侯者次之，闢草萊、任土地者次之。」《孟子·公孫丑下》：「域民不以封疆之界，固國不以山溪之險，威天下不以兵革之利。」酈道元服膺儒家思想，同時也是由於身處兵燹連年、風煙四起的戰亂之世，目睹了戰爭給百姓帶來的無限痛苦和給國家帶來的巨大破壞，因此他對那些「殺人盈野」、「殺人盈城」的不義戰爭堅決反對，對那種傷及無辜的戰爭更是深惡痛絕：

　　　　初平四年，曹操攻徐州，破之，拔取慮睢、陵夏、丘等縣，以其父避難被害於此，屠其男女十萬，泗水為之不流，自是數縣人無行跡，亦為暴矣！〔註118〕

　　　　舊城，關羽所築。羽北圍曹仁，呂蒙襲而據之。羽曰：「此城，吾所築，不可攻也。」乃引而退。杜元凱之攻江陵也，城上人以瓠繫狗頸示之，元凱病癭故也。及城陷，殺城中老小，血流沾足，論者以此薄之。〔註119〕

〔註118〕《水經注》卷二十五《泗水》「又東南過下邳縣西」注。見陳橋驛《水經注校釋》，第455～456頁。

〔註119〕《水經注》卷三十四《江水》「又南過江陵縣南」注。見陳橋驛《水經注校釋》，

昔白起攻楚，引西山長穀水，即是水也。舊堨去城百許里，水
從城西灌城東，入注爲淵，今尉斗陂是也。水潰城東北角，百姓隨
水流死於城東者數十萬，城東皆臭，因名其陂爲臭池。〔註120〕

這三次戰爭的共同特點是：大量地殺害了無辜的平民百姓。所以，於曹
操，酈道元斥責其「亦爲暴矣」；於杜預（元凱），酈道元評曰：「論者以此薄
之。」而且酈道元在此處沒有像其他地方寫到曹操時稱之爲「曹武公」、「魏
武帝」，而是直斥其名。寫杜預之前，先寫關羽不攻呂蒙，也是有意與杜預的
殘暴進行對比。對於決水灌城，致使「百姓隨水流死於城東者數十萬」的秦
將白起，雖在此處未加評論，但《水經注》卷十九《渭水下》「又東，豐水從
南來注之」注對他進行了痛責：「亭中有白起祠。嗟乎！有制勝之功，慚尹商
之仁。是地即其伏劍處也。」

《論語・季氏》：「故遠人不服，則修文德以來之。」《集注》：「內治修，
然後遠人服。有不服，則修德以來之，亦不當勤兵於遠。」酈道元也主張修
德致遠。《水經注》卷二十六《淄水》「又東過利縣東」注：

僖公九年，齊桓會諸侯於葵丘，宰孔曰：「齊侯不務修德而勤
遠略。」

酈道元借宰孔之語，表達了對於首霸諸侯的齊桓公的看法。對於能夠偃
武修文，以仁治國的君王，酈道元的態度則有不同。《水經注》卷八《濟水二》
「又東南過徐縣北」注：

偃王治國，仁義著聞。欲舟行上國，乃通溝陳、蔡之間，得朱
弓矢，以得天瑞，遂因名爲號，自稱徐偃王，江、淮諸侯服從者三
十六國。周王聞之，遣使至楚，令伐之。偃王愛民不鬥，遂爲楚敗。
北走彭城武原縣東山下，百姓隨者萬數，因名其山爲徐山，山上立
石室廟，有神靈，民人請禱焉。

酈道元記載了徐偃王的事跡。徐偃王「愛民不鬥，遂爲楚敗」，雖敗猶榮，
他獲得了百姓的擁戴和紀念。「民人請禱」的內容大概就是和平與安寧，這又
何嘗不是酈道元所希望的呢？

第 599 頁。

〔註120〕《水經注》卷二十八《沔水中》「又南過宜城縣東，夷水出自房陵縣，東流注
之」注。見陳橋驛《水經注校釋》，第 504 頁。

（四）酈道元與儒家大一統思想

酈道元並不一味地反對戰爭，他所反對的主要是給國家和人民帶來無謂損失的爭霸戰爭、侵略戰爭和武裝叛亂等，但對於正義戰爭，如統一戰爭，安邊戰爭，平叛戰爭等，酈道元並不反對。在弱肉強食、奸偽橫行、盜賊林立的亂世，從國家與百姓的安全著眼，酈道元不主張全廢武力。《水經注》卷二十一《汝水》「東南過其縣北」注：

> 安帝永初元年，以廣成遊獵地假與貧民。元初二年，鄧太后臨朝，鄧騭兄弟輔政，世士以爲文德可興，武功宜廢，寢搜狩之禮，息戰陣之法。於時，馬融以文武之道，聖賢不墜，五材之用，無或可廢，作《廣成頌》。

酈道元假借馬融之語，說明「文武之道，聖賢不墜，五材之用，無或可廢」〔註121〕的道理。馬融「爲世通儒」，是盧植、鄭玄的老師，《後漢書》卷六十有傳。馬融《廣成頌》以爲俗儒世士「固未識夫雷霆之爲天常，金革之作昏明也」〔註122〕，因此他力主校獵練兵，以備不虞。這其實也是酈道元對於武備和戰爭的看法。他的這種看法源於他不滿於分裂，渴求統一的王朝大一統的認識。陳橋驛先生《酈道元評傳》說：

> 當酈道元出生之日，國家分裂已經超過一個半世紀，除了干戈擾攘以外，他畢生從來沒有看到過統一國家。但是他著述《水經注》卻以西漢王朝的版圖爲基礎，這就是他心中的大一統，是他愛國主義思想的精髓所在。〔註123〕

陳先生的見解是正確的。酈道元不甘心於山河破碎、干戈擾攘的現實局面，他所嚮往的是周、漢王朝一般的以儒道治國，安定和平的大一統政治。

《中庸》說：「義者宜也，尊賢爲大。」《禮記・喪服四制》說：「貴貴、尊尊，義之大者也。」可見，義的基本概念是「尊尊」。《論語・季氏》：「天下有道，則禮樂征伐自天子出；天下無道，則禮樂征伐自諸侯出。」《孟子・

〔註121〕五材指金、木、水、火、土。《左傳》引宋子罕曰：「天生五材，人並用之，廢一不可，誰能去兵」也。

〔註122〕《左傳》引鄭子太叔曰：「爲刑罰威獄，以類天之震燿殺戮。」杜預注曰：「雷霆震燿，天之威也。聖人作刑獄以象類之。」又《左傳》引宋子罕曰：「兵之設久矣，所以威不軌而昭文德也。聖人以興，亂人以廢，廢興存亡昏明之術，皆兵之由也。」

〔註123〕陳橋驛先生《酈道元評傳》第三章《愛國主義者》，南京大學出版社，1994年，第一版，第36頁。

盡心下》：「征者，上伐下也。敵國不相征也。」所以針對春秋戰國時期列國兼併的形勢，說「春秋無義戰。」這種尊尊定統的禮制思想在《水經注》中也有所體現：

> 郡之言君也，改公侯之封而言；君者，至尊也。郡守專權，君臣之禮彌崇，今郡字，君在其左，邑在其右，君爲元首，邑以載民，故取名於君，謂之郡。〔註124〕

通過闡釋「郡」名的由來，酈道元間接表達了自己的禮制觀念。《水經注》還寫到了幾次征伐戰爭：

> 《孟子》曰：葛伯不祀，湯問曰：「何爲不祀？」稱無以供祠祭。遺葛伯，葛伯又不祀，湯又問之，曰：「無以供犧牲。」湯又遺之，又不祀，湯又問之，曰：「無以供粢盛。」湯使亳眾往，爲之耕，老弱饋食。葛伯又率民奪之，不授者則殺之。湯乃伐葛。〔註125〕

> 其水自溪東北流徑管城西，故管國也，周武王以封管叔矣。成王幼弱，周公攝政，管叔流言曰：「公將不利於孺子。」公賦《鴟鴞》以伐之。即東山之師是也。〔註126〕

通過轉述《孟子》湯伐葛伯和記載周公平定管叔之亂，酈道元討伐無道，維護統一的思想。

到了西漢，先秦儒家的禮法觀念爲董仲舒進一步發展爲大一統論。《漢書》卷五十六《董仲舒傳》：「《春秋》大一統者，天地之常經，古今之通誼也。」唐顏師古注曰：「一統者，萬物之統皆歸於一也。《春秋公羊傳》：『隱公元年，春王正月。何言乎王正月？大一統也。』此言諸侯皆系統天子，不得自專也。」正是基於儒家的大一統思想，酈道元對發動叛亂者、製造割據者非常反感，不但對劉淵、劉曜、石勒、石虎、慕容垂、慕容雋、符堅等少數民族割據政權的君主一概斥其名，而且出於其對王朝正統的認識，對於劉備、劉禪、孫權、孫皓、孫休等漢人割據者，也都不予例外：

〔註124〕《水經注》卷二《河水》「又東入塞，過敦煌、酒泉、張掖郡南」注。見陳橋驛《水經注校釋》，杭州大學出版社，1999年版，第23頁。以下引《水經注》各條版本同。

〔註125〕《水經注》卷二十三《汳水》「出陰溝於濬儀縣北」注。見陳橋驛《水經注校釋》，第417頁。

〔註126〕《水經注》卷二十二《渠水》「出滎陽北河，東南過中牟縣之北」注。見陳橋驛《水經注校釋》，第398頁。

魏甘露三年，蜀遣姜維出洛谷，圍長城。即斯地也。〔註 127〕

魏明帝遣將軍太原郝昭築陳倉城，成，諸葛亮圍之。亮使昭鄉人靳祥說之不下，亮以數萬攻昭，千餘人以雲梯、衝車、地道逼射昭。昭以火射、連石拒之，亮不利而還。〔註 128〕

劉備自將攻洛，龐士元中流矢死於此。〔註 129〕

昔姜維之寇隴右也，聞鍾會入漢中，引還，知雍州刺史諸葛緒屯橋頭，從孔函谷將出北道，緒邀之此路，維更從北道渡橋頭入劍閣，緒追之不及。〔註 130〕

司馬宣王伐公孫淵，北徙豐人住於此城，遂改名爲南豐城也。〔註 131〕

孫皓鳳凰元年，驚息闡復爲西陵督，據此城降晉，晉遣太傅羊祜接援，未至，爲陸抗所陷也。〔註 132〕

我們可以研究一下酈道元在這裡的書法。他稱魏君爲魏明帝，而稱蜀、吳之君則直呼其名，說劉備、孫皓；稱蜀臣則曰諸葛亮、姜維，稱魏臣則曰司馬宣王；說司馬宣王「伐」公孫淵，但說姜維「寇隴右」；還特意記述了謀略超人的諸葛亮也在魏臣郝昭的堅守下「不利而還」。「蜀遣姜維出洛谷」，但以「魏甘露三年」的年號繫之。由《水經注》的記載筆法，我們不難看出酈道元的這種感情。再如：

魏武王初封於此，終以武平華、夏矣。〔註 133〕

吳陸續曰：從今以去六十年，車同軌，書同文。至太康元年，

〔註 127〕《水經注》卷十八《渭水》「又東過武功縣北」注。見陳橋驛《水經注校釋》，第 327 頁。

〔註 128〕《水經注》卷十七《渭水上》「又東過陳倉縣西」注。見陳橋驛《水經注校釋》，第 319 頁。

〔註 129〕《水經注》卷三十三《江水一》「又東過江陽縣南，洛水從三危山，東過廣魏洛縣南，東南注之」注。見陳橋驛《水經注校釋》，第 582 頁。

〔註 130〕《水經注》卷三十二《羌水》「出羌中參狼谷」注。見陳橋驛《水經注校釋》，第 567 頁。

〔註 131〕《水經注》卷二十六《巨洋水》「又北過劇縣西」注。見陳橋驛《水經注校釋》，杭州大學出版社，1999 年版，第 468 頁。以下引《水經注》各條版本同。

〔註 132〕《水經注》卷三十四《江水》「又東過夷陵縣之南」注。見陳橋驛《水經注校釋》，第 596 頁。

〔註 133〕《水經注》卷二十三《陰溝水》「東南至沛爲渦水」注。見陳橋驛《水經注校釋》，第 412 頁。

晉果平吳。〔註134〕

　　建武八年，世祖征隗囂，吳漢從高平第一城苦水谷入，即是谷
也。〔註135〕

　　延熹二年，西羌燒當犯塞，護羌校尉段熲討之，追出塞，至積
石山，斬首而還。〔註136〕

　　段熲爲護羌校尉，於安定高平苦水討先零，斬首八千級於是水
之上。〔註137〕

　　說曹操「以武平華、夏」，「晉果平吳」，流露出酈道元對於統一帝國的嚮
往；說「世祖征隗囂」，段熲討羌「斬首而還」，表明其對割據者和犯塞者必
欲除之而後快的心理。

　　酈道元明白，在南北兩個敵對王朝之間，存在著根本性的矛盾，因此不
可能以調和的方式解決，只能最終以武力征服的方式完成。北魏自太武帝拓
拔燾就曾說：「《春秋》之義，大一統之美，吳楚僭號，久加誅絕，君子賤其
僞名，比之塵垢。自非繼聖載德，天人合會，帝王之業，夫豈虛應。」〔註138〕
孝文帝更是一個志期混一的雄主，經過他的漢化改革與遷都，南遷鮮卑與漢
族的融合，使得漢民族重新開啓了擴大弘張的機會。孝文帝在文化上的尊
儒，使得儒家封建觀念和思想得到全面復興，造成了「斯文鬱然，比隆周漢」
〔註139〕的文化盛景，從而實現了與中原漢族在文化心理素質上的溝通。在這
樣的情勢下，北強南弱已經成爲定局，酈道元必以南爲北併所而建立一個統
一的封建王朝作爲心理歸宿，當然，這個王朝還必須是漢化了的、繼承了中
原傳統的儒家文化的王朝。

（五）酈道元認同儒家「用夏變夷」思想

　　出身於漢族世家的酈道元，具有強烈的漢民族文化本位意識。以自傳說

〔註134〕《水經注》卷三十六《溫水》「東北入於鬱」注。見陳橋驛《水經注校釋》，
　　　　第627頁。
〔註135〕《水經注》卷二《河水》「又東北過安定北界麥田山」注。見陳橋驛《水經注
　　　　校釋》，第33頁。
〔註136〕《水經注》卷二《河水》「又東入塞，過敦煌、酒泉、張掖郡南」注。《水經
　　　　注校釋》，第23頁。
〔註137〕《水經注》卷二《河水》「又東北過安定北界麥田山」注。見陳橋驛《水經注
　　　　校釋》，第33頁。
〔註138〕《魏書》卷二《太祖記》。中華書局，1974年版，第37頁。
〔註139〕《魏書》卷八十四《儒林傳》。中華書局，1974年版，第1842頁。

的炎帝、黃帝以來至秦漢形成的中原王朝的疆域爲祖國,是酈道元以及當時絕大多數漢族士人心中固有的觀念。

這樣的心理定勢的產生,是各民族在歷史上的發展的不平衡性造成的。從經濟方面看,秦漢以來,農耕社會的生產生活方式要相對優越於游牧民族的生活方式。游牧民族經常遇到嚴寒、乾旱等自然災害,殃及水草、牲畜,故逐漸對漢民族的農耕生產方式和生活方式產生嚮往。所以,無論是秦漢擴張,揚威於異域,還是魏晉南北朝,五胡亂華,其結果都促使游牧民族漸趨農業化。平城時代,拓拔鮮卑已開始由游牧向農耕過渡。按《魏書‧古弼傳》,拓拔燾時北魏就出現了「秋谷懸黃,麻菽布野」的農耕社會景象。這種景象隨著孝文帝漢化改革進程的深入,在酈道元生活的時代又有了更進一步的發展。

另一方面,長期以來形成的中原儒學文化傳統,更在酈道元等漢族士人的心理上形成厚重的文化沉澱。儒家歷來嚴於華夷之辨。《論語‧八佾》:「夷狄之有君,不如諸夏之亡也。」孔子還稱讚管仲:「微管仲,吾其被髮左衽矣。」〔註140〕「被髮左衽」,是夷狄之俗。孔子此言,即「尊周室,攘夷狄,皆所以正天下也。」《春秋左傳》定公十年:「裔不謀夏,夷不亂華,俘不干盟,兵不逼好。」《水經注》卷二十六《淄水》「出泰山萊蕪縣原山」注還講到了此事:

> 舊說云:齊靈公滅萊,萊民播流此谷,邑落荒蕪,故曰萊蕪。
> 《禹貢》所謂萊夷也。夾谷之會,齊侯使萊人以兵劫魯侯,宣尼稱
> 夷不亂華是也。

《孟子‧滕文公上》:「吾聞用夏變夷者,未聞變於夷者也。」「用夏變夷」即以諸夏禮義之教,變化蠻夷之人。蠻夷之人之所以須以諸夏禮義教化,是因爲「蠻夷戎狄,不式王命,淫湎毀常」〔註141〕,其不諳教化,或懶惰,或貪暴,有時甚至會造成對中原王朝的威脅。如《水經注》卷二十七寫「氐略漢川」,卷三十二寫「蠻左憑居,阻藉山川,世爲抄暴」等等,都指出當時一些游牧民族存在的擄掠行爲。

要改變這些游牧民族的野蠻、落後的習性,就要努力地對他們進行教化。酈道元任魯陽太守時「表立黌序,崇勸學教」,就是此意。

〔註140〕《論語‧憲問》。《四書章句集注》,朱熹著,中華書局,1983年版,第153頁。
〔註141〕《左傳‧成公元年》。

　　魯陽是蠻人聚居之地，蠻人往往肆無忌憚地擄掠甚至反叛。《魏書》卷六十六《李崇傳》，世宗初「魯陽蠻柳北喜、魯北燕等聚眾反叛，諸蠻悉應之，圍逼湖陽。游擊將軍李暉先鎮此城，盡力捍禦，賊勢甚盛。詔以崇爲使持節、都督征蠻諸軍事以討之。蠻眾數萬，屯據形要，以拒官軍。崇累戰破之，斬北燕等，徙萬餘戶於幽并諸州。」按《魏書》卷八十九《蠻傳》，此事發生在景明三年（502），當李崇「徙萬餘家於河北諸州及六鎮」時，魯陽蠻民不忍遷移，「尋叛南走」，李崇等率部追討，「比及河，殺之皆盡。」但是，殘酷的鎮壓並不能從根本上解決問題，而且還會增加彼此對立的情緒。所以此後不久即永平中（508～511），酈道元出任魯陽太守，就實施了以教化爲主的手段。這種手段果然取得了顯著的成效：「道元在郡，山蠻伏其威名，不敢爲寇。」北魏宣武帝下詔表彰酈道元：「魯陽本以蠻人，不立大學。今可聽之，以成良守文翁之化。」

　　酈道元這種教化夷狄的思想在《水經注》中也有體現：

　　　　墨子以爲堯堂高三尺，土階三等，北教八狄，道死，葬蛩山之陰。〔註142〕

　　　　九眞太守任延，始教耕犂，俗化交土，風行象林，知耕以來，六百餘年，火耨耕藝，法與華同〔註143〕。

　　　　茨充，字子河，爲桂陽太守。民惰懶，少鸝履，足多剖裂。茨教作履，今江南知織履，皆充之教也。〔註144〕

　　酈道元最爲欽重的是東漢伏波將軍馬援。他爲漢王朝開疆拓邊，促進了漢民族和少數民族的融合，把漢民族的思想文化移植於邊地：

　　　　昔馬文淵積石爲塘，達於象浦，建金標爲南極之界。俞益期《箋》曰：馬文淵立兩銅柱於林邑岸北，有遺兵十餘家不反，居壽泠岸南，而對銅柱，悉姓馬，自婚姻，今有二百戶。交州以其流寓，號曰「馬流」，言語飲食，尚與華同。山川移易，銅柱今復在海中，

〔註142〕《水經注》卷二十四《瓠子河》「東至濟陰句陽縣爲新溝」注。見陳橋驛《水經注校釋》，杭州大學出版社，1999年版，第431頁。以下引《水經注》各條版本同。

〔註143〕《水經注》卷三十六《溫水》「東北入於鬱」注。見陳橋驛《水經注校釋》，第633頁。

〔註144〕《水經注》卷三十九《耒水》「北過其縣之西」注。見陳橋驛《水經注校釋》，第678頁。

正賴此民，以識故處也。《林邑記》曰：建武十九年，馬援樹兩銅
柱於象林南界，與西屠國分，漢之南疆也。土人以之流寓，號曰「馬
流」，世稱漢子孫也。〔註145〕

《論語・子罕》：「子欲居九夷。東方之夷有九種。欲居之者，亦乘桴浮
海之意。或曰：『陋，如之何！』子曰：『君子居之，何陋之有？君子所居則
化，何陋之有？』」酈道元在此引述「馬流」之事，意在闡揚孔子「化夷」之
論。更可貴的是，馬援無私地幫助少數民族發展農業生產。《水經注》卷二《河
水》「又東過隴西河關縣北，洮水從東南來流注之」注：

王莽更郡縣之名，郡曰厭戎，縣曰操虜也。昔馬援爲隴西太守
六年，爲狄道開渠，引水種秔稻，而郡中樂業，即此水也。

《水經注》還寫到了馬援出征武溪蠻，出師未捷身先死的遭遇：

夷山東接壺頭山。山高一百里，廣圓三百里，山下水際，有新
息侯馬援征武溪蠻停軍處。壺頭徑曲多險，其中紆折千灘，援就壺
頭，希效早成，道遇瘴毒，終沒於此。忠以獲謗，信可悲矣。〔註146〕

按《後漢書》卷二十四《馬援傳》，馬援死後還受到了梁松、耿舒等人的
讒毀，所以酈道元感慨馬援對漢室的忠心和他的不幸遭遇，數百年後他還要
爲之一掬同情之淚：「忠以獲謗，信可悲矣。」

（六）酈道元推重儒家的學校教育思想

儒家最重視教育教化。《論語・子路》：「子適衛，冉有僕。子曰：『庶矣
哉！』冉有曰：『既庶矣。又何加焉？』曰：『富之。』曰：『既富矣，又何加
焉？』曰：『教之。』」《禮記・學記》：「古之教者，家有塾，黨有庠，術有序，
國有學。比年入學，中年考校。一年視離經辨志。三年視敬業樂群，五年視
博習親師，七年視論學取友，謂之小成；九年知類通達，強立而不反，謂之
大成。夫然後足以化民易俗，近者說服，而遠者懷之，此大學之道也。」《孟
子・滕文公上》：「設爲庠序學校以教之。庠者，養也；校者，教也；序者，
射也。夏曰校，殷曰序，周曰庠；學則三代共之，皆所以明人倫也。人倫明
於上，小民親於下。有王者起，必來取法，是爲王者師也。」可見，儒家已

〔註145〕《水經注》卷三十六《溫水》「東北入於鬱」注。見陳橋驛《水經注校釋》，
杭州大學出版社，1999 年版，第 635 頁。以下引《水經注》各條版本同。

〔註146〕《水經注》卷三十七《沅水》「出牂柯且蘭縣爲旁溝水，又東至鐔成縣爲沅水」
注。見陳橋驛《水經注校釋》第 649～650 頁。

把教育教化擺在了至關重要的地位。富而不教，則近於禽獸，故必立學校，明禮義以教之。教育可以化民易俗，勸近懷遠，上可爲王師，下可化萬民。所以孟子多次呼籲要「謹庠序之教，申之以孝悌之義」〔註147〕，而以「得天下英才而教育之」〔註148〕爲樂。

　　一方面，酈道元生當北魏之世，其主爲鮮卑胡族，酈道元必須與其他漢族士人一樣，以儒家學說誘導之、改造之，成爲一定意義上的王師。另一方面，酈道元一生多輾轉邊地爲官，蠻民樸野，鮮沾聖化，所以也必須以儒家之道教化之、規範之，使其盡快地融合於漢民族較爲先進的文化中去。爲此，酈道元非常推重學校教育。酈道元在《水經注》中，多次述及興學重教者：

　　　　南岸道東有文學，始，文翁爲蜀守，立講堂，作石室於南城。

　　永初後，學堂遇火，後守更增二石室，後州奪郡學，移夷星橋南岸道東。〔註149〕

　　　　淶水又北徑小黌東，又東徑大黌南，蓋霍原隱居教授處也。徐廣云：原隱居廣陽山，教授數千人，爲王浚所害。雖千古世懸，猶表二黌之稱，既無碑頌，竟不知定誰居也。〔註150〕

　　文翁，《漢書》卷八十九《循吏傳》有傳。他通曉《春秋》，漢景帝末爲蜀郡太守，仁愛好教化，見蜀地僻陋有蠻夷風，就親自教導「誘進之」，「又修起學官於成都市中」，廣招四郊各縣子弟，使得教化大行，在京師求學的蜀地學生竟能比肩齊魯。文翁是最早在郡國創立學校的人，漢武帝時才下詔令各郡立學。酈道元不但把文翁事跡寫入《水經注》，而且還以之爲榜樣，在魯陽興以教化蠻民。故元魏詔曰：「魯陽本以蠻人，不立大學。今可聽之，以成良守文翁之化。」霍原，《晉書》卷九十四《隱逸傳》有傳。他「隱居教授」，「王浚稱制謀僭，使人問之，原不答，濬心銜之」，遂爲所害。又據《晉書》卷八十九《忠義傳》，劉沈「敦儒道，愛賢能，進霍原爲二品。」可見霍原亦

〔註147〕　《孟子・梁惠王上》。《四書章句集注》，朱熹著，中華書局，1983年版，第204頁。

〔註148〕　《孟子・盡心上》。《四書章句集注》，朱熹著，中華書局，1983年版，第354頁。

〔註149〕　《水經注》卷三十三《江水》「岷山在蜀郡氐道縣，大江所出，東南過其縣北」注。見陳橋驛《水經注校釋》，杭州大學出版社，1999年版，第578頁。以下引《水經注》各條版本同。

〔註150〕　《水經注》卷十二《巨馬河》「出代郡廣昌縣淶山」注。見陳橋驛《水經注校釋》，第224頁。

深通儒道者，其所教授，必是儒學。酈道元慕其興學，贊之曰：「雖千古世懸，猶表二冀之稱。」

酈道元在《水經注》中還提到了弘揚儒學的兩位大儒：

> 又東徑董仲舒廟南。仲舒，廣川人也，世猶謂之董府君，祠春秋禱祭不輟。〔註151〕

> 獻帝建安中，袁紹與曹操相御於官渡，紹逼大司農鄭玄載病隨軍，屆此而卒。郡守己下受業者，衰赴者千餘人。玄注《五經》、讖緯、候曆、天文，經通於世。故范曄贊曰：孔書遂明，漢章中輟。〔註152〕

董仲舒創陰陽五行化的儒學，借天道說人事。這對酈道元也很有影響，《水經注》中有引用了很多讖緯之書，如《春秋說題辭》、《春秋孔演圖》、《春秋佐助期》、《孝經援神契》、《論語比考讖》、《元命苞》、《命曆序》等等，由此可知，又董仲舒改造了的儒學，在酈道元所處時代也具有很大的影響。鄭玄是東漢碩儒，博古通今，他遍著古文經，並雜糅今文讖緯，號為「鄭學」，尤為魏晉以後經學所宗。「孔書遂明，漢章中輟」，指的是鄭書出而今文經學從此勢衰。酈道元之注《水經》，就是宗法鄭學的。他的《水經注》既有「通訓詁」、「舉大義」、「不為章句」的古文經學特點，又不絕對排斥讖緯。

若說董仲舒、鄭玄是碩學鴻儒，堪為一記，那麼再看酈道元在《水經注》中記載的下面兩則事跡：

> 縣東有冢，縣令濟南劉熹，字德怡，魏時宰縣，雅好博古，教學立碑，載生徒百有餘人，不終業而夭者，因葬其地，號曰「生墳」。〔註153〕

> 又東徑學城南，梁州大路所由也。舊說昔者有人立學都於此，值世荒亂，生徒罔依，遂共立城以禦難，故城得厥名矣。〔註154〕

〔註151〕 《水經注》卷十《濁漳水》「又東北至樂成陵縣北別出」注。見陳橋驛《水經注校釋》，第189頁。

〔註152〕 《水經注》卷五《河水》「又東北，過黎陽縣南」注。見陳橋驛《水經注校釋》，第80頁。

〔註153〕 《水經注》卷二十八《沔水中》「又南過穀城東，又南過陰縣之西」注。見陳橋驛《水經注校釋》，第498頁。

〔註154〕 《水經注》卷二十八《沔水中》「又南過築陽縣東，築水出自房陵縣，東過其縣，南流注之」注。見陳橋驛《水經注校釋》，第498～499頁。

　　這兩條記載，也述及立學授徒之事，但所記人物並不知名或根本不知道
與學者是誰，酈道元也把他們記之於筆下，惟恐遺漏。這不能不說酈道元對
於興辦學校、教育方俗的重要性有著深刻的認識和對興學者的高度崇敬。

　　酈道元還在《水經注》卷十六《穀水》「又東過河南縣北，東南入於洛」
注中詳細敘述了學校教育的歷史以及經學刻石的有關情況：

> 又東徑國子太學石經北，《周禮》有國學，教成均之法。《學記》
> 曰：古者家有塾，黨有庠，遂有序，國有學。亦有虞氏之上庠、下
> 庠，夏后氏之東序、西序，殷人之左學、右學，周人之東膠、虞庠。
> 《王制》曰：養國老於上庠，養庶老於下庠，故有太學、小學，教
> 國之子弟焉，謂之國子。漢魏以來置太學於國子堂。東漢靈帝光和
> 六年，刻石鏤碑載五經，立於太學講堂前，悉在東側。蔡邕以熹平
> 四年，與五官中郎將堂溪典、光祿大夫楊賜、諫議大夫馬日磾、議
> 郎張馴、韓說、太史令單揚等，奏求正定《六經》文字，靈帝許之。
> 邕乃自書丹於碑，使工鐫刻，立於太學門外。於是後儒晚學，咸取
> 正焉。

　　從這段順序清晰的記述中，我們自可領略到酈道元知識之淵博。而石經
的樹立，為的是讓「後儒晚學，咸取正焉」。酈道元這樣不厭其詳的記述，用
意是明顯的，那就是存真辨偽，使後人之儒學之正源。

（七）酈道元接受先秦儒家「敬鬼神而遠之」的思想

　　先秦儒家比較重視人事，這與董仲舒以後的漢儒以為天有意志、知善惡
的觀點是不同的。《周易》、《中庸》之言天道、天命，主要是闡發人性與自然
一體相通之意，並無迷信意味，這與後來的說讖緯、言吉凶漢代今文經學是
不同的。《論語‧雍也》：「樊遲問知。子曰：「務民之義，敬鬼神而遠之，可
謂知矣。」朱熹《集注》：「專用力於人道之所宜，而不惑於鬼神之不可知，
知者之事也。」

　　酈道元繼承了先秦儒家「敬鬼神而遠之」的思想觀念。在《水經注》中，
他一再指出鬼神之事是「茫昧」的。如卷十九《渭水》「又東過霸陵縣北，霸
水從縣西北流注之」注：

> 《漢武帝故事》曰：帝崩後，見形謂陵令薛平曰：「吾雖失勢，
> 猶為汝君，奈何令吏卒上吾陵磨刀劍乎？自今以後，可禁之。」平
> 頓首謝，因不見。推問，陵傍果有方石，可以為礪，吏卒常盜磨刀

劍。霍光欲斬之。張安世曰：「神道茫昧，不宜爲法。」乃止故阮公
《詠懷詩》曰：「失勢在須臾，帶劍上吾丘。」

酈道元借張安世之口，表達了「神道茫昧，不宜爲法」的觀點。又同卷
《渭水》「又東，豐水從南來注之」注，在敘述完《春秋後傳》所引的鄭容託
書致鎬池君的故事之後，酈道元評論：「神道茫昧，理難辨測，故無以精其幽
致矣。」

《論語·述而》：「子不語怪，力，亂，神。」孔子不語之，酈道元也不
語之。酈道元對很多神話傳說，都進行了富有理性的分析。如《水經注》卷
二十六《淄水》「又東過利縣東」注：

義熙五年，劉武帝伐慕容超於廣固也，以藉險難攻，兵力勞
弊。河間人玄文說裕云：「昔趙攻曹嶷，望氣者以爲灅水帶城，非
可攻拔，若塞五龍口，城當必陷，石虎從之，嶷請降。降後五日，
大雨雷電，震開。後慕容恪之攻段龕，十旬不拔，塞口而龕降，降
後無幾，又震開之。今舊基猶存，宜試修築。」裕塞之，超及城內
男女皆悉腳弱，病者大半，超遂出奔，爲晉所擒也。然城之所跨，
寔憑地險，其不可固城者在此。

望氣者侈談風水，故有塞五龍口則城破之說。酈道元對此進行了客觀分
析，他認爲，廣固城易守難攻，主要是因爲「灅水帶城」，地勢險要。塞五龍
口則城無險可守，自然容易被攻破。「城內男女皆悉腳弱」，恐怕是因爲得知
險要已失而顫抖吧？又如卷三十二《淝水》「北入於淮」注：

湖北對八公山，山無樹木，惟童阜耳。山上有淮南王劉安廟，
劉安是漢高帝之孫，厲王長子也，折節下士，篤好儒學，養方術之
徒數十人，皆爲俊異焉，多神仙秘法、鴻寶之道，忽有八公，皆須
眉皓素，詣門希見。門者曰：「吾王好長生，今先生無住衰之術，
未敢相聞。」八公咸變成童，王甚敬之，八士並能煉金化丹，出入
無間，乃與安登山埋金於地，白日昇天。餘藥在器，雞犬舐之者，
俱得上昇。其所昇之處，踐石皆陷，人馬跡存焉，故山即以八公爲
目。余登其上，人馬之跡無聞矣，惟廟像存焉。廟中圖安及八士像，
皆坐床帳如平生，被服纖麗，咸羽扇裙帔，巾壺枕物，一如常居。
亦云：左吳與王春、傅生等尋安，同詣玄洲還爲著記，號曰《八公
記》，都不列其雞犬升空之事矣。按《漢書》，安反伏誅，葛洪明其

得道，事備《抱朴子》及《神仙傳》。

按《漢書》卷四十四《淮南厲王劉長傳》，淮南王劉安與太子勾結謀反，漢武帝派宗正持符節治其罪，「未至，安自刑殺」，國除為九江郡。酈道元以《漢書》為依據，斷然否定了劉安與八公白日飛升之說。又同卷：

> 昔在晉世，謝玄北禦苻堅，祈八公山，及置陣於淝水之濱，堅望山上草木，咸為人狀，此即堅戰敗處。非八公之靈有助，蓋苻氏將亡之惑也。

因為謝玄曾在淝水之戰以前八公山上祈禱過，迷信者就認為「八公山上，草木皆兵」是八公神靈助晉卻秦。酈道元指出，這是苻堅的迷茫恍忽的心理造成的。

即使相傳已久的故事，酈道元也懷疑它們的真實性。如：

> 山上有黃帝冢故也。帝崩，惟弓劍存焉，故世稱黃帝仙矣。
> 〔註155〕

> 昔費長房為市吏，見王壺公懸壺郡市，長房從之，因而自遠同入此壺，隱淪仙路。骨謝懷靈，無會而返，雖能役使鬼神，而終同物化。〔註156〕

酈道元推測，人們傳說黃帝乘龍仙去，大概因為黃帝死後人們只看到了他的弓劍。酈道元認為傳說中能夠役使鬼神的神仙費長房，既然「無會而返」，也就「終同物化」，很可能是死去了。

有時酈道元還對於前人書中記載的虛妄之事認真地進行辨析。如：

> （溫泉水）水側有僵人穴，穴中有僵屍。戴延之《從劉武王西征記》曰：有此屍，屍今猶在。夫物無不化之理，魄無不遷之道，而此屍無神識，事同木偶之狀，喻其推移，未若正形之速遷矣。〔註157〕

> 劉欣期《交州記》曰：龍編縣功曹左飛，曾化為虎，數月還作吏。既言其化，亦化無不在，牛哀易虎，不識厥兄，當其革狀，安

〔註155〕《水經注》卷三《河水》「又南離石縣西」注。見陳橋驛《水經注校釋》，杭州大學出版社，1999年版，第48頁。以下以《水經注》各條版本同。

〔註156〕《水經注》卷二十一《汝水》「又東南，過平輿縣南」注。見陳橋驛《水經注校釋》，第381頁。

〔註157〕《水經注》卷十五《洛水》「又東過偃師縣南」注。見陳橋驛《水經注校釋》，第273頁。

知其其訛變哉。〔註158〕

　　《萬善曆》曰：吳黃武六年正月，獲彭綺。是歲，由拳西鄉有產兒墮地便能語，云：天方明，河欲清，鼎腳折，金乃生。因是詔爲語兒鄉。非也。禦兒之名遠矣，蓋無智之徒，因藉地名，生情穿鑿耳。《國語》曰「句踐之地，北至禦兒」是也。安得引黃武證地哉？
〔註159〕

　　戴延之《從劉武王西征記》記載了僵屍之事，酈道元指出「物無不化」、「魄無不遷」的道理，以此說明戴的穿鑿。劉欣期《交州記》記述縣吏化虎之事，酈道元就以故事本身的矛盾批駁其荒謬。《萬善曆》記「禦兒」鄉地名來歷時，編造了一個故事。酈道元就以《國語》爲之說明「禦兒之名遠矣」，指出《萬善曆》的說法是「蓋無智之徒，因藉地名，生情穿鑿耳。」

　　《論語‧爲政》：「子曰：非其鬼而祭之，諂也」。意謂不應該祭祀非其所當祭祀的鬼神。酈道元秉承了儒家的這一觀點，堅決反對淫祀：

　　　東五里有鼻墟，言象所封也。山下有象廟，言甚有靈，能興雲雨。余所聞也，聖人之神曰靈，賢人之精氣爲鬼，象生不慧，死靈何寄乎？〔註160〕

　　　惠帝使校尉陳總仲元詣洛陽山請雨，總盡除小祀，惟存大石而祈之，七日大雨。〔註161〕

　　　漳水又北徑祭陌西。戰國之世，俗巫爲河伯取婦，祭於此陌。魏文侯時，西門豹爲鄴令，約諸三老曰：「爲河伯娶婦，幸來告知。吾欲送女。」皆曰：「諾。」至時，三老、廷掾賦斂百姓，取錢百萬，巫覡行里中有好女者，祝當爲河伯婦。以錢三萬聘女，沐浴脂粉如嫁狀。豹往會之，三老、巫、掾與民咸集赴觀。巫嫗年七十，從十

〔註158〕《水經注》卷三十七《益州葉榆河》「分爲五水，絡交阯郡中，至東界復合爲三水，東入海」注。見陳橋驛《水經注校釋》，第643頁。

〔註159〕《水經注》卷四十《漸江水》「北過餘杭，東入於海」注。見陳橋驛《水經注校釋》，杭州大學出版社，1999年版，第700頁。以下引《水經注》各條版本同。

〔註160〕《水經注》卷三十八《湘水》「又東北過泉陵縣西」注。見陳橋驛《水經注校釋》，第662頁。

〔註161〕《水經注》卷十五《伊水》「又東北過新城縣南」注。見陳橋驛《水經注校釋》，第278頁。

女弟子。豹呼婦視之，以爲非妙，令巫嫗入報河伯，投巫於河中。有頃，曰：「何久也？」又令三弟子及三老入白，並投於河。豹磬折曰：「三老不來，奈何？」復欲使廷掾、豪長趣之。皆叩頭流血，乞不爲河伯取婦。淫祀雖斷，地留祭陌之稱焉。〔註162〕

其一說「象生不慧，死靈何寄」，以證明設置象廟的無稽。《史記》卷一《五帝本紀》記載舜弟象幾次想殺害舜的情況。像這樣凶頑的人怎堪祭祀。此必爲淫祀無疑。其二以除小祀而大雨來反面說明淫祀之不經。最後敘西門豹懲巫之事，給人以大快人心的感受，酈道元說「地留祭陌之稱」亦即「千載有餘情」之謂，表現了酈道元對於除淫祀的贊同。

總之，酈道元不迷信，不盲從的態度與先秦儒家在本質上具有一致性。這在當時的時代無疑具有突出的進步意義。

三、酈道元《水經注》多記述孔子事跡

孔子是儒家學派的創始人，所以北魏孝文帝準備弘揚儒學的時候，把尊孔、祭孔當作一項重要內容。酈道元生當彼時，加之其本人對於儒學的推重，故對孔子的懷念之情往往傾諸筆端。

酈道元對孔子的這種感情是通過對有關孔子的記述表現出來的。《水經注》「因地以證事」，記載了孔子的一些生平經歷：

夫子教於洙泗之間。今於城北二水之中，即夫子領徒之所也。〔註163〕

《郡國志》曰：須昌縣有緻密城，古中都也，即夫子所宰之邑矣。制養生送死之節，長幼男女之禮。路不拾遺，器不雕僞矣。〔註164〕

濮渠又東逕蒲城北，故衛之蒲邑。孔子將之衛，子路出於蒲者也。《韓子》曰：魯以仲夏起長溝，子路爲蒲宰，以私粟饋眾，孔子使子貢毀其器焉。余案《家語》言，仲由爲邱宰，修溝瀆，與之簞

〔註162〕《水經注》卷十《濁漳水》「又東出山，過鄴縣西」注。見陳橋驛《水經注校釋》，第181頁。
〔註163〕《水經注》卷二十五《泗水》「西南過魯縣北」注。見陳橋驛《水經注校釋》，第446頁。
〔註164〕《水經注》卷十四《汶水》「又西南過無鹽縣南，又西南過壽張縣北，又西南至安民亭，入於濟」注。見陳橋驛《水經注校釋》，第441頁。

食瓢飲，夫子令賜止之，無魯字，又入其境，三稱其善，身爲大夫，終死衛難。〔註165〕

濮水又東徑匡城北，孔子去衛適陳，遇難於匡者也。〔註166〕

孔子至於暮矣，而不宿於盜泉，渴矣而不飲，惡其名也。〔註167〕

縣有顓臾城，季氏將伐之，孔子曰：「昔者先王以爲東蒙主，社稷之臣，何以伐之爲？」冉有曰：「今夫顓臾，固而便近於費」者也。〔註168〕

南陽葉邑方城西有黃城山，是長沮桀溺耦耕之所，有東流水，則子路問津處。〔註169〕

酈道元敬重孔子的好學和博學：

《春秋》昭公十七年，郯子朝魯，公與之宴，昭子叔孫婼問曰：「少昊鳥名官，何也？」郯子曰：「吾祖也，我知之矣。黃帝、炎帝以云火紀官，太皞以龍紀，少皞瑞鳳鳥，統曆鳥官之司。」議政斯在，孔子從而學焉，既而告人曰「天子失官，學在四夷」者也。〔註170〕

余按《國語》曰：吳伐楚，墮會稽，獲骨焉，節專車。吳子使來聘且問之，客執骨而問曰：「敢問骨何爲大？」仲尼曰：「丘聞之，昔禹致羣神於會稽之山，防風氏後至，禹殺之，其骨專車，此爲大也。」蓋丘明親承聖旨，錄爲實證矣。又按劉向《説苑・辨物》：王肅之敘孔子廿二世孫孔猛所出先人書《家語》，並出此事。〔註171〕

〔註165〕《水經注》卷八《濟水二》「其一水東南流，其一水從縣東北流，入鉅野澤」注。見陳橋驛《水經注校釋》，杭州大學出版社，1999 年版，第 134 頁。以下引《水經注》各條版本同。

〔註166〕《水經注》卷八《濟水二》「其一水東南流，其一水從縣東北流，入鉅野澤」注。見陳橋驛《水經注校釋》，第 132 頁。

〔註167〕《水經注》卷二十五《洙水》「西南至卞縣，入於泗」注。見陳橋驛《水經注校釋》，第 459 頁。

〔註168〕《水經注》卷二十五《沂水》「南過琅邪臨沂縣東，又南過開陽縣東」注。見陳橋驛《水經注校釋》，第 458 頁。

〔註169〕《水經注》卷三十一《潕水》「出潕陰縣西北扶予山，東過其縣南」注。見陳橋驛《水經注校釋》，第 552～553 頁。

〔註170〕《水經注》卷二十五《沂水》「又東過襄賁縣東，屈從縣南西流，又屈南過郯縣西」注。見陳橋驛《水經注校釋》第 458 頁。

〔註171〕《水經注》卷三十二《夏水》「又東至江夏雲杜縣，入於沔」注。見陳橋驛《水經注校釋》，第 567 頁。

酈道元在《水經注》卷二十五《泗水》「西南過魯縣北」注還詳細地介紹了孔子故宅和相關學說：

> （武子）臺之西北二里有周公臺，高五丈，周五十步。臺南四里許則孔廟，即夫子之故宅也。宅大一頃，所居之堂，後世以爲廟。漢高祖十三年，過魯，以太牢祀孔子。自秦燒《詩》、《書》，經典淪缺，漢武帝時，魯恭王壞孔子舊宅，得《尚書》、《春秋》《論語》《孝經》，時人已不復知有古文，謂之科斗書，漢世秘之，希有見者。於時聞堂上有金石絲竹之音，乃不壞。廟屋三間：夫子在西間，東向；顏母在中間，南面；夫人隔東一間，東向。夫子床前有石硯一枚，作甚樸，雲平生時物也。魯人藏孔子所乘車於廟中，是顏路所請者也。獻帝時，廟遇火燒之。永平中，鍾離意爲魯相，到官，出私錢萬三千文，付戶曹孔欣，治夫子車，身入廟，拭几席、劍履。男子張伯除堂下草，土中得玉璧七枚，伯懷其一，以六枚白意。意令主簿安置幾前。孔子寢堂床首有懸甕，意召孔欣問：「何等甕也？」對曰：「夫子甕也。」背有丹書，人勿敢發也。意曰：「夫子聖人，所以遺甕，欲以懸示後賢耳。」發之，中得素書，文曰：「後世修吾書，董仲舒；護吾車，拭吾履，發吾笥，會稽鍾離意；璧有七，張伯藏其一。」意即召問，伯果服焉。

《水經注》同卷又寫到孔子的冢墓：

> 《史記》、《冢記》、王隱《地道記》咸言葬孔子於魯城北泗水上。今泗水南有夫子冢。《春秋孔演圖》曰：烏化爲書，孔子奉以告天，赤爵銜書，上化爲黃玉，刻曰：孔提命，作應法，爲赤制。《說題辭》曰：孔子卒，以所受黃玉葬魯城北，即子貢廬墓處也。譙周云：孔子死後，魯人就冢次而居者，百有餘家，命曰「孔里」。《孔叢》曰：夫子墓塋方一里，在魯城北六里泗水上，諸孔氏封五十餘所，人名昭穆，不可復識，有銘碑三所，獸碣具存。《皇覽》曰：弟子各以四方奇木來植，故多諸異樹，不生棘木、刺草，今則無復遺條矣。泗水自城北南徑魯城西南合沂水。沂水出魯城東南尼丘山西北，山即顏母所祈而生孔子也。山東十里有顏母廟，山南數里，孔子父葬處。《禮》所謂「防墓崩」者也。

酈道元在《水經注》中還三次寫到孔廟：

漢桓帝遣中官管霸祠老子，命陳相邊韶撰碑。北有雙石闕，甚整頓。石闕南側，魏文帝黃初三年經譙所勒。闕北東側有孔子廟，廟前一碑，西面，是陳相魯國孔疇建和三年立，北則老君廟，廟東院中有九井焉。〔註172〕

魏黃初元年，文帝令郡國修起孔子舊廟，置百石吏卒，廟有夫子像，列二弟子，執卷立侍，穆穆有詢仰之容。漢魏以來，廟列七碑，二碑無字，栝柏猶茂。廟之西北二里有顏母廟，廟像猶嚴，有修栝五株。〔註173〕

邘水又東南，逕孔子廟東，廟庭有碑。魏太和元年，孔靈度等以舊宇毀落，上求修復。野王令范眾愛、河內太守元眞、刺史咸陽公高允表聞，立碑於廟。治中劉明、別駕呂次文、主簿向班虎、荀靈龜，以宣尼大聖，非碑頌所稱，宜立記焉，云，仲尼傷道不行，欲北從趙鞅，聞殺鳴犢，遂旋車而返。及其後也，晉人思之，於太行巓南爲之立廟，蓋往時回轅處也。余按諸子書及史籍之文，並言仲尼臨河而歎，曰：丘之不濟，命也夫！是非太行回轅之言也。碑云：魯國孔氏，官於洛陽，因居廟下，以奉蒸嘗。斯言是矣。蓋孔氏因遷山下，追思聖祖，故立廟存饗耳。其猶劉累遷魯，立堯祠於山矣，非謂回轅於此也。〔註174〕

《水經注》這三處關於孔廟的記載，地址時間都不相同。最早的是漢桓帝建和三年（149）所建；其後是魏文帝黃初元年（220）所修；再後是北魏孝文帝太和元年（477）修復孔廟。孔廟之建，乃是統治者宣佈秉承儒家思想的一種標誌。《水經注》專門寫到元魏繼漢、曹魏之後又修孔廟，即是指元魏繼漢、曹魏之後繼承了儒家思想，是以儒家思想爲官方政治哲學之基礎的正統的封建王朝。

《水經注》中對有關孔子事跡的上述記載，表明了酈道元對孔子的景仰

〔註172〕《水經注》卷二十三《陰溝水》「東南至沛爲渦水」注。見陳橋驛《水經注校釋》，杭州大學出版社，1999 年版，第 413 頁。以下引《水經注》各條版本同。

〔註173〕《水經注》卷二十五《泗水》「西南過魯縣北」注。見陳橋驛《水經注校釋》，第 448 頁。

〔註174〕《水經注》卷九《沁水》「又東過野王縣北」注。見陳橋驛《水經注校釋》，第 156 頁。

和對其所創立的儒家學說的敬重。

第五節　酈道元撰寫《水經注》的原因探尋

　　陳橋驛《酈道元評傳》說：「《水經注》撰寫於酈道元的後期，正是胡太后臨朝，朝政腐敗至於不可挽回之時。北朝的興盛時期已經過去，而南朝也處於一種奢侈腐敗，苟且偷安的局面之中，酈道元顯然明白，在他的有生之年，一個版圖廣大的統一祖國是不可能出現了。但他不是一個失敗主義者，儘管事不可爲，他把這種希望寄託於撰述，潛心寫作，把他的全部愛國主義感情傾注在《水經注》這樣一部巨著之中。」

　　陳橋驛「寄託著書」說，自是一家之言，尚未見有著文表示異議者。但筆者認爲，酈道元撰《水經注》的實用性目的是很明顯的，不必將其上昇至愛國主義的高度上來。錢鍾書《管錐編》：「古人屋宇、器物、碑帖之類，流傳供觀賞摩挲，原皆自具功能，非徒鑒析之資。人事代謝，製作遞更，厥初因用而施藝，後遂用失而藝存。文學亦然，不須遠舉，即拾《升菴全集》同卷所稱酈道元《水經注》爲例也可。」〔註175〕錢氏認爲酈道元《水經注》是「用失而藝存」的典型例子。《水經注自序》：

　　　　《易》稱：「天以一生水。故氣微於北方，而爲物之先也。」
　　　　《玄中記》曰：「天下之多者水也，浮天載地，高下無所不至，萬物無所不潤。及其氣流屆石，精薄膚寸，不崇朝而澤合靈宇者，神莫與並矣。」是以達者不能測其淵沖而盡其鴻深也。昔《大禹記》著山海，周而不備；《地理志》其所錄，簡而不周。《尚書·本紀》與《職方》俱略，都賦所述，裁不宣意。《水經》雖粗輟津緒，又闕旁通。所謂各言其志，而罕能備其宣導者矣。今尋圖訪賾者，極聆州域之說，而涉土遊方者，寡能達其津照。縱彷彿前聞，不能不猶深屏營也。……竊以多暇，空傾歲月，輒述《水經》，布廣前文。
　　　　《大傳》曰：「大川相間，小川相屬，東歸於海。」脈其枝流之吐納，診其沿路之所躔，訪瀆搜渠，緝而綴之。

　　可見，酈氏作《水經注》，是基於對水資源重要性的認識和理解。而水資源的重要性，尤其表現在生活和經濟方面。早在先秦時期人們就已認識到水

〔註175〕錢鍾書《管錐編》，中華書局 1986 年版，第二冊第 539 頁。

的重要性。如孟子就曾明確指出：「民非水火不生活」〔註176〕，《管子‧禁藏》也指出：「食之所生，水與土也。」都認識到水是人類賴以生存的基礎與條件。因此，酈氏不滿於《大禹記》、《地理志》、《尚書‧本紀》、《職方》、《水經》等前人著作的簡略不周，所以他才要「脈其枝流之吐納，診其沿路之所躔，訪瀆搜渠，緝而綴之」，對全國的水道山川作出詳細周全的記述。

首先，北魏社會由游牧到農耕的經濟轉型，需要對水道水利情況進行充分的瞭解，是促使酈道元撰寫《水經注》之一重要原因。

拓拔鮮卑原本是逐水草而居的游牧部族，直到北魏道武帝拓拔珪把都城從盛樂遷往平城，才開始從游牧過渡到農耕。游牧部族經常受到水旱，癘疫，禽獸之害，飽受流離之苦，其生產方式不如漢族農耕社會優越。費孝通說：「任何一個游牧民族只要進入平原，落入精耕細作的農業社會裏，遲早就會服伏帖帖地主動地融入漢族之中。」〔註177〕經過多年的過渡，到太武帝拓拔燾時，北魏已經呈現出了「秋谷懸黃，麻菽布野」〔註178〕的農耕社會的圖景了。孝文帝更加果敢地改革游牧習氣，農業化程度更高。

酈道元撰寫《水經注》一個實用性目的，是爲農業經濟和漕運水利提供借鑒。水是與農業生產最爲直接相關的自然因素。清代學者任啓運說：「五穀之性，無不藉水以滋，不特秔稻爲然，即麻、黍、菽、麥宜燥，亦未有久旱而不槁者也。」〔註179〕把水視爲糧食生產的源泉與保證。清人慕天顏也在奏疏中說：「興水利而後有農功，有農功而後裕國」，認爲水利是農業的命脈，是國家富裕的根本保證。進一步說，河渠堤壩之於北魏經濟的農業化轉型，漕運之於王朝財政，更具有突出重要的意義。《魏書》卷一百一十《食貨志》：

> 尚書崔休以爲：「刳木爲舟，用興上代；鑿渠通運，利盡中古。
> 是以漕輓河渭，留侯以爲偉談；方舟蜀漢，酈生稱爲口實。豈直張
> 純之奏，見美東都；陳勰之功，事高晉世。其爲利益，所從來久
> 矣。」……請諸通水運之處，皆宜率同此式。縱復五百、三百里，
> 車運水次，校計利饒，猶爲不少。其欽所列州郡，如請興造。東路
> 諸州皆先通水運，今年租調，悉用舟楫。……高陽王雍，尚書僕射

〔註176〕《孟子‧盡心上》。《四書章句集注》，朱熹著，中華書局，1983 年版，第 356
　　　　頁。
〔註177〕《中華民族多元一體格局》，中央民族學院出版社，1989 年版，第 31 頁。
〔註178〕見《魏書》卷《古弼傳》。中華書局，1974 年版，第 692 頁。
〔註179〕清任啓運《清芬樓遺稿‧請安流民興水利疏》。

李崇等奏曰:「運漕之利,今古攸同,舟車息耗,實相殊絕。欽之所
列,關西而已,若域內同行,足爲公私巨益。謹輒參量,備如前計,
庶徵召有減,勞止小康。若此請蒙遂,必須溝洫通流,即求開興修
築。或先以開治,或古跡仍在,舊事可因,用功差易。此冬閒月,
令疏通咸訖,比春水之時,使運漕無滯。」詔從之,而未能盡行也。

　　崔休、元雍、李崇諸人都充分認識到漕運的便利和修築漕渠的重要。酈
道元與諸人同僚,又與李崇交好,對此也應有同樣的認識。《水經注》多寫陂
湖、堤、塘、堰、水門等治水工程,自有其用意。這些工程是農業社會的必
要經濟設施,具有灌溉、防洪、養殖、航運等方面的效益。據陳橋驛先生統
計,《水經注》記載的陂湖就達二百七十餘處之多〔註180〕,除此外還有鄭渠、
都江堰、錢塘、邗溝、等多種水利工程。即使是「陂周二百餘步」的聖女
陂,酈氏記載也不遺餘力,說明他對水利工程的重視程度。《水經注》卷二十
四《汶水》「出泰山萊蕪縣原山,西南過其縣南」注寫萊蕪谷:

又有少許山田,引灌之蹤尚存。出谷有平邱,面山傍水,土人
悉以種麥,云此邱不宜殖稷黍而宜麥,齊人相承以殖之,意謂麥邱
所棲愚公谷也,何其深沉幽翳,可以託業怡生如此也!余時逕此,
爲之踟蹰,爲之屢眷矣。

　　正是麥邱「可以託業怡生」,才使酈道元「爲之踟蹰,爲之屢眷」。又如
卷三十三《江水注》寫都江堰的功用:「水旱從人,不知飢饉,沃野千里,
世號陸海,謂之天府也。」〔註181〕這些都足見酈道元對農業經濟和水利設
施的充分重視。這自是酈道元撰寫《水經注》之一動因。清人劉獻廷論水利
說:「西北乃先王舊都,二千餘年未聞仰給東南。何則?溝洫通,水利修也。
自劉、石雲擾,以迄金、元,千餘年未知水利爲何事,不爲民利,乃爲民害。
故欲經理天下,必自西北水利始矣。西北水利,莫詳於《水經》酈注。雖時
移勢易,十猶可得六七。酈氏略於東南,人以此少之。不知水道之當詳,正
在西北。」〔註182〕並曾打算爲《水經注》作疏證。著眼於爲農業經濟和漕
運水利提供借鑒,劉獻廷可謂酈善長之知音。

〔註180〕陳橋驛《水經注研究》,天津古籍出版社1985年5月版,第224頁。
〔註181〕《水經注》卷三十三《江水》「岷山在蜀郡氏道縣,大江所出,東南過其縣北」
　　　　注。見陳橋驛《水經注校釋》,杭州大學出版社,1999年版,第577頁。以
　　　　下引《水經注》各條版本同。
〔註182〕《清史稿》卷四百八十四《劉獻廷傳》。其語乃本諸劉獻廷《廣陽雜記》而成。

酈道元撰寫《水經注》另一個實用性目的是：理清水道山川形勢，積累軍事知識和戰爭經驗。酈道元生於南北兩朝對峙，戰亂頻仍的時代。酈道元曾於太和十八年（494）隨從孝文帝北巡陰山，於孝昌元年（525）平定元法僧叛亂，於孝昌三年（527）參加過抵抗梁將陳慶之的戰役。他深知地理形勢對於戰爭勝負的重要作用，所以《水經注》中記載了歷史上的大量戰爭和許多相關的軍事地理內容，於軍事之得失、地形之險易，多所屬意。

如本章第三節所述，北軍不習水戰，因而才有北魏拓拔燾在淮水戰役中的慘敗；蕭梁還曾在淮水上修築浮山堰，而使北魏軍隊在戰爭中吃虧〔註183〕。相反，充分利用水利交通條件，則往往會成為有效的制勝之道。《水經注》中記述了許多以水制勝的戰例，如智伯率引水灌晉陽〔註184〕，酈寄攻趙引牛首拘水灌邯鄲城〔註185〕，曹操引漳水攻取鄴城〔註186〕，沂、泗灌城而擒呂布〔註187〕等等。再如卷二十六《濰水》「又北過高密縣西」注：

> 昔韓信與楚將龍且，夾濰水而陣於此。信夜令為萬餘囊，盛沙以遏濰水，引軍擊且，偽退，且追北，信決水，水大至，且軍半不得渡，遂斬龍且於是水。

韓信決濰水斬龍且，是以水制勝的軍事典範。看來充分利用地理形勢，實可當兵百萬。《水經注》多記水戰，用意在此。北魏與南朝對峙，戰場已經

<hr>

〔註183〕《梁書》卷十八《康絢傳》：「時魏降人王足陳計，求堰淮水以灌壽陽。……魏遣將楊大眼揚聲決堰，絢命諸軍撤營露次以待之。遣其子悅挑戰，斬魏咸陽王府司馬徐方興，魏軍小卻……或人謂絢曰：「四瀆，天所以節宣其氣，不可久塞。若鑿淮東注，則遊波寬緩，堰得不壞。」絢然之，開淮東注。又縱反間於魏曰：「梁人所懼開淮，不畏野戰。」魏人信之，果鑿山深五丈，開淮北注，水日夜分流，淮猶不減。其月，魏軍竟潰而歸。水之所及，夾淮方數百里地。」

〔註184〕《水經注》卷六《澮水》「出河東絳縣東，澮交東高山」注：「智伯率韓魏，引水灌晉陽，不沒者三版。智氏曰：吾始不知水可以亡人國，今乃知之。」見陳橋驛《水經注校釋》，第105頁。

〔註185〕《水經注》卷十《濁漳水》「又東過列人縣南」注：「漢景帝時，七國悖逆，命曲周侯酈寄攻趙，圍邯鄲，相捍七月，引牛首拘水灌城，城壞，王自殺。」見陳橋驛《水經注校釋》，第182頁。

〔註186〕《水經注》卷十《濁漳水》「又東出山，過鄴縣西」注：「魏武之攻鄴也，引漳水以圍之。《獻帝春秋》曰：司空鄴城圍，周四十里，初淺而狹，如或可越。審配不出爭利，望而笑之。司空一夜增修，廣深二丈，引漳水以注之，遂拔鄴。」見陳橋驛《水經注校釋》，第179頁。

〔註187〕《水經注》卷二十五《沂水》「又東過良城縣西，又南過下邳縣，西南入於泗」注：「建安二年，曹操圍呂布於此，引沂、泗灌城而擒之。」

逼近淮水。實際上洛水、渭水、潁水、汴水、泗水、濟水等水域附近也經常發生戰爭。北魏要想在將來成其混一之勢，也必須跨過長江。這些都有賴於對於地理形勢的充分把握和有效利用。《水經注》有意為當時或將來的戰爭收集相關的參考資料和戰爭經驗。陳橋驛先生統計，《水經注》中記載的戰爭，不下三百次之多，並在其中記載了山嶽、關隘、河川、渡口、橋梁、道路、聚落、倉儲等兵要地理內容。〔註188〕

三國分裂時期的歷史形勢與南北朝相似，所以《水經注》重點記述了三國時期的軍事地理內容。其所記戰爭，從曹操與袁紹的官渡之戰（包括相關的白馬之戰、烏巢之戰）、曹操與孫劉聯軍的赤壁之戰、曹操與馬超韓遂的潼關之戰、曹操與劉備的定軍山之戰和襄樊之戰，到吳、蜀的彝陵之戰，《水經注》無不述及，並作了許多地理形勢交代或分析。此外，《水經注》還記載許多了當時發生過重大軍事行動的城堡，如魏的易京城、武陽縣城、鄴城、陳倉城、沙城、沛縣城、下邳縣城，蜀的祁山城、南鄭縣城、閬陽城、永安城、江陵城，吳的故城洲、江夏城、夏口城等。還涉及了許多軍事要塞，如魏之積石原、五丈原、馬冢、洛谷長城、渭橋、安風津、公路浦、鄧塞、木蘭塞，蜀之橋頭、劍閣、定軍山、興勢阪、江郵戍、陽關巴子梁、諸葛亮圖壘、捍關，吳之長阪、江津戍、關羽瀨等等，突出其在部防、戰爭中的地位和作用。〔註189〕

《水經注》卷五《河水》「又東過成皋縣北，濟水從北來注之」注：

> （玉門）門東對臨河，澤岸有土穴，魏攻宋司州刺史毛德祖於虎牢，戰經二百日，不克。城惟一井，井深四十丈，山勢峻峭，不容防捍，潛作地道取井。餘頃因公至彼，故往尋之，其穴處猶存。

這裡記載的是北魏與宋的虎牢（今河南成皋縣）之戰。酈道元對宋將毛德祖憑孤井而堅守虎牢的事跡很是驚異，所以他才特地往尋故跡，以增加閱歷和經驗。

總之，從《水經注》記載的戰爭以及城堡和軍事要塞等內容，也可以看出酈道元撰寫《水經注》，是含有一些軍事方面的用意。

經濟目的和軍事用意，體現了《水經注》的實用性或功利性。這決定了

〔註188〕陳橋驛《水經注記載的兵要地理》，載《杭州大學學報》1980年6月第二期，第10～11頁。

〔註189〕參見梁中效《水經注所記載的三國軍事地理》，載《成都大學學報》1997年第1期，第72～75頁。

酈道元爲古籍作注時在內容方面的選擇。

同時，《水經注》於北魏成書，與酈道元所受到當時的學術風氣影響，亦頗有關係。

酈氏之作，受到了魏晉南北朝學術上的注書風氣的影響。明人鍾惺《隱秀軒文集・三注鈔序》：

> 三注鈔者，鈔裴松之《三國志注》，劉孝標《世說新語注》，酈道元《水經注》也。孔子云「述而不作」。注者，述之一端也。雖曾子之於《大學》，文王周孔之於《易》，以至《左氏》、《公》、《穀》之於《春秋》，皆注也。凡注之爲言，依於其所注者，而不能爲書。離乎其所注者而猶能爲書，蓋注者之精神，有能自立於所注者之中，而又遊乎其外者也，三注是也。夫是以可鈔也。古人以書之力爲注，而後人不能以注之力爲書。則以古人重於視其述，而後人輕於視其作也。故予鈔三注，而重有感於述作之際也。

鍾惺說明「述而不作」是中國古典文化傳承之一特點，而「注」就是「述」的一種形式，並特別指出劉宋裴松之《三國志注》，梁劉孝標《世說新語注》，北魏酈道元《水經注》三大注「有能自立於所注者之中，而又遊乎其外」，是「以（爲）書之力爲注」的注體力作。

「述而不作」源於孔子。《論語・述而篇》：「述而不作，信而好古，竊比於我老彭。」對「作」與「述」二者的區別，清人焦循在《雕菰集》卷六談得較透徹：「人未知而己先知，人未覺而己先覺，因以所先知先覺者教人，俾人皆知之覺之，而天下之知覺自我始，是爲『作』。已有知之覺之者，自我而損益之；或其意久而不明，有明之者，用以教人，而作者之意復明，是之謂『述』。」裴《注》、劉《注》、酈《注》三注正是損益原作，借原作以彰明己意的「述」體著述，它們是在「述而不作」這一學術傳統影響之下產生的。「述」的撰著態度，有嚴謹、務實、求眞、不尚空言的優點，又可以借助原典達成「立言」、「不朽」的創作價值，故爲當時學者樂於採用。「述」之內容，最初是注經，到南北朝又有注文史古籍的作品。裴《注》、劉《注》、酈《注》三注大就屬於注文史古籍一類。

劉宋裴松之《三國志注》較早出。其注以補史、考史爲主，既不同於傳統史注的切音注義，又不同於後世的評史之作，爲注史開闢了一條新路，直接開啓了北魏酈道元《水經注》和梁劉孝標《世說新語注》等同類形式的注

書。其路之新，主要體現在兩方面：一，它不囿於原著，以翔實史料對原著進行了一番增補的工作，表現了「有能自立於所注者之中，而又遊乎其外」的精神。二，在對史料進行處理時，能夠廣收博采史料，認眞鑒別考覈，合理剪裁去取，表出一種求眞、務實的作風。這些對酈道元《水經注》的撰寫都有很大的啟發和影響。

裴松之在《上三國志注表》中指出壽書「失在於略，時有所脫漏」，酈道元在《水經注序》中說：「《水經》雖粗輟津緒，又闕旁通」。裴、酈二人都不滿於所注之書的粗簡或脫漏，因而二注在廣收博采的同時，又對原作進行了許多修補改進。

裴松之在《上三國志注表》中說：「按三國雖歷年不遠，而事關漢晉，首尾所涉，出入百載。記注分錯，每多舛互。其壽所不載，事宜存錄者，則罔不畢取以補其闕。或同說一事，而辭有乖雜，或出事本異，疑不能判，並皆抄內，以備異聞。若乃紕繆顯然，言不附理，則隨違矯正，以懲其妄。其時事當否，及壽之小失，頗以愚意，有所論辨。」就是說，他把補史、考史方法分爲四個方面：補闕、備異、懲妄、論辨。《水經注》在補史、考史方法這四個方面也同樣有所注意。如卷十一《易水》「東過范陽縣南，又東過容城縣南」注：

> 北有小金臺，臺北有蘭馬臺，並悉高數丈，秀峙相對，翼臺左右，水流徑通，長廡廣宇，周旋被浦，棟堵咸淪，柱礎尚存，是其基構，可得而尋。訪諸耆舊，咸言昭王禮賓，廣延方士，至於郭隗、樂毅之徒，鄒衍、劇辛之儔，宦遊歷說之民，自遠而屆者多矣。不欲令諸侯之客，伺隟燕邦，故修建下都，館之南垂。言燕昭創之於前，子丹踵之於後，故雕牆敗館，尚傳鐫刻之石，雖無經記可憑，察其古跡，似符宿傳矣。

這是補闕之一例。小金臺、蘭馬臺是燕昭王禮賓所築，但「無經記可憑」，酈道元「訪諸耆舊」，「察其古跡」，書之於注，以廣見聞。

又如卷一《河水》「去嵩高五萬里，地之中也」注：

> 數說不同。道阻且長，經記綿褫，水陸路殊，徑復不同，淺見末聞，非所詳究，不能不聊述聞見，以誌差違也。

這是備異之一例。《水經注》之開篇，即列《崑崙記》、《禹本紀》、《山海經》、《穆天子傳》、《外國圖》諸家關於崑崙山的位置的不同說法，「以誌

差違」。

　　《水經注》還有很多地方直接指出《水經》的謬誤之處，如：

　　　　濟水又南，逕彭城縣故城東，不逕其縣北也，蓋《經》誤證。
〔註190〕

　　　　渤海有阜城縣，王莽更名吾城者，非《經》所謂阜城也。〔註191〕

　　　　濡水於此南入海，而不逕海陽縣西也，蓋《經》誤證耳。〔註192〕

　　　　甘水又於河南城西，北入洛，《經》言縣南，非也。〔註193〕

　　　　今縣故城在東，明潁水不出其北，蓋《經》誤耳。〔註194〕

　　　　高誘云：弗其，山名，在朱虛縣東。余按誘說是，乃東汶，非

　　《經》所謂入濟者也，蓋其誤證〔註195〕。

這些都是懲妄之例。

　　又如：

　　　　《經》所謂石城縣者，即宣城郡之石城縣也。牛渚在姑熟、烏

　　江兩縣界中，於石城東北減五百許里，安得逕牛渚而方屆石城也？

　　　　蓋《經》之謬誤也。〔註196〕

　　這是論辨之一例。

　　由此可見，裴《注》補史、考史工作的諸項內容和方法，也都爲酈道元
《水經注》所運用。二《注》都表現了遊乎所注原書之外的自立精神。

　　酈道元不但敢於疑《經》、非《經》、正《經》，能出精神於古作者，而且

〔註190〕《水經注》卷八《濟水》「又東過彭城縣北，獲水從西來注之」注。見陳橋驛
　　　　《水經注校釋》，杭州大學出版社，1999年版，第145頁。以下引《水經注》
　　　　各條版本同。

〔註191〕《水經注》卷十《濁漳水》「又東北過成平縣南」注。見陳橋驛《水經注校釋》，
　　　　第190頁。

〔註192〕《水經注》卷十四《濡水》「又東南過海陽縣，西南入於海」注。見陳橋驛《水
　　　　經注校釋》，第258頁。

〔註193〕《水經注》卷十六《甘水》「東北至河南縣南，北入洛」注。見陳橋驛《水經
　　　　注校釋》，第299頁。

〔註194〕《水經注》卷二十二《潁水》「又東南至新陽縣北，滮蕩渠水，從西北來注之」
　　　　注。見陳橋驛《水經注校釋》，第388頁。

〔註195〕《水經注》卷二十四《汶水》「又西南過無鹽縣南，又西南過壽張縣北，又西
　　　　南至安民亭，入於濟」注。見陳橋驛《水經注校釋》，第441頁。

〔註196〕《水經注》卷二十九《沔水》「又東過牛渚縣南，又東至石城縣」注。見陳橋
　　　　驛《水經注校釋》，第512頁。

對原書以外的文獻中的謬誤也能明辨其非。正如明人李長庚《水經注箋序》所云:「今箋注一出,而變者可定,缺者可信,博者可該,疑者可證,是《經》之功不在《禹》下,而箋注之功,亦不在欽下矣。」如卷六《汾水》「又南,過平陶縣東,文水從西來流注之」注:

> 王肅《喪服要記》曰:昔魯哀公祖載其父。孔子問曰:寧設桂樹乎?哀公曰:不也。桂樹者,起於介子推。子推,晉之人也。文公有內難,出國之狄,子推隨其行,割肉以續軍糧。後文公復國,忽忘子推。子推奉唱而歌,文公始悟,當受爵祿。子推奔介山,抱木而燒死。國人葬之,恐其神魂捐於地,故作桂樹焉。吾父生於宮殿,死於枕席,何用桂樹爲?余按夫子尚非璵璠送葬,安能問桂樹爲禮乎?王肅此證,近於誣矣。

王肅《喪服要記》記孔子建議魯哀公葬父用桂樹之禮事,酈道元對此表示質疑並責之「近於誣」。

再如卷四《河水》「又南過蒲坂縣西」注:

> 西逕歷山下,上有舜廟。周處《風土記》曰:舊說,舜葬上虞。又記云:耕於歷山,而始寧、剡二縣界上,舜所耕田於山下,多柞樹,吳越之間名柞爲櫪,故曰歷山。余案:周處此《志》爲不近情,傳疑則可,證實非矣。安可假木異名,附山殊稱,強引大舜,即比寧壤。更爲失志記之本體,差實錄之常經矣。

對周處《風土記》所記歷山之得名一說,酈道元提出論辨,指出其爲「不近情」的牽強附會之說。

《水經注原序》:「綿古芒昧,華戎代襲,郭邑空傾,川流戕改,殊名異目,世乃不同,川渠隱顯,書圖自貿。」酈道元認爲,從遠古到當時,地理風貌已發生了很大變化,前人的地理著作必須經過考證辨析,才能給予人們眞正的知識,爲人所用。而這些,先於《水經注》的裴松之《三國志注》已經爲其作出了榜樣,換言之,酈道元《水經注》此點正是對裴《注》求眞、務實的創作精神的繼承。

在對史料進行處理方面,裴《注》也同樣給予酈道元《水經注》很大的影響。裴松之注《三國志》,「奉尋旨詳,務在周悉,上搜舊聞,旁摭遺逸」,做了大量收集、鑒別、剪裁工作。前後引用書目達 220 種之多〔註 197〕,注

〔註 197〕據清末沈家本《三國志注所引書目》。

文接近本文字數〔註 198〕。酈道元「博極群書，識周天壤」〔註 199〕，在《水經注》中更加「布廣前文」。據陳橋驛統計，《水經注》中引錄六朝及以前文獻多達 479 種，注文超過本文字數二十倍。裴《注》在辨明和印證史事時，注文往往引多種史料，如原文「高貴鄉公卒」一句，注文連用六家史料，多達六百餘字。《水經注》更進一步，如《河水》「屈從其東南流，入於渤海」一句，注文總用二十餘家文獻，足有五千字。裴《注》注意錄用所見所聞的活史料，如在《吳書・孫權傳注》中說：「松之聞，孫怡者，東州人，非權之宗也。」在《魏書・三少帝紀注》中說：「臣松之昔從征西至洛陽，歷觀舊物，見《典論》石在太學者尚存，而廟門外無之。問諸長老，云晉初受禪，即用魏廟，移此石於太學，非兩處立也。」酈道元更是反對「默室求深，閉舟問遠」，因而每每「訪瀆搜渠」，「自獻徑見之心，備陳輿徒之說」〔註 200〕，《水經注》中多記有酈道元因做地方官之便而「親所登陟」之處或「訪諸耆老」之語。

　　由上面對裴《注》和酈《注》所進行的比較，可以明顯看出裴《注》等前代注書在學術精神和注書方法、體例等方面給予酈道元《水經注》的啟發和影響。

　　綜上所述，正是北魏王朝在經濟和軍事上的現實需要，引導了酈道元撰著《水經注》時對內容的選擇；而在《水經注》之前後同時的注書風氣，影響了酈道元選擇了注體的創作形式；裴《注》等補史、考史注書的學術精神和方法，更直接開啟了了酈道元「撰證本經」、「備忘誤之私」〔註 201〕的注書之道。

〔註 198〕據崔曙庭《〈三國志〉本文確實多於裴注》一文統計，《三國志》注文字數 32　　　　萬，本文字數 36 萬。載於《華中師大學報》1990 年第二期。
〔註 199〕清劉獻廷《廣陽雜記》語。
〔註 200〕《水經注原序》。
〔註 201〕《水經注原序》。

第二章 《水經注》所引文學性地記、史傳考

　　有的學者認為：「《水經注》中引用了大量南朝人的地理著作，例如《吳地記》、《錢塘記》、《會稽記》、《東陽記》、《南康記》、《豫章記》、《廬山記》、《潯陽記》、《襄陽記》、《宜都記》、《荊州記》、《湘川記》、《湘中記》等等。酈氏終生未能親歷南方，《水經注》對南方水系的敘述大多經抄綴、提煉上列著作而成。所以《水經濟》對山川景物的描寫其實不盡是酈氏一人的功勞，而應該被看作是兩晉南北朝時期南北作家的共同創作。」〔註1〕這個說法是有一定道理的。受地域關係、時代關係以及注書體制等因素的限制和影響，《水經注》徵引了大量的前代文獻。據今人陳橋驛統計，《水經注》列名引用的文獻，有四百八十種之多〔註2〕，實際這個統計恐怕還不夠〔註3〕。其所引文獻內容包羅廣泛，舉凡地記、詩賦、正史雜史、神仙、傳記、書信、諸子、論說、博物、讖緯、譜牒、字書、圖譜等等，《水經注》無不掇採。這樣，使得《水經注》一半以上的內容都是引文。

　　使《水經注》文采斐然的主要是其中的是山水描寫和故事記述，而這主要得益於《水經注》對前代地記和雜史傳記的引用和借鑒。因此，本章對《水

〔註1〕 見莫礪鋒《南朝山水文初探》，載《中國文學研究》，第1期，第37頁。又《湘川記》應作《湘中記》，晉羅含撰。《通志》作《湘川記》，誤。《續漢書‧郡國志》注、《藝文類聚》山部、《初學記》地部，《太平御覽》地部並引作《湘中記》。宋《崇文總目》、陳振孫《直齋書錄解題》，元馬端臨《文獻通考》均作《湘中山水記》，殆其全名。

〔註2〕 見陳橋驛《酈道元評傳》，南京大學出版社，1994年4月版，第111頁。

〔註3〕 筆者又檢得陳橋驛《水經注‧文獻錄》失錄文獻11種，詳見後文。

經注》所引用的重要地記和故事性較強的雜史傳記進行考證。《水經注》之於文學最大的貢獻是其山水景物的描寫，故本章的重點放在對《水經注》的景物描寫有重大影響的古代地記的考證上。

　　本章所說的古代地記，係指成書於《水經注》之前的古代地理著作。清沈欽韓《水經注疏證序》：「地理之學，自晉裴秀、摯虞擘畫益詳。齊陸澄合《山海經》已來一百六十家爲《地理書》；梁任昉又增八十四家爲《地記》。」〔註4〕地記亦即地理書，名異實同。

第一節　《水經注》暗引古代地記文獻考

　　除了《水經注》標明出處的段落外〔註5〕，《水經注》中許多景物描寫也是本於諸地記而爲文。如《水經注》卷八《濟水注》多引郭緣生《述征記》，卷十八和卷十九《渭水注》多引漢代《辛氏三秦記》，卷二十八《沔水注》、卷三十一《淯水注》、卷三十二《沮水注》《漻水注》《夏水注》《沮水注》《涀水注》等多引劉宋盛弘之《荊州記》，卷三十三、卷三十四、卷三十五《江水注》多引東晉袁山松《宜都記》和盛弘之《荊州記》，卷三十六《溫水注》多引《林邑記》，卷三十八《湘水注》多引東晉初羅含《湘中記》、《溱水注》多引劉宋王韶之《始興記》，卷三十九《贛水注》多引劉宋雷次宗《豫章記》，卷四十《漸江水注》多引劉宋劉道眞《錢唐記》、劉宋孔靈符《會稽記》和劉宋鄭緝之《東陽記》等等。其中有很多地方都是暗引〔註6〕這些地記的原文，或基本上是抄錄上述地記的原文而略加變化。

　　清末酈學家楊守敬及其弟子熊會貞的《水經注疏》，除了版本校勘外，在《注》文的出處、源流方面也很留意。但《水經注疏》所標出的《注》文的出處、源流，夾於《注》文之間，是分散的，不成系統的。而且有的還非常簡略，僅標其文見於某某文獻之某卷而不及原文。所以，本節選取《水經注》中所引用的十種文學性較強的地記文獻進行歸類，說明《水經注》暗引這些

〔註4〕《隋書》卷三十三《經籍志二》史部地理類：「《地理書》一百四十九卷錄一卷。陸澄合《山海經》已來一百六十家，以爲此書。澄本之外，其舊事並多零失。見存別部自行者，唯四十二家，今列之於上。」又云：「《地記》二百五十二卷梁任昉增陸澄之書八十四家，以爲此記。其所增舊書，亦多零失。見存別部行者，唯十二家，今列之於上。」
〔註5〕參見附錄二：本書所列文學性文獻在《水經注》中的引用情況。
〔註6〕暗引，係指本於前代文獻爲文而未標明出處的內容。

文獻的情況。本節在《水經注疏》的基礎上增加相關材料，具體列出文獻原文，置於《注》文之下，以利於比較對照。從《水經注》暗引這些文獻的內容和頻率，也可以看出《水經注》在山水景物描寫等方面對這些文獻的借鑒和吸收。

一、漢末辛氏《三秦記》

「酈氏運用古籍，不必盡出書名也。」〔註7〕《水經注》中，有引《三秦記》而略去出處者五條。

1. 太白山在武功縣南，去長安二百里，不知其高幾何。俗云：「武功太白，去天三百。」山下軍行不得鼓角，鼓角則疾風雨至。〔註8〕

按，此辛氏《三秦記》文，引見《太平御覽》卷四十《地部五》，「去天三百」作「去天三百尺」，「鼓角則疾風雨至」作「鳴鼓角，則疾風暴雨兼至也」。又《太平寰宇記》卷三十《關西道六・諷翔府》及《長安志》並引《三秦記》此條。

2. （蕭）何斬龍首山而營之（指未央宮）。山長六十餘里，頭臨渭水，尾達樊川，頭高二十丈。尾漸下，高五六丈。土色赤而堅。云昔有黑龍從南山出，飲渭水，其行道因山成跡。〔註9〕

按，此辛氏《三秦記》文，引見《藝文類聚》卷九十六《鱗介部上・龍》，惟無「色赤而堅」句。《初學記》卷六《地部中》引略同，比《藝文類聚》又少「尾漸下，高五六丈」一句。《後漢書・郡國志・京兆尹》注引《三秦記》：「長安，地皆黑壤，城中今赤如火，堅如石。父老所傳，盡鑿龍首山爲城。」《太平御覽》卷九百三十《鱗介部二・龍下》引作「土赤不毛」，異。《太平御覽》卷四十四《龍首山》引最詳，見本章第二節。

3. 秦名天子冢曰山，漢曰陵，通曰山陵矣。〔註10〕

按，此乃《水經注》本辛氏《三秦記》爲文。《文選》卷十《潘安仁〈西

〔註7〕　〔民國〕楊守敬、熊會貞《水經注疏》卷十八《渭水中》「又東過武功縣北」注疏熊會貞按語，江蘇古籍出版社，1989版第1525頁。以下版本同。

〔註8〕　《水經注》卷十八《渭水中》「又東過武功縣北」注。《水經注疏》第1525頁。

〔註9〕　《水經注》卷十九《渭水下》「又東過長安縣北」注。《水經注疏》第1595頁。

〔註10〕　《水經注》卷十九《渭水下》「又東過霸陵縣北，霸水從縣西北流注之」注。《水經注疏》第1625頁。

徵賦〉》「造長山而慷慨，偉龍顏之英主」句注引《三秦記》：「秦名天子冢曰長山，漢曰陵，故通名山陵。」《故唐律疏義》卷七《衛禁》（第十八條）引《三秦記》云：「秦謂天子墳雲山，漢云陵亦通言山陵。」詞亦稍異。《太平寰宇記》卷二十七《興平縣》引有《三秦記》此條。

4. 牧人尋羊燒之（指秦皇陵），火延九十日，不能滅。〔註11〕

按，此乃《水經注》本辛氏《三秦記》爲文。宋人宋敏求《長安志》引此作「火延千日」，誤。《太平御覽》卷八百七十一《火部四》引《三秦記》曰：「牧羊豎失火燒之，三月煙不絕。」「三月」，乃九十日之切證。

5. 漢水又東南徑瞿堆西，又屈徑瞿堆南，絕壁峭峙，孤險雲高，望之形若覆唾壺。高二十餘里，羊腸蟠道三十六回，《開山圖》謂之仇夷，所謂「積石嵯峨，嶔岑隱阿」者也。上有平田百頃，煮土成鹽，因以百頃為號。山上豐水泉，所謂「清泉湧沸，潤氣上流」者也。〔註12〕

按，此條是本《三秦記》爲文。《後漢書‧郡國志‧西南夷》注引《三秦記》：「仇池山在倉、洛二谷之間，常爲水所沖激，故下石而上土，形似覆壺。」《資治通鑑》晉元康六年胡三省注引同。另，《初學記》卷八《州郡部‧隴右道》引《三秦記》曰：「仇池山號百頃。上有百頃池，壁立百仞，一人守道，萬夫莫向。」《太平御覽》卷四十四《地部九》引較詳：「《辛氏三秦記》云：仇池山，上有百頃地，平如砥。其南北有山路，東西絕壁百仞，上有數萬家，一人守道，萬夫莫向。山勢自然有樓櫓卻敵之狀，東西二門盤道可七百里，上有岡阜泉源。《史記》謂秦得百二之固也。」又，《太平寰宇記》卷一百五十《栗亭縣》引《三秦記》：「仇池山上有百頃地，平如砥。」楊守敬《水經注疏》認爲「積石嵯峨，嵌岑隱阿」與下文「清泉湧沸」云云，皆當是《仇池山賦》中語。

二、東晉袁山松《宜都記》

袁行霈主編《中國文學史》第三編第八章說：「從著述源流看，晉宋地志

〔註11〕《水經注》卷十九「又東過霸陵縣北，霸水從縣西北流注之」注。《水經注疏》第1632頁。
〔註12〕《水經注》卷二十《漾水》「出隴西氐道縣嶓冢山，東至武都沮縣爲漢水」注。〔民國〕楊守敬、熊會貞《水經注疏》，江蘇古籍出版社，1989版第1694～1695頁。以下版本同。

中的山水描寫與語言風格是《水經注》的先導。東晉袁山松的《宜都山川記》，被酈氏引用達八次之多。」這大概是根據王謨的說法而來：「江水東過姊歸縣南，至東南過夷道縣北，皆宜都郡治中。引《宜都記》者三，袁山松者五。」〔註13〕但這恐怕還非確數。據筆者統計，《水經注》共有十二次引用了《宜都記》的內容，其中引《宜都記》者四，引袁山松者八，若再加上引袁山松《宜都記》內容而未注明出處者九處，總共二十一條。

以下九條則爲《水經注》中暗引袁山松《宜都記》而未注明出處的：

1. 江水又東徑黃牛山下，有灘名曰黃牛灘。南岸重嶺叠起，最外高崖間有石，色如人負刀牽牛，人黑牛黃，成就分明，既人跡所絕，莫得究焉。此岩既高，加以江湍紆回，雖途徑信宿，猶望見此物，故行者謠曰：「朝發黃牛，暮宿黃牛，三朝三暮，黃牛如故。」言水路紆深，回望如一矣。〔註14〕

按，《藝文類聚》卷九十四《獸部中》：「袁山松《宜都山川記》曰：自峽口溯江百許里，至黃牛灘，南岸有重山，山頂有石壁，上有人負刀牽黃牛，人跡所絕，莫得究焉。」

2. 江水歷峽，東徑宜昌縣之插竈下，江之左岸，絕岸壁立數百丈，飛鳥所不能棲，有一火爐，插在崖間，望見可長數尺。父老傳言，昔洪水之時，人薄舟崖側，以餘爐插之岩側，至今猶存，故先後相承，謂之插竈也。〔註15〕

按，《太平御覽》卷一百八十六《居處部十四·竈》：「《宜都縣記》曰：宜都山絕崖壁立數百丈，有一火爐插在崖間，望可長數尺。傳云堯洪水，人泊船此旁，爨餘留之，故曰插竈崖。」

3. 夷水又東，與溫泉三水合。大溪南北夾岸，有溫泉對注，夏暖冬熱，上常有霧氣，瘍痍百病，浴者多愈。父老傳，此泉先出鹽，於今水有鹽氣，夷水有鹽水之名，此亦其一也。〔註16〕

按，《初學記》卷七《地部下》：「袁山松《宜都山川記》曰：佷山縣有溫

〔註13〕參見《宜都山川記敍錄》，王謨《漢唐地理書鈔》，第354頁。
〔註14〕《水經注》卷三十四《江水》「又東過夷陵縣南」注。《水經注疏》第2843～2844頁。
〔註15〕《水經注》卷三十四《江水》「又東過夷陵縣南」注。《水經注疏》第2842頁。
〔註16〕《水經注》卷三十七《夷水》「東南過佷山縣南」注。《水經注疏》第3057頁。

泉，注大溪。夏才暖，冬則大熱，上常有霧氣。百病久疾，入此水多愈。」

4. 夷水又東徑佷山縣故城南，縣即山名也……南對長楊溪。溪水西南潛穴，穴在射堂村東六七里。谷中有石穴，清泉潰流三十許步，復入穴，即長楊之源也。〔註17〕

按，《北堂書鈔》卷一百五十八《穴》引《宜都記》：「佷山縣南岸有溪，名長陽。此溪數里，上重山嶺回曲，有射堂村。村東六七里，各中有石穴。清泉流三十許步，便入穴中，即長陽溪源也。」

5. 水中有神魚，大者二尺，小者一尺，居民釣魚，先陳所須多少，拜而請之，拜訖投鉤餌。得魚過數者，水輒波湧，暴風卒起，樹木摧折。水側生異花，路人欲摘者，皆當先請，不得輒取。〔註19〕

按，《太平御覽》卷四十九《地部十四·西楚南越諸山》引《宜都記》曰：「佷山，山谷之內有石穴，穴出清泉，水有神魚，大者二尺，小者一尺，釣者先請多少，拜而請之，數滿便止。水側有異花，欲摘如魚請。又有異木，名千歲，葉似棗，冬夏常青。復有蒼范溪相近。」

6. （水源東北之風井，山回曲，有異勢，穴口大如盆）往人有冬過者，置笠穴中，風吸之。經月，還步楊溪，得其笠，則知潛通矣。其水重源顯發，北流注於夷水。此水清泠，甚於大溪，縱暑伏之辰，尚無能澡其津流也。〔註19〕

按，《太平御覽》卷四十九《地部十四·西楚南越諸山》引《宜都記》曰：「宜陽山有風井，穴大如甕，夏出冬入。有樵人置笠穴口，風吸之，後於長楊溪口得笠，則知潛通也。」《太平御覽》卷九《天部九·風》引盛弘之《荊州記》曰：「宜都佷山縣山有風穴，張口大數尺，名曰風井。夏則風出，冬則風入。風出之時，吹拂左右，常淨如掃。暑月經之，凜然有衣裘想。《宜都山記》曰袁山松以六月至此穴，便思衣裘。」

7. 縣北十餘里，有神穴。平居無水，時有渴者，誠啟請乞，輒得水。或

〔註17〕 《水經注》卷三十七《夷水》「東南過佷山縣南」注。〔民國〕楊守敬、熊會貞《水經注疏》，江蘇古籍出版社，1989版第3058頁。以下版本同。
〔註19〕 《水經注》卷三十七《夷水》「東南過佷山縣南」注。《水經注疏》，第3058～3059頁。
〔註19〕 《水經注》卷三十七《夷水》「東南過佷山縣南」注。《水經注疏》，第3059～3060頁。

戲求者，水終不出。〔註20〕

按，《太平御覽》卷五十四《地部十九‧穴》引《宜都記》曰：「很山縣有文石穴，平居無水，有渴者至，請乞輒得水；戲乞則不得。」

8. 縣東十許里至平樂村，又有石穴，出清泉。中有潛龍，每至大旱，平樂左近村居，輦草穢著穴中，龍怒，須臾水出，蕩其草穢，傍側之田皆得澆灌。〔註21〕

按，《太平御覽》卷七十《地部三十五‧淵》引《宜都山川記》曰：「鄉下村有淵，淵有神龍，每旱，百姓輒以輦草投淵上流，魚死龍怒，應時天雨。」

9. 夷水又徑宜都北，東入大江，有涇渭之比，亦謂之很山北溪。水所經皆石山，略無土岸，其水虛映，俯視遊魚，如乘空也。〔註22〕

按，《太平御覽》卷六十《地部二十五‧江》引《宜都記》曰：「大江清濁分流，其水十丈見底，視魚游如乘空，淺處多五色石。」《水經注》卷二十二《洧水注》：「綠水平潭，清潔澄深，俯視遊魚，類若乘空矣，所謂淵無潛鱗也。」以「乘空」狀水之清澈，也顯然是受到了《宜都記》的啓發。

三、南朝宋盛弘之《荊州記》

但《水經注》中《水經注》暗引盛弘之《荊州記》不注其出處者則最多，今輯而統之，凡達六七十節。茲列如下：

1. 漢臨江王榮冢。景帝以罪征之，將行，祖於江陵北門，車軸折。父老泣曰：「吾王不反矣！」榮至，中尉郅都急切責王。王年少，恐而自殺，葬於是川。有燕數萬，銜土置冢上，百姓矜之。〔註23〕

按，《世說新語》卷一《言語》注引盛弘之《荊州記》：「荊州城臨漢江，臨江王所治。王被徵，出城北門而車軸折。父老泣曰：『吾王去，不還矣！』從此不開北門。」又，《北堂書鈔》卷一百三十九《車部》引盛弘之《荊州

〔註20〕 《水經注》卷三十七《夷水》「東南過很山縣南」注。《水經注疏》，第 3060 頁。

〔註21〕 《水經注》卷三十七《夷水》「東南過很山縣南」注。《水經注疏》，第 3060 頁。

〔註22〕 《水經注》卷三十七《夷水》「東入於江」注。〔民國〕楊守敬、熊會貞《水經注疏》，江蘇古籍出版社，1989 版第 3063 頁。以下版本同。

〔註23〕 《水經注》卷十九《渭水》「又東過霸陵縣北，霸水從縣西北流注之」注。《水經注疏》，第 1606 頁。

記》同。

2. 沔水又東，得溢口。其水承大溢、馬骨諸湖，水周三四百里。及其夏水來同，渺若滄海，洪潭巨浪，縈連江沔。故郭景純《江賦》云「其旁則有朱溢丹漅」是也。〔註24〕

按，《初學記》卷七《地部下》引盛弘之《荊州記》曰：「雲杜縣左右有大溢、馬骨等湖，夏水來則渺瀁若海，及冬涸則平林曠澤，四眺煙日。」

3. 縣有太山，山下有廟，漢末名士居其中。刺史二千石、卿長數十人，朱軒畢蓋，同會於廟下。荊州刺史行部見之，雅歎其盛，號為冠蓋里，而刻石銘之。〔註25〕

按，《太平御覽》卷一百六十八《州郡部十四·山南道下》引盛弘之《荊州記》曰：「襄陽郡硯首山南至宜城百餘里，其間雕牆峻宇，閭閻塡列。漢宣帝末，其中有卿士、刺史、二千石數十家，珠軒駢輝，華蓋連延，掩映於大太廟下。荊州刺史行部見之，雅歎其盛，敕號太上廟，道為冠蓋里。」又引見《太平御覽》卷一百五十七《州郡部三·叙縣》微有詳略異同。

4. 城北枕沔水，水中常苦蛟害。襄陽太守鄧遐，負其氣果，拔劍入水，蛟繞其足，遐揮劍斬蛟，流血丹水，自後患除，無復蛟難矣。〔註26〕

按，鄧遐，《晉書》附於其父《鄧嶽傳》，叙斬蛟事，較此為略〔註27〕，此本盛弘之《荊州記》，引見《初學記》卷七《地部下》：「《荊州記》曰：沔水隈潭極深，先有蛟為害。鄧遐為襄陽太守，拔劍入水。蛟繞其足，遐自揮劍，截蛟數段，流血丹水，勇冠當時。於後遂無蛟患。」《太平御覽》卷六十二《地部二十七·沔》引盛弘之《荊州記》，同。《太平御覽》卷四百三十七《人事部七十八·勇五》、《太平御覽》卷九百三十《鱗介部二·龍下·蛟》

〔註24〕《水經注》卷二十八《沔水中》「又東過荊城東」注。《水經注疏》，第 2412～2413 頁。

〔註25〕《水經注》卷二十八《沔水中》「又南過宜城縣東，夷水出自房陵縣，東流注之」注。《水經注疏》，第 2398 頁。

〔註26〕《水經注》卷二十八《沔水中》「又東過襄陽縣北」注。《水經注疏》，第 2373 頁。

〔註27〕《晉書》卷八十一《鄧嶽傳附子遐傳》：「遐字應遠。勇力絕人，氣蓋當時，時人方之樊噲。桓溫以為參軍，數從溫征伐，歷冠軍將軍，數郡太守，號為名將。襄陽城北沔水中有蛟，常為人害，遐遂拔劍入水，蛟繞其足，遐揮劍截蛟數段而出。枋頭之役，溫既懷恥忿，且忌憚遐之勇果，因免遐官，尋卒。寧康中，追贈廬陵太守。」《晉書》，中華書局，1974 年版，第 2132 頁。

及《太平寰宇記・襄陽縣北》引略同。

> 5. 沔水又徑平魯城南。城，魯宗之所築也，故城得厥名矣。東對樊城，樊仲山甫所封也……城西南有曹仁《記水碑》杜元凱重刊其後，書伐吳之事也。〔註28〕

按，《北堂書鈔》卷一百二《碑》引盛弘之《荊州記》：「平魯城南有有曹仁《記平魯城碑》，杜元凱因其伐吳，書於碑上。」

> 6. 沔水又東徑隆中，歷孔明舊宅北。亮語劉禪云：「先帝三顧臣於草廬之中，咨臣以當世之事」，即此宅也。車騎沛國劉季和之鎮襄陽也，與犍為人李安共觀此宅，命安作宅銘云：天子命我於沔之陽，聽鼓鼙而永思，庶先哲之遺光。後六十餘年，永平之五年，習鑿齒又為其宅銘焉。〔註29〕

按，《太平御覽》卷一百八十《居處部八・宅》引盛弘之《荊州記》曰「襄陽西北十許里，名為隆中，有諸葛孔明宅。」《太平御覽》卷一百七十七《居處部五・臺上》：「《南雍州記》曰：隆中，諸葛亮故宅，有舊井一，今涸，無水。盛弘之《記》云：宅西有三間屋，基跡極高，云是孔明避水臺。先有人姓董居之，滅門後無復敢有住者。齊建武中，有人修井，得一石枕，高一尺二寸，長九寸，獻晉安王。習鑿齒又為宅銘。今宅院見在。」

> 7. 堵水之旁有別溪，岸側土色鮮黃。〔註30〕

按，《太平御覽》卷三十七《地部二・地下・土》：「盛弘之《荊州記》曰：武當縣有一溪，岸土色鮮黃，乃可啖。」是酈所本。

> 8. 沔水北岸數里，有大石激，名曰五女激。或言：女父為人所害，居固城，五女思復父怨，故立激以攻城。城北今淪於水。亦云：有人葬沔北，墓宅將為水毀，其人五女無男，皆悉巨富，共修此激以全墳宅。然激作甚工。〔註31〕

〔註28〕《水經注》卷二十八《沔水中》「又東過襄陽縣北」注。〔民國〕楊守敬、熊會貞《水經注疏》，江蘇古籍出版社，1989 版第 2376 頁。以下版本同。

〔註29〕《水經注》卷二十八《沔水中》「又東過山都縣東北」注。《水經注疏》，第 2366 ～2367 頁。

〔註30〕《水經注》卷二十八《沔水中》「又東過堵陽縣，堵水出自上粉縣，北流注之」注。《水經注疏》，第 2347 頁。

〔註31〕《水經注》卷二十八《沔水中》「又東過山都縣東北」注。《水經注疏》，第 2364

　　按，《酉陽雜俎》續集卷四《貶誤》引盛弘之《荊州記》曰：「固城臨洱水，之北岸有五女墩。西漢時，有人葬洱，墓將爲水所壞。其人有五女，共創此墩，以防其墓。」「墩」應爲「激」之誤。又見引《太平廣記》卷三百八十九。

9. 築陽縣水中有孤石挺出，其下澄潭，時有見此石根如竹根，而黃色，見者多凶，相與號為承受石，所未詳也。〔註32〕

　　按，《太平御覽》卷五十二《地部十七・石下》引盛弘之《荊州記》曰：「築陽粉水口有一石，下不測，出地尺餘，圍可三尺，色極青。其上如斫，明可以鑒人，相傳以爲殞星。縣西有孤石挺出，其下臨潭。曠有見根者，如竹根。」

10. 魏文帝合房陵、上庸西城立以為新城郡，以孟達為太守，治房陵。〔註33〕

11. （房陵）有白馬山，山石似馬，望之逼真側水，謂之白馬塞。孟達為守登之而歎曰：劉封、申耽據金城千里，而更失之乎？為《上堵吟》，音韻哀切，有惻人心。今水次尚歌之。〔註34〕

　　按，上二節，《太平御覽》卷四十三《地部八・商洛襄鄧淮蔡諸山》引盛弘之《荊州記》曰：「孟達爲新城太守，登白馬塞山而歎曰：「劉封、申耽據金城千里而不能守，豈丈夫也？」爲上渚吟，方士今猶傳此，聲韻憤激，其哀思之音乎！遊者云重山疊嶂，事亦信然也。」《太平御覽》卷一百六十八《州郡部十四・山南道下》：「盛弘之《荊州記》曰：竹山縣有白馬塞。孟達爲新城太守，登白馬而歎曰：劉封、申耽據金城千里而不能守，豈丈夫哉！」《太平御覽》卷三百九十二《人事部三十三・吟》：「盛弘之《荊州記》曰：新城郡灙水，別有一溪，其傍有白馬塞。孟達登之歎曰：「金城千里！」遂爲《上灙吟》。彼方人猶傳此。聲韻淒激，其哀思之音乎。」

～2365 頁。

〔註32〕 《水經注》卷二十八《沔水中》「又南過築陽縣東，築水出自房陵縣，東過其縣，南流注之」注。《水經注疏》，第 2362 頁。

〔註33〕 《水經注》卷二十八《沔水中》「又東過堵陽縣，堵水出自上粉縣，北流注之」注。〔民國〕楊守敬、熊會貞《水經注疏》，江蘇古籍出版社，1989 版第 2346 頁。以下版本同。

〔註34〕 《水經注》卷二十八《沔水中》「又東過堵陽縣，堵水出自上粉縣，北流注之」注。《水經注疏》，第 2347 頁。

12. 湍水又徑冠軍縣故城東。縣本穰縣之盧陽鄉，宛之臨駣聚。漢武帝以
　　霍去病功冠諸軍，故立冠軍縣以封之。水西有漢太尉長史邑人張敏
　　碑。碑之西有魏徵南軍司張詹墓。墓有碑，碑背刊云：「白楸之棺，
　　易朽之裳；銅鐵不入，丹器不藏。嗟矣後人，幸勿我傷。」自後古墳
　　舊冢莫不夷毀，而是墓至元嘉初尚不見發。六年大水，蠻饑始被發掘。
　　說者言，初開，金銀銅錫之器、朱漆雕刻之飾爛然，有二朱漆棺，棺
　　前垂竹簾，隱以金釘。墓不甚高而內極寬大。虛設白楸之言，空負黃
　　金之實，雖意錮南山，寧同壽乎？〔註35〕

　　按，《藝文類聚》卷四十《禮部下》引盛弘之《荊州記》曰：「冠軍縣東，
有魏征南軍司張詹墓，刻其碑背曰：白楸之棺，易朽之裳，銅鐵不入，瓦器
不藏，嗟矣後人，幸勿我傷，至元嘉六年，民饑，始被發，金銀朱漆之器，
雕刻爛然。」《太平御覽》卷五百五十一《禮儀部三十‧棺》：「盛弘之《荊
州記》曰：冠軍縣東一里有張詹墓，魏太和時人也。刻碑背曰：「白楸之棺，
易朽之裳。銅錢不入，瓦器不藏。嗟爾後人，幸勿我傷。」自胡石之亂，墳
墓莫不夷毀。此墓元嘉初猶儼然，六年大水，民饑，始被發。初開，金銀錫
銅之器爛然畢備。有二朱漆棺，棺前垂竹薄簾，金釘釘之。」《太平御覽》
卷七百六十七《雜物部二‧釘》、《太平御覽》卷五百八十九《文部五‧碑》
引略同。

13. 粉水導源東流，徑上粉縣。取此水以漬粉，則皓耀鮮潔，有異眾流，
　　故縣水皆取名焉。……（江州）縣下又有清水穴，巴人以此水為粉，
　　則皓曜鮮芳，貢粉京師，因名粉水。故世謂之為江州墮林粉，粉水亦
　　謂之為粒水矣。〔註36〕

　　按，《初學記》卷六《地部中》引盛弘之《荊州記》曰：「築陽縣西有粉
水，源出房陵縣。取其水爲粉，鮮潔異於錦水，故因名粉水。巴郡臨江縣亦
有此水，取以爲粉，舊常獻之。」《太平御覽》卷五十九引同。

14. 均水發源弘農郡之盧氏縣熊耳山，山南即修陽、葛陽二縣界也。雙峰
　　齊秀，望若熊耳，因以為名。齊桓公召陵之會，西望熊耳，即此山也。

〔註35〕　《水經注》卷二十九《湍水》「出酈縣北芬山，南流過其縣東，又南過冠軍縣
　　　　　東」注。《水經注疏》，第 2465～2466 頁。
〔註36〕　《水經注》卷三十三《江水一》「又東北至巴郡江州縣東，強水、涪水、漢水、
　　　　　白水、宕渠水合，南流注之」注。《水經注疏》，第 2795 頁。

太史公司馬遷皆嘗登之。〔註37〕

按，《史記》卷二十八《封禪書第六》司馬貞《索隱》：「荊州記耒陽、益陽二縣東北有熊耳，東西各一峰，狀如熊耳，因以爲名。齊桓公並登之。」但未言此爲何本《荊州記》。今考《太平御覽》卷四十二《地部七‧河南宋鄭齊魯諸山》：「盛弘之《荊州記》曰：南鄭修縣北，有熊耳山，山東西各一峰傍竦，南北望之若熊耳。山多漆，下多棕，浮豪之水出焉，西流注於洛。又按《仙書》謂此山上有青丹之樹，得而服之成仙。」知是弘之說。

15. 宛縣有紫山，山東有一水，東西十五里，南北二百步，湛然沖滿，無所通會，冬夏常溫，世亦謂之湯谷也。〔註38〕

按，《文選》卷四《南都賦》「湯谷湧其後，淯水蕩其胸」句李善注引盛弘之《荊州記》曰「南陽郡城北有紫山，紫山東有一水，無所會通，冬夏常溫，因名湯谷。」《文選》卷十三謝惠連《雪賦》「焦溪涸，湯谷凝」句李善注同。

16. 淯水又南，梅溪水注之。水出縣北紫山，南逕百奚故宅……又謂之汝溪，南流而左注淯水。〔註39〕

按，《藝文類聚》卷六十四《居處部四》引盛弘之《荊州記》曰：「新野郡西七里，有梅溪，源出紫山，南流注淯，故老傳溪西有百里奚宅。」《太平御覽》卷一百八十《居處部八‧宅》引同。

17. 城側有范蠡祠。蠡，宛人，祠即故宅也。後漢末有范曾，字子閔，為大將軍司馬，討黃巾賊至此祠，為蠡立碑，文勒可尋。夏侯湛之為南陽，又為立廟焉。〔註40〕

按，《史記》卷四十一《越王句踐世家》唐張守節《正義》引盛弘之荊州記云：「荊州華容縣西有陶朱公冢，樹碑云是越范蠡。」《登樓賦》李注引盛

〔註37〕《水經注》卷二十九《均水》「出析縣北山，南流過其縣之東」注。〔民國〕楊守敬、熊會貞《水經注疏》，江蘇古籍出版社，1989版第2471頁。以下版本同。

〔註38〕《水經注》卷三十一《滍水》「出南陽魯陽縣西之堯山」注。《水經注疏》，第2582頁。

〔註39〕《水經注》卷三十一《淯水》「出弘農盧氏縣攻離山，東南過南陽西鄂縣西北，又東過宛縣南」注。《水經注疏》，第2606頁。

〔註40〕《水經注》卷三十一《淯水》「出弘農盧氏縣攻離山，東南過南陽西鄂縣西北，又東過宛縣南」注。《水經注疏》，第2608頁。

弘之《荊州記》同。《太平御覽》卷一百八十《居處部八・宅》引盛弘之《荊州記》：「新野郡南有越相范蠡祠，蠡宅三戶，人傳云祠處即是宅。」爲酈所本。

18. 南陽城南九十里有晉尚書令樂廣故宅。……其故居今置戍，因以為名。〔註41〕

　　按，《太平御覽》卷一百八十《居處部八・宅》引盛弘之《荊州記》：「襄陽范蠡祠南，有晉河南尹樂廣宅。周回十餘畝，曩舊井猶未頹。檀道濟置邏其中，即名爲樂宅。」

19. 水側有斷蛇丘，隋侯出而見大蛇中斷，因舉而藥之，故謂之斷蛇丘。後蛇銜明珠報德，世謂之隋侯珠，亦曰靈蛇珠。〔註42〕

　　按，《太平御覽》卷四百七十九《人事部百二十・報恩》引盛弘之《荊州記》曰：「隨侯曾得大蛇，不殺而遣之。蛇後御明月珠以報隋侯，一名隋侯珠。」

20. 石魚山，下多玄石，山高八十餘丈，廣十里。石色黑而理若雲母，開發一重，輒有魚形，鱗鬐首尾，宛若刻畫，長數寸，魚形備足，燒之作魚膏腥，因以名之。〔註43〕

　　按，《太平御覽》卷九百三十六《鱗介部八・魚下》：「盛弘之《荊州記》曰：長沙湖鄉連瞬顛有石魚，形若鯉，相重沓如雲母，炙之作魚脯。」

21. 沮水出東汶陽郡沮陽縣西北景山，即荊山首也，高峰霞舉，峻竦層雲。〔註44〕

　　按，《太平御覽》卷四十九《地部十四・西楚南越諸山》引盛弘之《荊州記》曰：「景山，在上洛縣西南二百里，東與荊山連接，有沮水源出焉。其山一名雁浮山，荊山之首曰景山，雁南翔北歸遍經其上，土人由茲改名爲雁山，

〔註41〕　《水經注》卷三十一《淯水》「又屈南過淯陽縣東」注。《水經注疏》，第2611頁。

〔註42〕　《水經注》卷三十一《溳水》「東南過隋縣西」注。民國楊守敬、熊會貞《水經注疏》，江蘇古籍出版社，1989版第2641頁。以下版本同。

〔註43〕　《水經注》卷三十八《漣水》「出連道縣西，資水之別」注。《水經注疏》，第3118頁。

〔註44〕　《水經注》卷三十二《沮水》「出漢中房陵縣景山，東南過臨沮縣界」注。《水經注疏》，第2695頁。

又為雁塞山。」〔註45〕

22.（烈山）山下有一穴，父老相傳云，是神農所生處也。故《禮》謂之烈山氏。水北有九井，《子書》所謂神農既誕，九井自穿，謂斯水也。又言汲一井則眾水動。井今堙塞，遺跡彷彿存焉。亦云賴鄉，故賴國也，有神農社。〔註46〕

按，《初學記》卷七《地部下》引盛弘之《荊州記》曰：「隨郡北界有屬鄉村，村南有重山，山下有一穴。父老相傳云：神農所生林，西有兩重塹，內有周圍一頃二十畝地，中有九井。神農既育，九井自穿。又云：汲一井則眾井水動。即以此為神農社，年常祠之。庖犧生乎陳，神農育乎楚，考籍應圖，於是乎在。」《太平御覽》卷一百八十九《居處部十七‧井》引盛弘之《荊州記》：「隨郡北界有廟鄉，村南有重山，山下有一村，父老相傳，云是神農所生村。西有重塹，內周回一頃二十畝，地中有九井。相傳神農既育，九井自穿。又云：汲一井則眾井水動。則以地為神農社，年常祀之。」

23.江津豫章口東有中夏口，是夏水之首，江之汜也。屈原所謂「過夏首而西浮，顧龍門而不見」也。龍門即郢城之東門也。〔註47〕

24.江水又東，湧水注之。水自夏水南通於江，謂之湧口。二水之間，《春秋》所謂「閻敖遊湧而逸」者也。〔註48〕

按，上二節，《太平御覽》卷六十九《地部三十四‧洲》引盛弘之《荊州記》：「江津東十餘里，有中夏洲。洲之首，江之汜也。故屈原云：經夏首而西浮。又二十餘里有湧口，所謂「閻敖遊湧而逸」。二水之間謂之夏洲，首尾七百里。」酈氏必本《荊州記》以為說。《四部叢刊初編》集部《鮚埼亭集經史問答》卷二：「一以南江為大江之委，一以為原，暮四朝三，不甚遠也，則《荊州記》之說亦非也。」

〔註45〕《藝文類聚》卷九十一《鳥部中》：「盛弘之《荊州記》曰：雁塞北接梁州汶陽郡，其間東西嶺，屬天無際，雲飛風薵，望崖迴翼，唯一處為下，朔雁達塞，矯翻裁度，故名雁塞，同於雁門也。」

〔註46〕《水經注》卷三十二《溳水》「出江夏平春縣西」注。《水經注疏》，第2656頁。

〔註47〕《水經注》卷三十二《夏水》「出江津，於江陵縣東南」注。《水經注疏》，第2705頁。

〔註48〕《水經注》卷三十五《江水》「又東南當華容縣南，湧水出焉」注。《水經注疏》，第2872頁。

25. 沮水又東南，逕當陽縣城北。城因岡為阻，北枕沮川，其故城在東一
　　百四十里，謂之東城，在綠林長阪南。〔註49〕

　　按，《太平御覽》卷五十七《地部二十二‧林》：「江陵縣東一百里，有綠
林山，茂林蓊鬱。襄陽大路經由其西，所謂當陽之綠林也。」又《太平寰宇
記》卷一百四十六《山南東道五‧荊州》引盛弘之《荊州記》：「當陽東有櫟
林長阪。」

26. 山盤紆百里，有赭岩疊起，冠以青林，與雲霞亂彩。山上有白石英，
　　山下有平陵，有大堂基，耆舊云，堯行宮所。〔註50〕

　　按，《太平寰宇記》卷一百五十七《嶺南道一‧廣州》引盛弘之《荊州
記》：「堯山，赭岩叠起，冠以青林。」《太平御覽》卷一百九十四《居處部
二十二‧館驛》引王韶之《始興記》：「陶水源有堯山，長嶺衡亙，遠望如陣
雲。山下有平陵。陵上有古大堂基十餘處，雖已夷漫，而識，謂曰堯故亭。
父老相傳，堯南巡，登此山，故亭即時其行宮。」酈《注》蓋兼采之。

27. 子胥造驢、磨二城以攻邑，即諺所云；東驢西磨，麥城自破者也。
　　　　　　〔註51〕

　　按，《太平御覽》卷一百九十二《居處部二十‧城上》引盛弘之《荊州記》：
「當陽縣東南有麥城，城東有驢磨城、掎角城，傳云伍員造此二城以攻麥城，
故假驢磨之名。」《太平寰宇記》卷一百四十六《山南東道五‧荊州》引盛弘
之《荊州記》：「麥城東有驢城，西有磨城，犄角麥城。昔伍子胥造此二城以
攻麥城，假驢磨立名。俗語諺云：東驢西磨，麥自破獲。」

28. 夏水歷范西戎墓南，王隱《晉書地道記》曰：陶朱冢在華容縣。樹碑
　　云：是越之范蠡。〔註52〕

　　按，《史記》卷四十一《越王句踐世家》唐張守節《正義》引盛弘之《荊
州記》云：「荊州華容縣西有陶朱公冢，樹碑云是越范蠡。」

〔註49〕《水經注》卷三十二《沮水》「出漢中房陵縣景山，東南過臨沮縣界」注。〔民
　　　　國〕楊守敬、熊會貞《水經注疏》，江蘇古籍出版社，1989 版第 2698 頁。以
　　　　下版本同。
〔註50〕《水經注》卷三十九《洭水》「東南過含洭縣」注。《水經注疏》，第 3201 頁。
〔註51〕《水經注》卷三十二《沮水》「出漢中房陵縣景山，東南過臨沮縣界」注。《水
　　　　經注疏》，第 2700 頁。
〔註52〕《水經注》卷三十二《夏水》「東過華容縣南」注。《水經注疏》，第 2707 頁。

29. 瞿塘灘上有神廟，尤至靈驗。刺史二千石逕過，皆不得鳴角伐鼓。商
   旅上下，恐觸石聲，乃以布裹篙足。〔註53〕

　　按，本出盛弘之《荊州記》。引見《北堂書鈔》卷一百三十八《舟部》。
又，《太平御覽》卷七百七十一《舟部四》引盛弘之《荊州記》曰：「魚復縣
瞿唐灘上，有神廟，先極靈驗。刺史二千石經過，皆不鳴鼓角，篙旅恐觸石
有聲，乃以布裹篙頭。」

30. 巴東郡治白帝山，城周回二百八十步，北緣馬嶺。〔註54〕

　　按，《太平寰宇記》卷一百四十八《奉節縣》引盛弘之《荊州記》：「巴東
郡峽上北岸有山孤峙，甚峭，巴東郡據以為城。」

31.（廣溪峽）北岸山上有神淵，淵北有白鹽崖，高可千餘丈，俯臨神淵，
   土人見其高白，故因名之，天旱燃木岸上，推其灰燼，下穢淵中，尋
   即降雨。〔註55〕

　　按，《太平御覽》卷七十《地部三十五·淵》：「魚復縣有神淵，北有白塩
崖。天旱，火燃崖上，推其灰燼，下降淵中，尋則降雨雨。西有龍淵，清深
不測。傳云：漢祖伐秦，經途於此，見淵中白壁赤柱，狀若官府，因名龍淵。」

32. 江之在岸有巴鄉村，村人善釀，故俗稱巴鄉清。郡出名酒，村側有
   溪，溪中多靈壽木。〔註56〕

　　按，自巴鄉村以下，盛弘之《荊州記》文，引見《太平寰宇記》卷一百
四十八《山南東道七·夔州》，作「巴鄉酒」。《北堂書鈔》卷一百四十八《酒
食部·酒六十》引《荊州記》稍略，作「巴鄉清」，則此人名清。又《太平御
覽》卷五十三《地部十八·峽》引《郡國志》曰，南鄉峽峽西八十里有巴鄉
村，善釀酒，故俗稱巴鄉酒也。村傍有溪，溪中多靈壽木焉。

33. 江水又逕魚復縣之故陵，舊郡治。故陵溪西二里，故陵村，溪即永谷
   也。地多木瓜樹，有子大如甌，白黃實，甚芬香。《爾雅》之所謂楙也。

〔註53〕 《水經注》卷三十三《江水》「又東過魚復縣南，夷水出焉」注。《水經注疏》，
　　　　 第2819頁。
〔註54〕 《水經注》卷三十三《江水》「又東過魚復縣南，夷水出焉」注。〔民國〕楊守
　　　　 敬、熊會貞《水經注疏》，江蘇古籍出版社，1989版第2816頁。以下版本同。
〔註55〕 《水經注》卷三十三《江水》「又東過魚復縣南，夷水出焉」注。《水經注疏》，
　　　　 第2819頁。
〔註56〕 《水經注》卷三十三《江水》「又東過魚復縣南，夷水出焉」注。《水經注疏》，
　　　　 第2811頁。

〔註57〕

按，《太平御覽》卷九百七十三《果部九》：「盛弘之《荊州記》曰：魚腹縣有固陵村，地多木瓜樹，其子大者如眩。」

34. 江水又東徑諸葛亮圖壘南，石磧平曠，望兼川陸，有亮所造八陣圖東跨故壘，皆累細石為之，自壘西去，聚石八行，行間相去二丈，因曰八陣既成，自今行師庶不覆敗。皆圖兵勢行藏之權，自後深識者所不能了。今夏水漂蕩，歲月消損，高處可二三尺，下處磨滅殆盡。〔註58〕

按，《太平御覽》卷三百一《兵部三十二·陣》引盛弘之《荊州記》曰：「魚腹縣鹽井以西，石磧平曠，聘望四遠，諸葛孔明積細石為壘，方可數百步。壘西郭，又聚石為八行，相去二丈許，謂之八陣圖。曰八陣既成，自今行師，庶不復敗。自後深識見者，並莫能了。桓宣武伐蜀，經之，以為常山蛇勢。」

35. 又東徑羊腸虎臂灘，楊亮為益州，至此舟覆，懲其波瀾，蜀人至今猶名之為使君灘。〔註59〕

按，《太平御覽》卷六十九《地部三十四·灘》：「盛弘之《荊州記》曰：桂陽耒陽縣有兩瀨，每縣旱，百姓共壅之，甘雨普降，若一鄉獨壅，雨亦偏應。東有博望灘，張騫使外國經此船沒，因以名灘。灘下接魚復縣界，有羊腸虎臂瀨，陽亮為益州，至此覆沒，人至今猶名為使君灘。」為酈所本。

36. 自三峽七百里中，兩岸連山，略無闕處，重岩疊嶂，隱天蔽日，自非亭午夜分，不見日月。至於夏水襄陵，沿泝阻絕，或王命急宣，有時云朝發白帝，暮至江陵，其間千二百里，雖乘奔御風，不以疾也。春冬之時，則素湍淥潭，回清倒影，絕巘多生怪柏，懸泉瀑布，飛漱其間，清榮峻茂，良多趣味。每至晴初霜旦，林寒澗肅，常有高猿長嘯，屬引淒異，空谷傳響，哀轉久絕。故漁者歌曰：巴東三峽巫峽長，猿鳴三聲淚沾裳。〔註60〕

〔註57〕《水經注》卷三十三《江水》「又東過魚復縣南，夷水出焉」注。《水經注疏》，第 2810 頁。
〔註58〕《水經注》卷三十三《江水》「又東過魚復縣南，夷水出焉」注。《水經注疏》，第 2813～2814 頁。
〔註59〕《水經注》卷三十三《江水》「又東過魚復縣南，夷水出焉」注。《水經注疏》，第 2806 頁。
〔註60〕《水經注》卷三十四《江水》「又東過巫縣南，鹽水從縣東南流注之」注。〔民

　　按，《太平御覽》卷五十三《地部十八·峽》引盛弘之《荊州記》：「舊云自二峽取蜀數千里中，恒是一山，此蓋好大之言也。惟三峽七百里中，兩岸連山，略無闕處，重岩叠嶂，隱天蔽日，自非亭午夜分，不見日月。至於夏水襄陵，沿溯阻絕，或王命急宣，有時云朝發白帝，暮至江陵，其間千二百里，雖乘奔御風，不爲疾也。春多之時，則素湍淥潭，回清到影，絕巘多生檉，懸泉瀑布，飛漱其間，清榮峻茂，良多雅趣。每晴初霜旦，林寒澗肅，常有高猿長嘯，屬引淒異，空岫傳響，哀轉久絕。故漁者歌曰：巴東三峽巫峽長，猿鳴三聲淚沾裳。」《逸老堂詩話·序》：「《荊州記》，盛弘之撰，其記三峽水急云：「朝發白帝，暮宿江陵，凡一千二百餘里，雖飛雲迅鳥，不能過也。」李太白詩云：「朝辭白帝彩雲間，千里江陵一日還。」杜子美云：「朝發白帝暮江陵。」皆用盛弘之語也。」

37. 江陵下有龍洲，洲東有寵洲。二洲之間，世擅多魚矣。漁者投罟歷網，往往掛絕，有潛客泳而視之，見水下有兩石牛，嘗爲罟害矣。故漁者莫不擊浪浮舟，鼓枻而去矣。〔註61〕

　　按，自龍洲以下，盛弘之《荊州記》文，引見《太平御覽》卷六十九《地部三十四·洲》：「南江上有龍洲，下有寵洲，二洲之間，舊云多魚，而投罟揮網，輒便掛絕。乃有客沒而視之，中水有牛二頭，常爲破網，故魚者患之。」又，《太平御覽》卷九百《獸部十二·牛下》：「盛弘之《荊州記》曰：燕尾洲南有龍、寵二洲，二洲之間，舊云多異魚，而投罟揮網，輒便掛絕。有水客沉而視之，見有石牛二頭，常爲網害，故網絕焉。」

38. 江陵城地東南傾，故緣以金堤，自靈溪始，桓溫令陳遵造。遵善於方功，使人打鼓，遠聽之，知地勢高下，依傍創築，略無差矣。城西有棲霞樓，俯臨通隍，吐納江流。城南有馬牧城，西側馬徑。〔註62〕

　　按，《初學記》卷二十四《居處部》：「盛弘之《荊州記》曰：城西百餘步，有棲霞樓，宋臨川康王置。」《太平御覽》卷一百七十六《居處部四·樓》：「盛

國〕楊守敬、熊會貞《水經注疏》，江蘇古籍出版社，1989版，第2834頁。以下版本同。

〔註61〕《水經注》卷三十四《江水》「又南過江陵縣南」注。《水經注疏》，第2860頁。

〔註62〕《水經注》卷三十四《江水》「又南過江陵縣南」注。《水經注疏》，第2863頁。

弘之《荊州記》曰：荊州城西百餘步有丹霞樓，臨川康王之置。」《太平御覽》卷六十九《地部三十四·洲》：「王韶之《始興記》曰：城西百餘步有棲霞樓，臨川王營置，清暑遊焉。羅君章居之，因名爲羅公洲。樓下洲上，果竹交蔭，長楊傍映，高梧前竦，雖即城隍，趣同丘壑。」《藝文類聚》卷九十七《鱗介部下》引盛弘之《荊州記》：「馬牧城在蚌城西三里。」

39. 有聖泉，謂之孔子泉。其水飛清石穴，潔並高泉。〔註63〕

　　按，《太平御覽》卷七十《地部三十五·泉水》引盛弘之《荊州記》曰：「城東北三百步有孔子泉，其水甘馨，雖帝漿無以過也。」

40. 夷陵縣北三十里有石穴，名曰馬穿，嘗有白馬出穴，人逐之入穴，潛行出漢中，漢中人失馬亦嘗出此穴，相去數千里。〔註64〕

　　按，《北堂書鈔》卷一百五十八《穴》引盛弘之《荊州記》曰：「狼山縣北陸行三十里有石穴，云昔有馬從穴出，因復還入，潛行乃出漢中。漢中人失馬亦入此穴，因名馬穿穴。」

41. 荊門在南，上合下開，徹山南，有門象，虎牙在北，石壁色紅，間有白文類牙形，以物象受名。此二山，楚之西塞也。〔註65〕

　　按，此爲盛弘之《荊州記》文，引見《文選》卷十二《郭景純〈江賦〉》「衝巫峽以迅激，躋江津而起漲」句李善注：「盛弘之荊州記曰：信陵縣西二十里有巫峽。」「虎牙桀豎以屹崒，荊門闕竦而盤礡」句注：「盛弘之荊州記曰：郡西溯江六十里南岸有山，名曰荊門，北岸有山，名曰虎牙，二山相對，楚之西塞也。虎牙，石壁紅色，間有白文，如牙齒狀。荊門上合下開，開達山南，有門形，故因以爲名。」

42. 江水又東徑黃牛山下，有灘名曰黃牛灘。南岸重嶺叠起，最外高崖間有石，色如人負刀牽牛，入黑牛黃，成就分明。既人跡所絕，莫得究焉。此岩既高，加以江湍紆回，雖途徑信宿，猶望見此物，故行者謠曰：朝發黃牛，暮宿黃牛。三朝三暮，黃牛如故。言水路紆深，回望

〔註63〕 《水經注》卷三十四《江水》「又東過巫縣南，鹽水從縣東南流注之」注。《水經注疏》，第2830頁。

〔註64〕 《水經注》卷三十四《江水》「又東過秭歸縣之南」注。〔民國〕楊守敬、熊會貞《水經注疏》，江蘇古籍出版社，1989版，第2848頁。以下版本同。

〔註65〕 《水經注》卷三十四《江水》「又東過秭歸縣之南」注。《水經注疏》，第2849頁。

如一矣。〔註66〕

　　按，《藝文類聚》卷七《山部上》引盛弘之《荊州記》曰：「宜都西陵峽中，有黃牛山，江湍紆迴，途經信宿，猶望見之，行者語曰：朝發黃牛，暮宿黃牛，三日三暮，黃牛如故。」《太平御覽》卷五十三《地部十八・峽》、卷六十九《地部三十四・灘》並引盛弘之《荊州記》同。

43.　江水左徑上烏林南，村居地名也。又東徑烏黎口，江浦也，即中烏林矣。又東徑下烏林南，吳黃蓋敗魏武於烏林，即是處也。……右徑赤壁山北，昔周瑜與黃蓋詐魏武大軍處所也。〔註67〕

　　按，《文選》卷三十《擬魏太子鄴中集詩》注引盛弘之《荊州記》曰：「薄沂縣，沿江一百里，南岸名赤壁，周瑜、黃蓋此乘大艦上破魏武兵於烏林。烏林赤壁其東西一百六十里。」

44.　夷水又東北，丹水注之。其源百里，出西南望州山，山形竦峻，峰秀甚高，東北白岩壁立，西南小演通行。登其頂，平可有三畝許，上有故城，城中有水。登城望見一州之境，故名望州山。俗語訛，今名武鍾山。山根東有湧泉成溪，即丹水所發也，下注丹水。天陰欲雨，輒有赤氣，故名曰丹水矣。〔註68〕

　　按，《藝文類聚》卷七《山部上》引盛弘之《荊州記》：「夷道縣西南九十里，有望州山，四面壁立，登此見一州內，東有湧泉，欲雨，輒有赤氣，故名丹水，似山根東之泉，即丹水源。」

45.　往人有冬過者，置笠穴中，風吸之。經日還涉楊溪，得其笠，則知潛通矣。〔註69〕

　　按，《太平御覽》卷二十二《時序部七・夏中》引盛弘之《荊州記》曰：「宜都佷山縣有風穴，穴口大數尺，名為風井，夏則風出，冬則風入。樵人有冬過者，置笠穴口，風吹之，經日還，涉長陽溪而得其笠。」《太平御覽》

〔註66〕　《水經注》卷三十四《江水》「又東過秭歸縣之南」注。《水經注疏》，第2844頁。

〔註67〕　《水經注》卷三十五《江水》「湘水從南來注之」注。《水經注疏》，第2883頁、2889頁。

〔註68〕　《水經注》卷三十七《夷水》「又東過夷道縣北」注。《水經注疏》，第3061頁。

〔註69〕　《水經注》卷三十七《夷水》「東南過佷山縣南」注。〔民國〕楊守敬、熊會貞《水經注疏》，江蘇古籍出版社，1989版，第3059頁。以下版本同。

卷九、卷二十六、卷五十四、卷七百六十五記略同。《文選》卷十三宋玉《風賦》「盛怒於土囊之口」句唐李善注引引盛弘之《荊州記》曰：「宜都佷山縣有山，山有穴，口大數尺，為風井。」

46. 縣東十許里至平樂村，又有石穴，出清泉。中有潛龍，每至大旱，平樂左近村居，輦草穢著穴中，龍怒，須臾水出，蕩其草穢，傍側之田皆得澆灌。〔註70〕

按，《北堂書鈔》卷一百五十八《穴》引盛弘之《荊州記》：「佷山側有石穴，穴出清泉，中有潛龍。每旱，民人穢其穴，輒湧水蕩之，因得灌溉田。」

47. 澧水又東，九渡水注之。水南出九渡山，山下有溪，又以九渡為名。山獸咸飲此水，而徑越他津，皆不飲之。九渡水北徑仙人樓下，傍有石，形極方峭，世名之為仙樓。〔註71〕

按，《太平御覽》卷六十七《地部三十二·溪》引盛弘之《荊州記》：「零陵郡西有九渡溪，山獸從數十里往飲之，經越他水皆不飲。傍有半石坑。上石形極方峭，名為仙人樓。」

48. 澧水又東徑澧陽縣南，南臨澧水。晉太康四年立，天門郡治也。吳永安六年，武陵郡嵩梁山，高高峰孤竦，素壁千尋，望之苕亭，有似香爐。其山洞開直朗如門，高三百丈，廣二百丈，門角上各生一竹，倒垂下拂，謂之天帚。孫休以為嘉祥，分武陵，置天門郡。〔註72〕

按，《太平御覽》卷四十九《地部十四·西楚南越諸山》引盛弘之《荊州記》：「嵩梁山在澧水之陽，望之如香爐之狀，今名石門。吳永安六年，自然洞開，玄朗如門三百丈。門角上各生一竹，倒垂下拂，謂之天帚。孫休以為嘉祥，置縣因山為名，隋文帝改曰石門山也。」

49. 漓水又南合彈丸溪。水出於彈丸山，山有湧泉奔流，沖激山嵥及溪中，有石若丸，自然珠圓，狀彈丸矣，故山水即名焉。〔註73〕

〔註70〕　《水經注》卷三十七《夷水》「東南過佷山縣南」注。《水經注疏》，第3060頁。
〔註71〕　《水經注》卷三十七《澧水》「又東過零陽縣之北」注。《水經注疏》，第3067頁。
〔註72〕　《水經注》卷三十七《澧水》「又東過零陽縣之北」注。《水經注疏》，第3069頁。
〔註73〕　《水經注》卷三十八《漓水》「亦出陽海山」注。《水經注疏》，第3168～3169頁。

按，《北堂書鈔》卷一百二十四《武功部十二·彈四十五》引盛弘之《荊州記》:「始安群山坎中有彈丸，因以名彈丸山。」

50. 武溪水出臨武縣西北桐柏山，東南流，右合溱水亂流，東南徑臨武縣西，謂之武溪，縣側臨溪東，因曰臨武縣，王莽更名大武也。溪又東南流，左會黃岑溪水，水出郴縣黃岑山，西南流，右合武溪水〔註74〕。

51. 始興郡治，魏文帝咸熙二年，孫晧分桂陽南部立。縣東傍瀧溪，號曰北瀧水，水左即東溪口也。水出始興東江州南康縣界石閣山，西流而與連水合。水出南康縣涼熱山、連溪山，即大庾嶺也，五嶺之最東矣，故曰東嶠山。〔註75〕

按，上兩節，《事類賦》卷六《江》引盛弘之《荊州記》:「始安郡有東北三江，發源於桂陽之臨武黃岑山。東北發源於南康之瘐嶺。」《初學記》卷六《地部中》:盛弘之《荊州記》曰:始安郡有東北二江，北江發源於桂陽之臨武黃岑山;東江發源於南康大庾嶠下，經始興縣界，南流西轉，與北江合於郡東，注於南海。《太平御覽》卷六十七《地部三十二·溪》:「《善歌錄》曰:武溪水源出武山，東南流注於沅，故爲歌曰:武溪深復深，飛鳥不能渡，遊獸不能臨。又曰:下潦上霧，看飛鳥墮水中，即此也。」

52. 縣南有朝夕塘，水出東山西南，有水從山下注塘，一日再增再減，盈縮以時，未嘗衍期，同於潮水，因名此塘為朝夕塘矣。〔註76〕

按，《太平御覽》卷七十四《地部三十九·塘》引盛弘之《荊州記》:「盛弘之《荊州記》曰:始安熙平縣東南有山，山西其形長狹，水從下注塘，一日再增減盈縮，因名爲潮汐塘。」（《幽明錄》又載）

53. 此城之內，郡廨西有陶侃廟，云舊是賈誼宅地。中有一井，是誼所鑿，極小而深，上斂下大，其狀似壺。傍有一腳石床，纔容一人坐形，流俗相承雲，誼宿所坐床。又有大柑樹，亦云誼所植。〔註77〕

〔註74〕 《水經注》卷三十八《溱水》「出桂陽臨武縣南，繞城西北屈東流」注。〔民國〕楊守敬、熊會貞《水經注疏》，江蘇古籍出版社，1989版，第2174～2175頁。以下版本同。

〔註75〕 《水經注》卷三十八《溱水》「東至曲江縣安聶邑東，屈西南流」注。《水經注疏》，第3181～3182頁。

〔註76〕 《水經注》卷三十八《漓水》「亦出陽海山」注。《水經注疏》，第3171頁。

〔註77〕 《水經注》卷三十八《湘水》「又北過臨湘縣西，瀏水從縣西北流注之」注。

　　按，宋祝穆《古今事文類聚續集・居處部》引盛弘之《荆州記》：「湘州南寺之東，賈誼宅有井，小而深，上斂下大，狀似壺，即誼所穿井。今爲陶侃廟。」《太平御覽》卷七百六《服用部八・床》引盛弘之《荆州記》：「長沙郡有賈誼所穿井，局腳石床，可容一人坐，其形古制，傳云：誼所坐床也。」《北堂書鈔》卷一百三十三引盛弘之《荆州記》：「井傍有局腳石床，可容一人坐，形制甚古，相傳曰誼所坐。」

54. 汨水又西爲屈潭，即汨羅淵也。屈原懷沙自沉於此，故淵潭以屈爲名。昔賈誼、史遷皆嘗徑此，弔檝江波，投弔於淵。淵北有屈原廟。〔註78〕

　　按，《史記》卷八十四《屈原賈生列傳》唐司馬貞《索隱》：荆州記「羅縣北帶汨水。」不言何本《荆州記》。《前漢書・地理志》顏師古注引盛弘之《荆州記》：「羅縣北帶汨水，水源出豫章艾縣界，西流注湘，沿汨西北去縣三十里，名爲屈潭，屈原自沉處。」知是盛《記》。

55. 湘水左逕麓山東，上有故城，山北有白露水口，湘浦也。〔註79〕

　　按，《太平御覽》卷四十九《地部十四・西楚南越諸山》引盛弘之《荆州記》：「長沙西岸有麓山，其下有精舍，左右林嶺環回泉澗，精舍傍有石，每至嚴冬，其上不停霜雪。」

56. （酃）縣即湘東郡治也。郡舊治在湘水東，故以名郡。魏正元二年，吳主孫亮分長沙東部立縣。有石鼓高六尺，湘水所徑。鼓鳴則土有兵革之事。〔註80〕

　　按，虞世南《北堂書鈔》卷一百二十一《鼓》引盛弘之《荆州記》：「河東郡有石鼓一所，高五尺，鼓邊作七家。云：上郡太守石姓何，有時自鳴則有兵。」

57. 陰山縣東北又有武陽、龍尾山，並仙者羽化之處。上有仙人及龍馬跡，

　　《水經注疏》，第3145～3146頁。

〔註78〕《水經注》卷三十八《湘水》「又北過羅縣西，湞水從東來流注之」注。《水經注疏》，第3155頁。

〔註79〕《水經注》卷三十八《湘水》「又北過臨湘縣西，瀏水從縣西北流注之」注。《水經注疏》，第3144頁。

〔註80〕《水經注》卷三十八《湘水》「又東北過重安縣東。又東北過酃縣西，承水從東南來注之」注。〔民國〕楊守敬、熊會貞《水經注疏》，江蘇古籍出版社，1989版，第3136頁。以下版本同。

於其處得遺詠，雖神棲白雲，屬想芳流，藉念泉鄉，遺詠在茲。〔註81〕

按，《太平御覽》卷第三百八十八《人事部二十九・跡》引盛弘之《荊州記》：「湘東陰山縣北數十里，有武陽、龍靡二山，上悉生松栢美木，龍靡山有磐石，石上有仙人跡及龍跡，傳云：昔仙人遊此二山，常稅駕此石，又於其所，得仙人遺詠。」

58. 九疑山蟠基蒼梧之野，峰秀數郡之間。羅岩九舉，各導一溪，岫壑負阻，異嶺同勢，遊者疑焉。故曰九疑山。〔註82〕

按，《太平御覽》卷四十一《地部六・九疑山》引盛弘之《荊州記》：「九疑山盤基數郡之界，連峰接岫競（遠爭）高，含霞卷霧，分天隔日。」又引《郡國志》曰：「山有九峰，一曰丹朱峰，二曰石城峰，三曰樓溪峰，四曰娥皇峰，五曰舜源峰，六曰女英峰，七曰簫韶峰，八曰紀峰，九曰紀林峰。有九水，七歸嶺北，二注廣南。」

59. 縣西有小山，山上有渟水，既清且淺，其中悉生蘭草，綠葉紫莖，芳風藻川，蘭馨遠馥，俗謂蘭為都梁，山因以號，縣受名焉。〔註83〕

按，《太平御覽》卷九百八十三《香部三・蘭香》引盛弘之《荊州記》：「都梁縣有小山，山上水極淺，其中悉生蘭草，綠葉紫莖，芳風藻谷。俗謂蘭為都梁，即以號縣。」

60. 芙蓉峰之東，有仙人石室，學者經過，往往聞諷誦之音矣。衡山東南二右，臨映湘川，自長沙至此，沿湘七百里中，有九向九背，故漁者歌曰：帆隨湘轉，望衡九面。山上有飛泉下注，下映青林，直注山下，望之若幅練在山矣。〔註84〕

按，《太平御覽》卷三十九《地部四・衡山》引盛弘之《荊州記》：「石囷下有石室，尋山徑，聞室中有諷誦聲。石囷、芙蓉各一峰，且石囷在芙蓉之西北。」《初學記》卷五《地理上》引盛弘之《荊州記》：「東南臨湘川，自湘

〔註81〕《水經注》卷三十九《洣水》「又西北過陰山縣南」注。《水經注疏》，第 3223頁。

〔註82〕《水經注》卷三十八《湘水》「又東北過泉陵縣西」注。《水經注疏》，第 3123頁。

〔註83〕《水經注》卷三十八《資水》「出零陵都梁縣路山」注。《水經注疏》，第 3112頁。

〔註84〕《水經注》卷三十八《湘水》「又東北過重安縣東。又東北過酃縣西，承水從東南來注之」注。《水經注疏》，第 3139 頁。

川至長沙七百里，九向九背，然後不見。」《藝文類聚》卷七《山部上》引盛弘之《荊州記》：「芙蓉峰上有泉飛源，如一幅絹，分映青林，直注山下。」是酈所本。

61.（容水）自侯曇山下注淶水，謂之容口。水有大穴，容一百石，水出於此，因以名焉。〔註85〕

按，《太平御覽》卷七百五十七《器物部三·鬲》引盛弘之《荊州記》：「湘東陰山縣西，有鬲口溪。昔有大鬲，容百斛，出於此水，故因為名。」

62. 縣有淥水，出縣東俠公山，西北流而南屈，注於耒，謂之程鄉溪。郡置酒官，醞於山下，名曰程酒，獻同酃也……縣有酃湖，湖中有洲，洲上民居。彼人資以給釀，酒甚醇美，謂之酃酒，歲常貢之。〔註86〕

按，《文選》卷三十五《七命》注引盛弘之《荊州記》：「淥水出豫章康樂縣，其間烏程鄉，有酒官取水為酒，酒極甘美，與湘東酃湖酒，年常獻之，世稱酃淥酒。」

63. 右合除泉水。水出縣南湘陂村，村有圓水，廣圓可二百步，一邊暖，一邊冷。冷處極清綠，淺則見石，深則見底；暖處水白且濁。玄素既殊，涼暖亦異。厥名除泉，其猶江乘之半湯泉也。〔註87〕

按，《太平御覽》卷五十九《地部二十四·水下》引盛弘之《荊州記》：「桂陽郡有圓水，水一邊冷，一邊暖；冷處清且綠，暖處白且濁。」《餘冬序錄·卷二外篇》：「獨念盛洪（按：當作弘）之《荊州記》云，『桂陽縣有圓水，一邊冷，一邊暖。冷處清且綠，暖處白且濁。』吾郡圓泉水外，別無圓水。水今無此異，豈水脈今與昔不同耶？意者昔人好奇，耳目僻遠地得鑿空言之，以詫駭，常情耳。此等記錄，天下往往而有，事非驗之，聞見弗信可也。」

64. 右則千秋水注之。水出西南萬歲山。山有石室，室中有鍾乳，山上悉生靈壽木，溪下即千秋水也，水側民居，號萬歲村。〔註88〕

按，《藝文類聚》卷七《山部上》引盛弘之《荊州記》：「桂陽郡西南五十

〔註85〕《水經注》卷三十九《淶水》「又西北過陰山縣南」注。〔民國〕楊守敬、熊會貞《水經注疏》，江蘇古籍出版社，1989版第3222頁。以下版本同。
〔註86〕《水經注》卷三十九《耒水》「又北過酃縣東」注。《水經注疏》，第3219頁。
〔註87〕《水經注》卷三十九《耒水》「北過其縣之西」注。《水經注疏》，第3213頁。
〔註88〕《水經注》卷三十九《耒水》「北過其縣之西」注。《水經注疏》，第3213頁。

里，有萬歲山。」《太平御覽》卷四十九：「盛弘之《荆州記》曰：桂陽萬歲山，出靈壽草仙方，服之不死。又有話石山，石有聲，如人共話。」《太平御覽》卷六十七《地部三十二·溪》引盛弘之《荆州記》：「郡西南五十里有萬歲山，有石室，出鍾乳，山上悉生靈壽木，下有一溪，名爲千秋水，其傍有居民，即號萬歲村。」

65. 縣界有溫泉水，在郴縣之西北。左右有田數千畮，資之以溉，常以十二月下種，明年三月穀熟。度此水，冷不能生苗。溫水所溉，年可三登，其餘波散流，入於耒水也。〔註89〕

按，《太平御覽》卷八百二十一《資產部一·田》引盛弘之《荆州記》：「桂陽郡界有溫泉，其下流有田，恒資以浸灌。常十二月種，至明年三月新穀便登。溫液所周，正可數畮。過此，水氣輒冷，不復生苗。」《太平御覽》卷八百三十七引盛弘之《荆州記》略同。

66. 西北徑蔡洲。洲西即蔡倫故宅。傍有蔡子池。倫，漢黃門。順帝之世，搗故魚網爲紙，用代簡素，自其始也。〔註90〕

按，《太平御覽》卷六百五《文部二十一·紙》引盛弘之《荆州記》曰：「棗陽縣一百許步蔡倫宅，其中具存。其傍有池，即名蔡子池。倫，漢順帝時人，始以魚網造紙。縣人今猶多能作紙，蓋倫之遺業也。」又《太平御覽》卷七百六十二《器物部七》引同。

67. 山下又有神廟，號曰宮亭廟，故彭湖亦有宮亭之稱焉……山廟甚神，能擘流，住舟遣使，行旅之人，過必敬祀而後得去。〔註91〕

按，《初學記》卷七《地部下》引盛弘之《荆州記》曰：「宮亭湖廟神甚有靈驗，途旅經過，無不祈禱。能使湖中分風，而帆南北。」《太平御覽》卷六十六《地部三十一·湖》引同。《四部叢刊初編》集部《山谷外集詩注》卷四：「《荆州記》曰宮亭湖，即彭蠡澤。」

68. 翁水水出東北利山湖。湖水廣圓五里，潔踰凡水，西南流注於洭，謂

〔註89〕 《水經注》卷三十九《耒水》「又北過便縣之西」注。《水經注疏》，第3216頁。

〔註90〕 《水經注》卷三十九《耒水》「又西北過耒陽縣之東」注。《水經注疏》，第3218頁。

〔註91〕 《水經注》卷三十九《廬江水》「出三天子都，北過彭澤縣，西北入於江」注。〔民國〕楊守敬、熊會貞《水經注疏》，江蘇古籍出版社，1989版，第3265頁。以下版本同。

之翁水口。口已下，東岸有聖鼓杖，即陽山之鼓杖也。橫在川側，雖衝波所激，未嘗移動，百鳥翔鳴，莫有萃者，船人上下以篙撞者，輒有瘒疾。〔註92〕

按，《太平御覽》卷七百四十三《疾病部六·瘒》引盛弘之《荊州記》曰：「始興含洭縣有翁水下流，有聖鼓橫在川側，上下船人刺篙有撞之者，皆得瘒病。」

69. 洭水又東南入陽山縣，右合漣口水，源出縣西北百一十里石塘村，東南流。水側有豫章木，本徑可二丈，其株根猶存，伐之積載而斧跡若新，羽族飛翔不息，其旁眾枝，飛散遠集，鄉亦不測所如，惟見一枝，獨在含洭水矣。漣水東南流注於洭。〔註93〕

70. 洭水又南逕陽山縣故城西，耆舊傳曰，往昔縣長臨縣，輒遷擢超級，太史逕觀言地勢使然。掘斷連岡，流血成川，城因傾陁，遂即傾敗。閣下大鼓，飛上臨武，乃之桂陽，追號聖鼓，自陽山達乎桂陽之武步驛，所至循聖鼓道也。其道如塹，迄於鼓城矣。〔註94〕

按，上兩節，《初學記》卷十六《樂部下》引盛弘之《荊州記》曰：「始興郡山陽縣有豫木，本徑可二丈，名爲聖木。秦時伐此木爲鼓額。鼓額成，忽自奔逸，北至山陽。」唐白居易原本、宋孔傳續撰《白孔六帖》卷六十二引盛弘之《荊州記》曰：「始興郡桂陽縣有豫章木，徑可長二丈，作鼓名聖鼓。秦時伐此未果，忽自奔洛陽。」《初學記》和《白孔六帖》所記，疑有文字舛訛。《太平御覽》卷五百八十五《文部一·敘文》引盛弘之《荊州記》：「陽山縣有豫章木，本徑二丈，名爲聖木。秦時伐此木爲鼓額，額成，忽自奔逸，北至桂陽。」與《水經注》同。《太平御覽》卷五百八十二、宋陳暘《樂書》卷一百四十引盛弘之《荊州記》亦略同。

四、南朝宋郭緣生《述征記》

《水經注》有暗引《述征記》文者七處：

1. 自上宮東北出四百五十步有屈嶺，東南望巨靈手跡，惟見洪崖壁而已，

〔註92〕《水經注》卷三十九《洭水》「東南過含洭縣」注。《水經注疏》，第3201頁。
〔註93〕《水經注》卷三十九《洭水》「出桂陽縣盧聚」注。《水經注疏》，第3198頁。
〔註94〕《水經注》卷三十九《洭水》「出桂陽縣盧聚」注。《水經注疏》，第3199頁。

都無山下上觀之分均矣。〔註95〕

按，《藝文類聚》卷七《山部上》引《述征記》。宋王存等《元豐九域志》卷三《巨靈祠》：「郭緣生《述征記》云，華山與首陽山本同一山，河神巨靈，擘開以通河流。」

2. 古老言，此橋，東海呂母起兵所造也。〔註96〕

按，《初學記》卷七《地部下》引《述征記》：「梁山東北過水，呂母梁積石猶存。」《東觀漢記》：「海曲呂母之子為縣令所殺，母破產結諸少年，得數百人，入海，自稱將軍，遂破海曲，執縣宰斬之，以其首祭子冢。」

3. 馬頰水又東北流，逕魚山南，山即吾山也。〔註97〕

按，《太平御覽》卷四十二《地部七‧河南宋鄭齊魯諸山》引郭緣生《述征記》曰：「魚山一名吾山。」

4. 城西北三里，有項王羽之冢，半許毀壞，石碣尚存，題云項王之墓。〔註98〕

按，《括地志》「項羽墓在東阿縣東二十七里，谷城西三里」引《述征記》云：「墓在谷城西北三里，半許毀壞，有碣石，項王之墓。」

5. 金鄉數山皆空中穴口，謂之隧也。〔註99〕

按，《北堂書鈔》卷一百五十八《穴》引郭緣生《述征記》：「金鄉縣有焦氏山，穴中謂之燧口，遭亂則民庶逃難於此穴。」

6. 偃王葬之徐中，今見有狗壟焉。〔註100〕

按，《藝文類聚》卷九十四《獸部中》引《述征記》：「彭城東岸有一邱，俗謂之狗葬，或云，斯則徐偃王葬后蒼者也。」

〔註95〕《水經注》卷四《河水》「又南至華陰潼關，渭水從西來注之」注。〔民國〕楊守敬、熊會貞《水經注疏》，江蘇古籍出版社，1989 版，第 314 頁。以下版本同。

〔註96〕《水經注》卷八《濟水二》「又東北過壽張縣西界，安民亭南，汶水從東北來注之」注。《水經注疏》，第 724 頁。

〔註97〕《水經注》卷八《濟水二》「又北過須昌縣西」注。《水經注疏》，第 729 頁。

〔註98〕《水經注》卷八《濟水二》「又北過穀城縣西」注。《水經注疏》，第 732 頁。

〔註99〕《水經注》卷八《濟水二》「又東過方與縣兗州北為菏水」注。《水經注疏》，第 777 頁。

〔註100〕《水經注》卷八《濟水二》「又東南過徐縣北」注。《水經注疏》，第 787 頁。

7. 穀水又東，左會金穀水。水出太白原，東南流，歷金谷，謂之金穀水。
〔註101〕

按，《初學記》卷八《州郡部》引郭緣生《述征記》：「金谷，谷也，地有金水，自太白原南流經此谷，注穀水。」

8. 渭水又東，石川水南注焉。渭水又東，戲水注之，水出麗山馮公谷。
〔註102〕

按，《史記‧高祖紀》唐司馬貞《索隱》引《述征記》「戲水自驪山馮公谷北流，歷戲亭東入渭」，是酈所本。

五、南朝宋雷次宗《豫章記》

《水經注》尚有數處暗引雷次宗《豫章記》：

1. 昔張公遇害，亦亡劍於是水。後雷氏為建安從事，逕踐瀨溪，所留之劍，忽於其懷躍出落水，初猶是劍，後變為龍。故吳均《劍騎詩》云：劍是兩蛟龍，張華之言不孤為驗矣。〔註103〕

按，《藝文類聚》六十《劍》引雷次宗《豫章記》曰：「吳未亡，恒有紫氣見牛斗之間，張華聞雷孔章妙達緯象，乃要宿，問天文，孔章曰：惟牛斗之間有異氣，是寶物也，精在豫章豐城，張華遂以孔章為豐城令。至縣，掘深二丈，得玉匣，長八尺，開之，得二劍，其夕斗牛氣不復見。孔章乃留其一匣而進之，劍至，光曜煒曄，煥若電發。後張華遇害，此劍飛入襄城水中。孔章臨亡，戒其子，恒以劍自隨，後其子為建安從事，經淺瀨，劍忽於腰間躍出，遂視，見二龍相隨焉。」《初學記》卷二十二《武部》引雷次宗《豫章記》曰：「吳未亡，恒有紫氣見於斗牛之間。張華聞雷孔章妙達緯象，乃邀宿，屏人問。孔章曰：唯斗牛之間有異氣，有寶物之精，上徹於天耳。孔章具言，遂以孔章為酆城令，掘得二劍。」宋王應麟《困學紀聞》卷十三《考史》：「豐城二劍事，出雷次宗《豫章記》。所謂孔章者，即雷煥也，蓋次宗之族。此劉知幾所云『莊子鮒魚之對，賈生服鳥之辭，施於寓言則可，求諸實錄則否。』」

〔註101〕《水經注》卷十六《穀水》「又東過河南縣北，東南入於洛」注。《水經注疏》，第1384頁。

〔註102〕《水經注》卷十九《渭水下》「又東過霸陵縣北，霸水從縣西北流注之」注。〔民國〕楊守敬、熊會貞《水經注疏》，江蘇古籍出版社，1989版，第1638頁。以下版本同。

〔註103〕《水經注》卷二十八《沔水》「又東過襄陽縣北」注。《水經注疏》，第2374頁。

《太平御覽》三百四十四《劍》引雷次宗《豫章記》最詳：「吳未亡，恒有紫氣見於牛斗之間，占者以爲吳方興，唯張華以爲不然。及平，此氣逾明。張華聞雷孔章妙達緯象，乃要宿，屏人問天文將來吉凶。孔章曰：無他象，唯牛斗之間有異氣，是寶物之精，上徹於天耳。此氣自正始、嘉平至今日，眾咸謂孫氏之祥，唯吾識其不然。今聞子言，乃玄與吾同。今在何郡？曰：在豫章豐城。張遂以孔章爲豐城令，至縣移獄，掘深二丈，得玉匣長八九尺，開之得二劍，一龍淵，二即太阿。其夕，牛斗氣不復見。孔章乃留其一，匣龍淵而進之。劍至張公，於密發之，光焰韡韡，煥若電發。後張遇害，此劍飛入襄城水中。孔章臨亡，誡其子，恒以劍自隨。後其子爲建安從事，經淺瀨，劍忽於腰中躍出。遂出猶是劍，入水，乃變爲龍。遂而視之，見二龍相隨而逝焉。孔章曾孫穆之，猶有張公與其祖書，反覆萊根紙，古字。縣後有掘劍窟，方廣七八尺。」又，《太平寰宇記》一百六《豐城縣》、《北堂書鈔》卷一百二十一《劍》亦引。

又按，吳均《劍騎詩》，《太平廣記》卷一百九十八：「梁奉朝請吳均，有才器，嘗爲《劍騎詩》。」吳均，《梁書‧文學傳》有傳。《水經注疏》卷二十八楊守敬評曰：「何氏曰，道元與吳均同時，安得引用其詩？疑此書後人附益者多矣。」又云：「當道元之時，均名位尙國，文字未必遂行江外。義門之言，可謂精審矣。」何、楊的懷疑不無道理。

2. 西北五六里，有洪井，飛流懸注，其深無底，舊說洪崖先生之井也。北五六里有風雨池，言山高瀨激，激著樹木。霏散遠灑若雨。西有鸞岡，洪崖先生乘鸞所憩泊也。〔註104〕

按，《藝文類聚》卷六《地部》引雷次宗《豫章記》：「洪井西有鸞岡，舊說洪崖乘鸞所憩之處也。」此條《北堂書鈔》卷一百五十七《岡》、《太平御覽》卷五十三《地部十八‧岡》同，俱署名雷次宗。但《文選‧〈從冠軍建平王登廬山香爐峰〉》李善注署張僧鑒，誤。張僧鑒有《潯陽記》而無《豫章記》。

3. 岡西有鶴嶺，云王子喬控鶴所逕過也。〔註105〕

〔註104〕《水經注》卷三十九《贛水》「又北過南昌縣西」注。〔民國〕楊守敬、熊會貞《水經注疏》，江蘇古籍出版社，1989版，第3245～3246頁。以下版本同。
〔註105〕《水經注》卷三十九《贛水》「又北過南昌縣西」注。《水經注疏》，第3246頁。

按，此《注》雖不出書名，實本雷次宗《豫章記》。《太平御覽》卷五十四《地部十九》引雷次宗《豫章記》曰：「西山中峰最高頂名鶴嶺，即子喬控鶴經過之所，壇在鶴嶺之側。雲景鮮美，草木秀潤，異於它山。山側有土，名控鶴鄉。」《太平寰宇記》兩引《豫章記》此條。《文選・江淹〈別賦〉》李善注亦引。

4. 贛水又北逕龍沙西，沙甚潔白，高峻而峙也，有龍形，連亙五里中，舊俗九月九日升高處也。〔註106〕

按，《太平御覽》卷三十二《時序部十七・九月九日》引《豫章記》曰：「龍沙在郡北帶江，沙甚潔白，高峻而陂，有龍形，俗為九日登高處。」《太平御覽》卷七十四《地部三十九》引同。《太平寰宇記》卷一百六《江南西道四・洪州》「龍沙在州北七里」下，引雷次宗《豫章記》：「北有龍沙，堆阜逶迤，潔白高峻而似龍形，連亙五六里，舊俗九月日登高之處。」

5. 東大湖十里二百二十六步，北與城齊，南緣迴折至南塘，本通大江，增減與江水同。〔註107〕

按，《太平寰宇記》卷一百六《南昌縣》引雷次宗《豫章記》曰：「州城東有大湖，北與城齊。」

六、南朝宋孔靈符《會稽記》

《水經注》中約有十多處暗引孔靈符《會稽記》者：

1. 嶠西有山，孤峰特上，飛禽罕至。嘗有採藥者，沿山見通溪，尋上，於山頂樹下，有十二方石，地甚光潔。遠復更尋，遂迷前路，言諸仙之所憩宴，故以壇宴名山。〔註108〕

按，《太平御覽》卷四十七《地部十二・會稽東越諸山》引孔曄《會稽記》：「始寧縣有壇宴山，相傳云仙靈所宴集處。山頂有十二方石，石悉如坐席許大，皆作行列。」

〔註106〕《水經注》卷三十九《贛水》「又北過南昌縣西」注。《水經注疏》，第3249頁。
〔註107〕《水經注》卷三十九《贛水》「又北過南昌縣西」注。《水經注疏》，第3247頁。
〔註108〕《水經注》卷四十《漸江水》「北過餘杭，東入於海」注。《水經注疏》，第3329～3330頁。

2. 江水北逕嶀山。〔註109〕

按，《文選‧江文通〈雜體詩〉》李善注引孔曄《會稽記》：「剡縣有嶀山。」

3. 又有石匱山，石形似匱，上有金簡玉字之書，言夏禹發之，得百川之理也。〔註110〕

按，《藝文類聚》卷八《山部下》引孔靈符《會稽記》：「會稽山面有宛委山，其上有石，俗呼石匱。昔禹躋此山，發石匱，得金簡玉字，以知山河體勢，於是疏導百川，和盡其宜。」孔說本《吳越春秋》。

4. 泄懸百餘丈，水勢高急，聲震水外。上泄懸二百餘丈，望若雲垂，此是瀑布，土人號爲泄也。江水又東逕諸暨縣南，縣臨對江流，江南有射堂。縣北帶烏山，故越地也。〔註111〕

按，《太平御覽》卷四十七《地部十二‧會稽東越諸山》引孔靈符《會稽記》：「諸暨縣西北有烏帶山，上多紫石，世人莫知。居士射敷，少時於此山掘得紫石。」《事類賦注》卷七，引《會稽記》作「烏帶山」同。故《水經注疏》卷四十，熊會貞認爲：「『北』下脫『有』字，『帶烏』二字當倒轉。又按《元和志》，烏帶山在縣北五十里，《名勝志》，烏帶山在縣東五十里。是山綿延甚廣，自西及北至東皆是，故此《注》舉北以該之。」

5. 丹陽葛洪遁世居之，基井存焉。〔註112〕

按，《晉書‧葛洪傳》不載此事。《太平御覽》卷四十七《地部十二‧會稽東越諸山》引孔靈符《會稽記》：「上虞縣有龍頭山，峰頂盤石廣丈餘，葛洪學仙坐其上，龍頭山去蘭風僅五里。又玄爲洪從祖，洪就玄弟子鄭隱學，得其法。」

6. 山下有禹廟，廟有聖姑像。〔註113〕

〔註109〕《水經注》卷四十《漸江水》「北過餘杭，東入於海」注。《水經注疏》，第3329頁。

〔註110〕《水經注》卷四十《漸江水》「北過餘杭，東入於海」注。〔民國〕楊守敬、熊會貞《水經注疏》，江蘇古籍出版社，1989版，第3310頁。以下版本同。

〔註111〕《水經注》卷四十《漸江水》「北過餘杭，東入於海」注。《水經注疏》，第3325頁。

〔註112〕《水經注》卷四十《漸江水》「北過餘杭，東入於海」注。《水經注疏》，第3333頁。

〔註113〕《水經注》卷四十《漸江水》「北過餘杭，東入於海」注。《水經注疏》，第

按，《太平御覽》卷四十七《地部十二·會稽東越諸山》引孔靈符《會稽記》：「會稽山上石，狀似覆釜，今禹廟在下。」又引云：「東海聖姑從海中乘舟，張石帆至，雨過天青，物見在廟中。」

7. 太守王廙之，移亭在水中，晉司空何無忌之臨郡也。起亭於山椒，極高盡眺矣。亭宇雖壞，基陛尚存。〔註114〕

按，《太平御覽》卷四十七《地部十二·會稽東越諸山》引孔曄《會稽記》，晉司人何無忌臨郡，起亭山椒，極望巖阜，基址猶存，因號亭山。

8. 射的之西，有石室，名之為射堂，年登否常占射的，以為貴賤之準。的明則米賤，的暗則米貴，故諺云：射的白，斛米百；射的玄，斛米千。〔註115〕

按，此條係孔曄《會稽記》文，引見《藝文類聚》卷八《山部下》，「斛」作「斗」。《太平寰宇記》、《太平廣記》三百九十七引較略，作「斛」。

9. （鄭）弘少以苦節自居，恒躬採伐，用貿糧膳。每出入溪津，常感神風送之，雖憑舟自運，無杖枻戢之勞。村人仇藉風勢，常依隋往還，有淹留者，徒輩相謂，汝不欲及鄭風邪？其感致如此。〔註116〕

按，《鄭弘傳》注引孔靈符《會稽記》：「射的山南有白鶴山。此鶴為仙人取箭，鄭太尉嘗採薪，得一遺箭。頃有人覓，弘還之。問何所欲，弘識其神人也。曰，常患若耶溪載薪為難原旦南風，暮北風。後果然。若耶溪同，至今猶然，呼為鄭公風也。」

10. 東有銅牛山，山有銅穴，三十許丈，穴中有大樹、神廟。〔註117〕

按，《太平御覽》卷四十七《地部十二·會稽東越諸山》引孔曄《會稽記》：「銅牛山，舊傳常有一黃牛，出山岩食草，人或驅蹙之，垂及輒失，知

〔註114〕 《水經注》卷四十《漸江水》「北過餘杭，東入於海」注。《水經注疏》，第3304頁。

〔註115〕 《水經注》卷四十《漸江水》「北過餘杭，東入於海」注。《水經注疏》，第3311頁。

〔註116〕 《水經注》卷四十《漸江水》「北過餘杭，東入於海」注。〔民國〕楊守敬、熊會貞《水經注疏》，江蘇古籍出版社，1989版，第3314頁。以下版本同。

〔註117〕 《水經注》卷四十《漸江水》「北過餘杭，東入於海」注。《水經注疏》，第3314～3315頁。

爲神。」

11. 浙江又北逕山陰縣西，西門外百餘步有怪山。本琅邪郡之東武縣山也，飛來徙此，壓殺數百家。〔註118〕

按，《太平御覽》卷四十七《地部十二・會稽東越諸山》孔曄《會稽記》文。

12. 越起靈臺於山上，又作三層樓以望雲物。〔註119〕

按，《太平御覽》卷四十七《地部十二・會稽東越諸山》引孔曄《會稽記》文。

13. 山上有瀑布，懸水三十丈，下注浦陽江。〔註120〕

按，《太平御覽》卷四十七《地部十二・會稽東越諸山》引孔曄《會稽記》：「剡縣西七十城，有白石山，肯上有瀑布水，懸下三十丈。

七、南朝宋劉道眞《錢唐記》

《水經注》卷四十又有本《錢唐記》以爲文而略其出處者二處：

1. 浙江又東逕靈隱山，山在四山之中，有高崖洞穴，左右有石室三所。又有孤石壁立，大三十圍，其上開散，狀似蓮花。〔註121〕

按，《北堂書鈔》卷一百五十八《穴》引劉道眞《錢塘記》：「靈隱山北有石穴，傍入，行數十步，有水廣丈餘。昔有人採鍾乳，見龍跡，聞穴裏隆隆有聲便出。」《太平御覽》卷九百六十引《錢唐記》：「靈隱山四布似連花，中央夾生谷樹，甚高大。」

2. 縣南江側有明聖湖。父老傳言，湖有金牛，古見之。神化不測，湖取名焉。〔註122〕

〔註118〕《水經注》卷四十《漸江水》「北過餘杭，東入於海」注。《水經注疏》，第3320頁。

〔註119〕《水經注》卷四十《漸江水》「北過餘杭，東入於海」注。《水經注疏》，第3320頁。

〔註120〕《水經注》卷四十《漸江水》「北過餘杭，東入於海」注。《水經注疏》，第3327頁。

〔註121〕《水經注》卷四十《漸江水》「北過餘杭，東入於海」注。《水經注疏》，第3296頁。

〔註122〕《水經注》卷四十《漸江水》「北過餘杭，東入於海」注。〔民國〕楊守敬、熊會貞《水經注疏》，江蘇古籍出版社，1989版，第3298頁。以下版本同。

　　按，《初學記》卷七《山部上》引劉道眞《錢塘記》：「明聖湖在縣南三里，父老相傳，湖中有金牛，古嘗有見其映寶雲泉，照耀流精，神化莫測，遂以明聖爲名。」《藝文類聚》卷九《水部下》並引此條。

八、南朝宋佚名《林邑記》

　　《水經注》又有暗引《林邑記》者數處：

1. 文爲奴時，山澗牧羊，於澗水中，得兩鱧魚，隱藏挾歸，規欲私食。郎知檢求，文大慚懼，起託云：將礪石還，非爲魚也。郎至魚所，見是兩石，信之而去。文始異之。石有鐵，文入山中，就石冶鐵，鍛作兩刀。舉刀向鄣，因祝曰：鱧鮮變化，冶石成刀，斫石鄣破者，是有神靈，文當治此，爲國君王。斫不入者，是刀無神靈。進斫石鄣，如龍淵、干將之斬蘆槀。由是人情漸附。今斫石尚在，魚刀猶存，傳國子孫，如斬蛇之劍也。〔註123〕

　　按，「山澗牧羊」，《北堂書鈔》卷一百二十三《武功部十一‧刀三十五》、《太平御覽》卷三百十五引《林邑記》作「牧牛」，《晉書》、《梁書》、《南史》、《太平寰宇記》同。《太平御覽》卷九百三十七《鱗介部九‧鱧魚》引《林邑國記》：「范文得鱧魚，變爲鐵，斫石如斬蘆。世傳魚刀，漢高斬蛇劍，晉惠帝時，武庫火，焚之。」

2. 楊邁母懷身，夢人鋪楊邁金席，與其兒落席上，金色光起，昭晰豔曜。華俗謂上金爲紫磨金，夷俗謂上金爲楊邁金。父胡達死，襲王位，能得人情，自以靈夢，爲國祥慶。〔註124〕

　　按，自初楊邁母至能得人情，《林邑記》文，引見《太平御覽》卷三百九十八《人事部三十九‧吉夢下》。《初學記》卷二十七《草部》引《林邑記》曰：「上金爲紫磨金，又曰揚邁金。」《太平廣記》卷二百七十六《范邁》，並《齊書‧南夷傳》宋永初元年，林邑王楊邁初產云云，敘邁事略同。

3. 米不外散，恒爲豐國。桑蠶年八熟繭。〔註125〕

　　按，《太平御覽》卷八百二十五《資產部五‧蠶》引《林邑記》：「九眞

〔註123〕《水經注》卷三十六《溫水》「東北入於鬱」注。《水經注疏》，第3009頁。
〔註124〕《水經注》卷三十六《溫水》「東北入於鬱」注。《水經注疏》，第3014～3015頁。
〔註125〕《水經注》卷三十六《溫水》「東北入於鬱」注。《水經注疏》，第3017頁。

郡，蠶年八熟，繭小輕薄，絲弱綿細。」明馮復京《六家詩名物疏》卷二十九《國風・豳》並引。又《吳都賦》：「鄉貢八蠶之綿。」

九、南朝宋鄭緝之《東陽記》

《水經注》中本鄭緝之《東陽記》爲文者尚有數處：

1. 床上有石牒，長三尺許，有似雜採帖也。〔註126〕

按，《太平御覽》卷六十九《地部三十四・湍瀨附》引鄭緝之《東陽記》：「信安縣去石門四十里，瀨邊悉有石牒，長三尺許，以羅列雜繪如店肆也。」《北堂書鈔》卷一百三十三《儀飾部四》引《東陽記》：「信安縣有籍姓在縣，瀨如瀑布焉。瀨邊有石床，上有石牒，長三尺許，似羅列雜繪矣。」

2. 山下水際，是赤松羽化之處也。炎帝少女追之，亦俱仙矣。後人立廟
   於山下。〔註127〕

按，《太平御覽》卷六十六《地部三十一》引鄭緝之《東陽記》曰：「北山去郡三十餘里，有赤松廟。故老相傳曰，其下有居民曰徐公者，嘗登嶺至此處見湖水，二人棋搏於湖間，自稱赤松子、安期先生。有一壺，酌酒以飲徐公，公醉而寐其側，比醒不復見。」

3. 穀水東逕獨松故冢下，冢爲水毀，其磚文：筮言吉，龜言凶，百年墮
   水中，今則同龜繇矣。〔註128〕

按，《太平御覽》卷七百六十七《雜物部・磚》引鄭緝之《東陽記》：「獨公冢（按，「冢」當作「山」）在縣東八十里，有冢臨溪，其磚文曰：筮言吉，龜言凶，三百年，墮水中。義熙中，冢猶半在；自後稍已崩盡。」《太平御覽》卷五百五十九《禮儀部三十八・冢墓三》引鄭緝之《東陽記》略同。今按：「獨公」當從《注》作「獨松」。此爲三言句之讖語，故「百年」當從《太平御覽》增「三」字，《水經注》有脫文。義熙前三百年，蓋東漢安帝時葬也。

〔註126〕《水經注》卷四十《漸江水》「北過餘杭，東入於海」注。〔民國〕楊守敬、熊會貞《水經注疏》，江蘇古籍出版社，1989版，第3292～3293頁。以下版本同。

〔註127〕《水經注》卷四十《漸江水》「北過餘杭，東入於海」注。《水經注疏》，第3294頁。

〔註128〕《水經注》卷四十《漸江水》「北過餘杭，東入於海」注。《水經注疏》，第3290頁。

十、南朝宋王韶之《始興記》

《水經注》中又有引《始興記》文而不明言出處者數處：

1. 古老言，昔有二仙，分而憩之，自爾年豐，彌歷一紀。〔註129〕

按，《太平御覽》卷五十二《地部十七・石下》引王韶之《始興記》敘二仙事。

2. 水又西南，歷皋口、太尉二山之間，是曰滇陽峽。兩岸傑秀，壁立虧天。〔註130〕

按，《藝文類聚》卷六《地部》引王韶之《始興記》：「梁、鮮二水口下流，有滇陽峽，長二十餘里，山嶺紆鬱，叢流曲勃。」「滇陽峽」名似出此。

3. 林水自源西注於瀧水。又與雲水合，水出縣北湯泉。泉源沸湧，浩氣雲浮，以腥物投之，俄頃即熟。其中時有細赤魚游之，不為灼也。〔註131〕

按，《文選》卷二十八《樂府下・鮑明遠樂府詩》「湯泉發雲潭，焦煙起石圻」句李善注引王歆之《始興記》：「雲水源泉，湧溜如沸湯，有細赤魚出遊，莫有獲之者。」又《藝文類聚》卷九十六《鱗介部上》引王韶之《始興記》：「雲水源有湯泉，下流多蛟害，癘濟者遇之，必笑而沒。」又《太平御覽》卷九百三十《蛟》引王韶之《始興記》同。

4. 洭水又東南入陽山縣，右合漣口，水源出縣西北一百一十里石塘村，村之流水側，有豫章木，本徑可二丈，其株根猶存，伐之積載，而斧跡若新。羽族飛翔不息，其旁眾枝，飛散遠集，鄉亦不測所如，惟見一枝，猶在含洭水矣。〔註132〕

按，《北堂書鈔》卷一百八《樂部・鼓七》引《始興記》：「陽山縣有石壚村，村下有豫章木，徑可二丈，秦時伐木為鼓，名曰聖鼓。」《注》此條前數名同，蓋本《始興記》為文。

〔註129〕《水經注》卷三十八《溱水》「東至曲江縣安聶邑東，屈西南流」注。《水經注疏》，第3183頁。

〔註130〕《水經注》卷三十八《溱水》「過滇陽縣，出洭浦關，與桂水合」注。《水經注疏》，第3186頁。

〔註131〕《水經注》卷三十八《溱水》「東至曲江縣安聶邑東，屈西南流」注。《水經注疏》，第3178頁。

〔註132〕《水經注》卷三十九《洭水》「出桂陽縣盧聚」注。〔民國〕楊守敬、熊會貞《水經注疏》，江蘇古籍出版社，1989版，第3198頁。以下版本同。

5. 晉義熙中，沙門釋僧律，葺宇岩阿，猛虎遠跡，蓋律人士佳期感所致，因改曰靈鷲山。〔註133〕

按，《始興記》敘靈鷲山佛寺事。《太平寰宇記》卷一百五十九《曲江縣》：「靈鷲山有寺，一曰虎市山。晉義熙中，有天竺到僧居之，而虎乃越峻嶺。《始興記》云，靈鷲山臺殿宏麗，面象巧妙，嶺南佛寺，此為最也。」《元豐九域志》：「山似天竺靈鷲，因名。」

6. 晉中朝時，縣人有使者至洛，事訖將還，忽有一人寄其書云：「吾家在觀岐前，石間懸藤即其處也，但叩藤，自當有人取之。」使者謹依其言，果有二人出外取書，並延入水府，衣不沾濡。言此似不近情，然造化之中，無所不有，穆滿西遊，與河宗論寶，以此推之，亦為類矣。〔註134〕

按，《水經注》未言故事出處。但《藝文類聚》卷八十二《草部下》引王歆《始興記》曰：「晉中朝，有質子將歸，忽有人寄其書，告曰：吾家在觀亭，亭廟石間有懸藤，君至叩藤，家人自出，歸者如其言，果有二人出水取書，並曰：江伯令君前，入水，見屋舍甚麗，今俗咸言觀亭有江伯神也。」《太平御覽》卷九百九十五《藤》引王韶之《始興記》記述同。只《注》言「使者」，《始興記》言「質子」稍異。

7. 洭水又南徑陽山縣故城西。《耆舊傳》曰：往昔縣長臨縣，輒遷擢超級，大史徑觀，言勢使然，掘斷連岡，流血成川，城因傾陁，遂即傾敗。閣下大鼓，飛上臨武，乃之桂陽，追號聖鼓。自陽山達乎桂陽之武步驛，所至循聖鼓道也，其道如塹，迄於鼓城矣。〔註135〕

按，《白貼》卷六十二引王韶之《始興記》：「秦鑿桂陽縣，閣下鼓便自奔逸於臨武，遂之洛陽，因名聖鼓。」宋陳暘《樂書》卷一百四十《樂圖論·俗部》：「王韶之《始興記》：息於臨武，遂之洛陽，因名聖鼓城。」《水經注疏》卷三十九楊守敬按：「考陽山之西北為桂陽縣，桂陽之東北為臨武縣，臨武之東北為桂陽郡治，言飛上臨武，乃之桂陽。則桂陽指郡治無疑。」

〔註133〕《水經注》卷三十八《溱水》「東至曲江縣安轟邑東，屈西南流」注。《水經注疏》，第3178頁。

〔註134〕《水經注》卷三十八《溱水》「過湞陽縣，出洭浦關，與桂水合」注。《水經注疏》，第3188頁。

〔註135〕《水經注》卷三十九《洭水》「出桂陽縣盧聚」注。《水經注疏》，第3199頁。

8. 峽西岸高岩，名貞女山。山下際有石，如人形，高七尺，狀如女子，
故名貞女峽。古來相傳，有數女取螺於此，遇風雨晝晦，忽化為石。
〔註136〕

按，此王韶之《始興記》文。《藝文類聚》卷六《地部》引王韶之《始興記》曰：「梁鮮二水口下流，有滇陽峽，長二十餘里，山嶺紆鬱，叢流曲勃，中宿縣有貞女峽，峽西岸水際，有石，如人形，狀似女子，是曰貞女，父老相傳，秦世有女數人，取螺於此，遇風雨晝昏，而一女化爲此石。」《太平御覽》卷五十三《地部十八》引王韶之《始興記》同。又《藝文類聚》卷九十七《鱗介部下》、《太平御覽》卷九百四十一《鱗介部十三‧螺》引作「桂陽貞女峽」。據此《水經注》則作桂陽是也。化石本屬相傳之說。《太平廣記》卷三百九十八《石女》引王歆《始興記》：「桂陽有貞女峽，傳云秦世數女取螺於此，遇雨，一女化爲石人。今石人形高七尺，狀似女子。」

9. 東岸有聖鼓杖，即陽山之鼓杖也。橫在川側，雖衝波所激，未嘗移動。
百鳥翔鳴，莫有萃者。船人上下，以篙撞者，輒有虐疾。〔註137〕

按，《太平御覽》卷七百七十一《篙》引王韶《始興記》：「含進公口，下流有枯木，曰聖鼓。上下人以篙犯之者，皆虐。」〔註138〕

第二節 《水經注》所引文學性地記考

一、漢末辛氏《三秦記》考

（一）《三秦記》作者及亡佚時代考

按三秦者，項羽滅秦，分其地爲雍、塞、翟三國，謂之三秦，其地在今陝西與甘肅省東部。辛氏《三秦記》，今已亡佚。清王謨《漢唐地理書鈔》：「案《隋》、《唐》志俱不著錄此書，然自《三輔黃圖》及劉昭《後漢書志》注、酈道元《水經注》、賈思勰《齊民要術》、宗懍《荊楚歲時記》，凡六朝著書，已相乘採用，且所記山川、都邑、宮室，借秦漢時地理故事，並不及魏晉，

〔註136〕《水經注》卷三十九《洭水》「出桂陽縣盧聚」注。《水經注疏》，第3197頁。
〔註137〕《水經注》卷三十九《洭水》「東南過含洭縣」注。〔民國〕楊守敬、熊會貞《水經注疏》，江蘇古籍出版社，1989版，第3201頁。
〔註138〕「進」爲「洭」之誤，「公」乃「翁」之誤。《水經注》「東南過含洭縣」注：「洭水東南左合翁水。」《水經注疏》第3200頁。

－127－

此書必漢人所著。辛氏在漢末隴西大姓，特失其名爲可惜耳。」從辛氏《三秦記》所載「章帝三年，子母竹生白虎殿，昔時謂之孝竹，群臣獻《孝竹頌》」及「中平五年，分漢陽爲南安郡」兩則有明確年號之二條〔註139〕看，書至少應成於漢靈帝中平五年（188）之後，故辛氏生於漢末之說，大抵不錯。

今考《三秦記》，唐修《隋書・經籍志》不著錄。五代修《舊唐書》、北宋修《冊府元龜》、《崇文總目》、《新唐書》，諸志皆不著錄；南宋鄭樵《通志》不著錄，但在卷七十五提到《三秦記》載夷齊食薇事。晁公武《郡齋讀書志》、陳振孫《直齋書錄解題》、尤袤《遂書堂書目》均不著錄。元馬端臨《文獻通考》、明高儒《百川書志》等亦不見著錄。《太平御覽經史圖書綱目》有「辛氏《三秦記》」。清章宗源《隋書經籍志考證》卷六：「《三秦記》，卷亡，辛氏撰，不著錄。」清秦榮光《補晉藝文志》卷二云：「辛氏《三秦記》，按《史通・內篇・雜述》，「九州土宇，萬國山川，物產殊宜，風化異俗，如各志其本國，足以明此一方，若盛弘之《荊州記》、常璩《華陽國志》、辛氏《三秦》、羅含《湘中》。此之謂地理書者也。」

梁代宗懍《荊楚歲時記》較早引《三秦記》，敘拳夫人藏鈎事。隋代杜公瞻《編珠》引四條。唐代引此《記》者甚多。《藝文類聚》獸部等引十條、《初學記》地部等引六條，另《北堂書鈔・武功部》、《史記・封禪書》唐張守節《正義》、《續漢書・郡國志》注、段成式《酉陽雜爼》續集卷四、《唐律疏義》卷七及卷十九、李吉甫《元和郡縣志》卷七及卷十四等均引及。唐杜佑《通典・州郡》卷一百七十一《州郡序》：「凡言地理者多矣，在區域，徵因革，知要害，察風土；纖介畢書，樹石無漏，動盈百軸，豈所謂撮機要者乎！如誕而不經，偏記雜說，何暇編舉」。自注曰：「謂辛氏《三秦記》、常璩《華陽國志》、羅含《湘中記》、盛弘之《荊州記》之類，皆自述鄉國靈怪，人賢物盛。參以他書，則多紕謬，既非通論，不暇取之矣。」揣杜佑之語，杜氏似目驗過辛氏《三秦記》等書，才好下結論。

張澍《二酉堂叢書》輯本序曰：「杜君卿《通典・州郡門》注：『辛氏《三秦記》之類，皆自述鄉國靈怪。』今按：此書在李唐尚未亡。徐堅《初學記》、魏王泰《括地志》、章懷太子《後漢書》注、虞世南《北堂書鈔》、司馬彪《郡國志》、張守節《史記正義》、司馬貞《史記索隱》皆引之。梁陸澄合《山海經》以來，一百十六家並多零失，見存惟十二家，此書諒在其中。宋朝著錄

〔註139〕張澍《二酉堂叢書》據劉昭《續漢書》注採。

只《太平御覽》、《太平寰宇記》二書援引尙多。余鈔撮成卷，藏之篋笥，以稽鄉邦故實，蓋與郭憲《洞冥》、子年《拾遺》侈談幻譎者異矣。」

張澍認爲此書在李唐尙未亡，所說不錯。但筆者以爲，此書至宋末亡。宋代著述引及辛氏《三秦記》者甚多，其中《太平御覽》地部等引四十七條，《太平寰宇記·敦煌下》等引二十五條，宋敏求《長安志》十三條，王應麟《玉海》引十四條，葉廷珪《海錄碎事》引三條（卷三下、卷十六、卷二十二下）。另，羅泌《路史》卷四十、《太平廣記》卷二百二十八、《樂府詩集》卷八及卷二十一、鄭樵《通志》卷七十五、郭允蹈《蜀鑒》卷五、傅寅《禹貢說斷》、楊侃《兩漢博聞》卷十、王應麟《通鑒地理通釋》卷十一、王應麟《詩地理考》卷二、王存等《元豐九域志》卷三、程大昌《雍錄》（卷一、卷三、卷五、卷六、卷九）、高承《事物紀原》卷七、唐愼微《政和經史證類本草》卷六均引及。可見除《太平御覽》、《太平寰宇記》二書外，宋書援引者尙多，所引條數約爲唐引條數的七、八倍，中多有出唐本所引之外者。如：

> 河西沙角山，峰岩危峻，逾於石山。其沙粒粗，有如干糒。又山之陽有一泉，云是沙井，泉歷今古，沙不塡之。人欲登峰，必步下入穴，即有鼓角之音震動人足。

此條，《太平寰宇記》卷一百五十三《敦煌縣》引及，《太平御覽》卷五十《地部十五》引同。但檢唐諸作，無引該條者。此類甚多。

又，唐引《三秦記》文往往不如宋引詳細。如唐代《初學記》卷六《地部中》：「《辛氏三秦記》曰：龍首山長六十里，頭入渭水，尾達樊川，高二十丈。云昔有黑龍從南山出，飲渭水，其行道因成土山。」《藝文類聚》卷九十六《鱗介部上·龍》引略同，只在「高二十丈」多「尾漸下高五六丈」一語。

宋代《太平御覽》卷四十四《龍首山》則要詳細得多：

> 《辛氏三秦記》云：龍首山長六十里。頭入渭水，尾連樊川。頭高二十丈，尾漸下高五六丈，土赤不毛。昔有黑龍從山出飲水，其行道成土山，今長安城，即疏山爲臺，殿基址不假築。其含元殿，即龍首山之東麓，高敞爲京城之最。階高於平地三十餘尺，南去丹鳳門四百餘步，中無間隔，左右寬平，東西廣百步。《兩都賦》云：漢之西都，寔曰長安，左據函谷二崤之岨，右界褒斜龍首之險，表

以太華終南之山，帶以洪河涇渭之川。即此山之形勢也。

可見，《太平御覽》所引之敘龍首山事與《初學記》同，但「土赤不毛」語，爲《藝文類聚》及《初學記》無。而其下敘長安城的建築情況及其形勢，《藝文類聚》、《初學記》亦不引。按此條未見唐代其它文獻引及，是知《太平御覽》引自《辛氏三秦記》原本。《藝文類聚》、《初學記》乃約略此條前一部分爲之。

元代胡三省《資治通鑑釋文辨誤》卷十一、劉履《風雅翼》卷八亦引《辛氏三秦記》，但不出唐宋諸本所引之外。明清所引也不過轉引以上諸書。

是知《辛氏三秦記》亡佚於宋後。

二、《三秦記》佚文考

輯錄辛氏《三秦記》佚文，自元末陶宗儀《說郛》已始。今存商務印書館本《說郛》卷四《墨娥漫錄》輯採僅一條，即宛委山堂本《說郛》首條。宛委山堂本《說郛》卷六十一凡輯採十九條〔註 140〕。清黃奭《漢學堂知足齋叢書·子史鉤沈》所輯係抄錄宛委山堂本《說郛》，亦十九條，順序同。

杜文瀾《曼陀羅華閣叢書·古謠諺卷二十八》有《三秦記佚文》一條，採自《太平御覽》卷三百七十七，爲《說郛》本所無：「《渡海往大秦國者謠》：心無憂患不經二旬，心若憂患遠離三春。」按《太平御覽》卷四百六十九《人事部百一十·憂下·懼》引略同：「辛氏《三秦記》曰：大秦國隔海，心無憂患，遇善風二十日得過，心憂數年不得渡。謠曰：心無憂患不經二旬，心若憂患遠離三春。土人質直，男女皆長一丈，端正國主，風雨不和，則讓賢而治。」

諸家輯本，以清張澍《二酉堂叢書》爲最備，凡輯八十多條。今人劉緯毅《漢唐方志輯佚》輯有辛氏《三秦記》，但不出《二酉堂叢書》本外。多有張澍已輯採而劉緯毅未收者，如前述杜本所採之一條，再如「漢上林有池十五所」條，「長安市有九」條，「子母竹」條，「《甘泉之歌》」條，劉本均無。其它如咸陽之沿革，藍田之由來，江河之異名，涇渭之分明，禹鑿龍門導四瀆，秦始皇埋寶壓王氣等，都爲劉輯本所無。

孫啓治《古佚書輯本目錄》列葉昌熾《擊淡廬叢稿》本，言葉自《草堂詩箋》採得十四節，爲《二酉堂叢書》本所無。葉本未見。但今檢蔡夢弼《草

〔註140〕參見附錄三：《水經注》所引重要文獻《說郛》輯本佚文出處補。

堂詩箋》卷一，在杜甫《遊龍門奉先寺》詩句「天闕象緯逼」一句注釋：「天闕，指龍門也……《三秦記》魚鼈上之即爲龍，否則點額而還。兩山對峙如門然，故名龍門。」該條早自唐人著作如《藝文類聚》卷九十六《鱗介部上·龍》、《文選》卷三十李善注、《史記》卷二《夏本紀第二》張守節《正義》、《通典》卷一百七十九《州郡九》等，就曾引及，且爲《二酉堂叢書》所採。《古佚書輯本目錄》所言未必全確。

　　今於《說郛》本、《二酉堂叢書》本等輯本外，又見有數條引《三秦記》者，故輯補於次：

1. 《三秦記》曰：上有銅鳳，名鳳闕。漢武作臺，詔群臣二千石能為七言者乃得上。七言者，詩也，句各七言，句末皆諧聲，仍各述所職，如丞相則曰：總領天下誠難哉。大司農則曰：陳粟萬石揚以箕。它皆類此，後世詩體，句為一韻者自此而始，名柏梁體。

　　按，此條宋程大昌撰《雍錄》卷三《柏梁臺》引，諸家輯本失採。該條事涉文學史上七言詩的緣起，但後世有不同的看法。如清顧炎武《日知錄》卷二十一：「漢武《柏梁臺詩》本出《三秦記》，云是元封三年作，而考之於史，則多不符。」

2. 《三秦記》曰：三月三日，秦昭王置酒河曲，有神人自泉而出，捧水心劍，曰：「令君制有西夏。（《太平御覽》卷第三百四十四《兵部七十五·劍下》）

3. 《三秦記》曰：小隴山，一名隴坻，又名分水嶺。（《太平御覽》卷五十《地部十五》）

4. 《三秦記》曰：紫泥水在成州。（《史記·高祖本紀》唐張守節《正義》）

5. 《三秦記》曰：始皇墓在驪山北，有始皇祠，不齋戒往，即急風暴雨，人理欲上，則杳冥失。縣西有白鹿原，周平王時白鹿出。（《後漢書》卷一百九《郡國志》京兆條注）

6. 《三秦記》曰：宋寶雞本秦之陳倉，《三秦記》曰秦武公都雍陳金城是也。（宋王存等撰《元豐九域志》卷三）

7. 《三秦記》曰：風門在新豐縣東南，兩阜相對，其所多風。（《太平寰宇記》卷二十九《關西道五·華州》）

8.《三秦記》曰：馮翊西南三十里有重泉城，漢武帝為李夫人所築。(《太平寰宇記》卷二十四《關西道四·同州》)

二、東晉羅含《湘中記》考

（一）作者及《湘中記》成書時代考

關於羅含的生平情況，清陳運溶《麓山精舍叢書第一集·歷朝傳記九種·羅含別傳》曾據《世說新語》注、《藝文類聚》、《太平御覽》等進行輯撰：

> 羅含，字君章，桂陽耒陽人也。蓋楚熊姓之後，啓土羅國，遂氏族焉。後寓湘境，故爲桂陽人。含，臨海太守曾孫，滎陽太守綏少子也（《世說新語·方正篇》注）。含少時晝臥，忽夢一鳥文采異常，飛來入口，含因驚起，心胸間如吞物，意甚怪之，叔母謂曰：「鳥有文采，汝後必有文章，此吉祥也。」含於是才藻日新。(《藝文類聚》卷九十《鳥部上》) 刺史庾翼以親賢之重作鎮方岳，按揚楚，楚匪蘭弗刈，仍辟含荊州部從事。(《太平御覽》卷二百六十五)) 刺史庾亮初命含部從事，桓溫臨州轉參軍（《世說新語·規箴篇》注）。以含爲別駕。以官廨喧擾，非靜默所處，乃於城西池小洲上，立茅茨之屋，竹果蔭宇，伐木爲床，織葦爲席，布衣蔬食，晏如若有餘（《藝文類聚》卷六十一）。桓公嘗謂眾坐曰：「此自江左之秀，豈惟荊楚而已。」累遷散騎常侍、廷尉、長沙相致仕，還家，階庭忽蘭菊挺生，豈非至行之征也？(《世說新語·方正篇》注)

《晉書》卷九十二有《羅含傳》，所敘與陳輯略同。

據《羅含傳》，羅含文采卓異，謝尚稱之曰「羅君章可謂湘中之琳琅」，桓溫贊之道「此自江左之秀，豈惟荊楚而已」。南朝宋劉義慶《幽明錄》的記述更具有傳奇色彩：「桂陽羅君章，二十許，都未有意學問。常晝寢，夢得一鳥卵，五色雜光，不似人間物。夢中因取吞之，於是漸有志向，遂更勤學，讀九經，以清才聞。」若拋開《幽明錄》的神奇內容，我們可知：一，劉宋時代，羅含就因文采出眾成爲當時人們景仰的前代作家；二，羅含之成才，是其「更勤學，讀九經」的結果，並非神仙的賜予。在唐代，他可能還是一個很知名的前代作家。杜甫《舍弟觀赴藍田取妻子到江陵，喜寄三首》詩云：「庾信羅含俱有宅，春來秋去作誰家。短牆若在從殘草，喬木如存可

假花。」劉禹錫《韓十八侍御見示岳陽樓別竇司直詩……自述故足成六十二韻》：「茅嶺潛相應，橘洲傍可指。郭璞驗幽經，羅含著前紀。」李商隱《菊》詩：「陶令籬邊色，羅含宅裏香。」詩人們把羅含同庾信、郭璞、陶淵明並列，可見羅含在唐人心目中的地位是比較高的。唐徐鉉《成氏詩集序》言「若夫嘉言麗句，音韻在成，非徒積學所能，蓋有神助者也。羅君章、謝康樂、江文通、邱希範，皆有影響發於夢寐」〔註 141〕，這一方面說明羅含對山水自然有著獨特的感受力和高超的藝術表現力，另一方面，從把羅含與以山水詩文名家的謝靈運、江淹、邱遲諸人並提來看，羅含正是以其山水文筆爲唐人所看重。羅含作品今多不傳，惟《湘中記》散見於文獻古籍。

　　羅含很有個性。《世說新語・方正第五》：「羅君章曾在人家，主人令與坐上客共語，答曰：『相識已多，不煩復爾。』」《世說新語・規箴第十》：「羅君章爲桓宣武從事，謝鎮西作江夏，往檢校之。羅既至，初不問郡事，逕就謝數日，飲酒而還。桓公問有何事？君章云：『不審公謂謝尚是何似人？』桓公曰：『仁祖是勝我許人。』君章云：『豈有勝公人而行非者，故一無所問。』桓公奇其意而不責也。」從這兩則軼事，我們可知羅含是一個耿介直爽、品性孤高的人。他對送往迎來的官場應酬十分不慣，對當時官場傾軋的現實深惡痛絕。他本無意爲官，少時「州三辟，不就」，當他父親的故吏引之爲主簿時，他「傲然不顧」〔註 142〕。後來大約由於羅含曾經做過庾翼的僚屬〔註 143〕，故其才名爲桓溫所知，桓溫臨州，乃以含爲部屬。但桓溫令羅含暗中刺探與之有知遇之恩的謝尚，使羅含對官場的險惡更加有所認識。因此，他「以廨舍喧擾，於城西池小洲上立茅屋，伐木爲材，織葦爲席而居，布衣蔬食，晏如也。」〔註 144〕

　　按，羅含生與謝尚、庾亮、桓溫同時，曾先後爲庾亮、桓溫僚屬〔註 145〕。

〔註 141〕見《全唐文》卷八百八十二。上海古籍出版社 1990 年版第四册，第 4085 頁。
〔註 142〕見《晉書》卷九十二《羅含傳》。中華書局，1974 年版，第 2403 頁。
〔註 143〕見上《別傳》。又《晉書》卷九十八《桓溫傳》：「溫與庾翼友善」。中華書局，1974 年版，第 2569 頁。
〔註 144〕《晉書》卷九十二《羅含傳》。中華書局，1974 年版，第 2403 頁。羅含此舉深得後人欽佩。宋劉義慶爲臨川王，就修整羅含居處，營置爲棲霞樓，而名其小洲爲「羅公洲」。《太平御覽》卷六十九《地部三十四》引王韶之《始興記》曰：「城西百餘步有棲霞樓，臨川王營置，清暑遊焉，羅君章居之，因名爲羅公洲。樓下洲上，果竹交陰，長楊傍映，高梧前竦，雖即城隍，趣同丘壑。」
〔註 145〕《晉書・羅含傳》：「刺史庾亮以爲部江夏從事。……後桓溫臨州，又補征西

考謝尚生於晉懷帝永嘉初（約307），卒於晉穆帝昇平初（約357）〔註146〕庾亮生於太康十年（289），卒於咸康六年（340）〔註147〕；桓溫生於永嘉六年（312），卒於寧康元年（373），故羅含生活於東晉前期。羅含既然「弱冠，州三辟，不就」，後又爲楊羨主簿、郡功曹，至刺使庾亮以其爲僚屬時應三十歲上下。又考庾亮領江、荊、豫三州刺史，事在咸和九年（334）〔註148〕，故羅含大約生於永興至永嘉初（約304～309）。《晉書》云其「年七十七卒」，則卒年應在太元六年至太元十年（381～385）左右。

湘中，即今湖南地，《湘中記》必羅含居湘時所著，而當桓溫封南郡公時，引羅含爲郎中令〔註149〕，已不居湘。《晉書》卷九十八《桓溫傳》：桓溫「昇平中，改封南郡公」，是昇平中（357～361）羅含已在朝輾轉任職矣。在太和四年（369），羅含爲侍中，還嘗奉帝命於山陽犒勞桓溫〔註150〕。則《湘中記》當是羅含爲庾亮桓溫僚屬時或任宜都太守時所作，即晉穆帝永和、昇平年間（345～361）。

再考《藝文類聚》卷八十一《藥香草部上》：

> 《湘中記》曰：永和初，有採藥衡山者，道迷糧盡，過息巖下，
> 見一老公，四五年少，對執書，告之以饑，與其食物，如署預，指
> 教所去，六日至家，而不復饑。

按，《太平御覽》卷九百八十九記述同。「永和初」前不加「漢」字，當指晉穆帝之「永和」（345～356），而非漢順帝之「永和」（136～141）。《記》稱「永和初」，則撰此《記》時已在永和後，故《記》應撰於昇平初（357～358）羅含爲郎中令之前的宜都太守任上，此時羅含宦遊兩湘多年，諳熟湘中山水風物、故實傳聞，記而爲書，也在情理之中。

參軍。」中華書局，1974年版，第2403頁。

〔註146〕《晉書》卷七十九《謝尚傳》：「昇平初，……卒於歷陽，時年五十。」中華書局，1974年版，第2071頁。

〔註147〕《晉書》卷七十三《庾亮傳》：「咸康六年薨，時年五十二」。中華書局，1974年版，第1923頁。

〔註148〕見《晉書》卷七《帝紀七》：咸和九年六月，「加平西將軍庾亮都督江、荊、豫、益、梁、雍六州諸軍事。」中華書局，1974年版，第178頁。《晉書》卷七十三《庾亮傳》：「陶侃薨，遷亮都督江、荊、豫、益、梁、雍六州諸軍事，領江、荊、豫三州刺史，進號征西將軍、開府儀同三司、假節。亮固讓開府，乃遷鎮武昌。」中華書局，1974年版，第1921頁。

〔註149〕見《晉書·羅含傳》。中華書局，1974年版，第2403頁。

〔註150〕見《晉書》卷九十八《桓溫傳》。中華書局，1974年版，第2576頁。

二、羅含《湘中記》的著錄、徵引情況及亡佚時代考

　　羅含此書，宋鄭樵《通志》作《湘川記》，誤。《史記・屈原賈生列傳》唐張守節《正義》引稱《湘水記》，亦誤。當以《水經注》作《湘中記》爲是。《續漢書・郡國志》注、《藝文類聚》山部、《初學記》地部，《太平御覽》地部並引作《湘中記》。宋《崇文總目》、陳振孫《直齋書錄解題》，元馬端臨《文獻通考》均作《湘中山水記》，殆其全名。

　　後魏酈道元《水經注》卷三十八《湘水注》最早引羅含《湘中記》八條。《後漢書・郡國志》梁劉昭補注長沙條、零陵條、桂陽條也較早引之。

　　唐代，《隋書・經籍志》不著錄《湘中記》。歐陽詢《藝文類聚》卷七《山部上》、卷八《山部下》、《水部上》、卷八十一《藥香草部上》、卷九十二《鳥部下》等共引《湘中記》十一條；徐堅《初學記》卷五《地理上》、卷八《州郡部》共引兩條；《史記》卷八十四《屈原賈生列傳》唐張守節《正義》引一條；《全唐文》卷三百四十六、卷八百十八、卷九百二十八各引一條。

　　五代《舊唐書・經籍志》及北宋《新唐書・藝文志》、王欽若《冊府元龜》均不著錄《湘中記》。《崇文總目》著錄：「《湘中山水記》三卷，中散大夫桂陽羅含君章撰。」宋代李昉《太平御覽》卷三十九、卷四十一、卷四十九、卷六十五、卷六十九、卷七十四、卷一百七十一、卷三百九十二、卷九百二十、卷九百八十九等共引《湘中記》十四條。《太平寰宇記》卷一百一十四引一條。《太平廣記》卷二九四《神四》、卷二九五《神五》、卷四三四《畜犬一》各引一條。《輿地廣記》卷二十六引一條。

　　南宋初，鄭樵《通志》卷六十六《藝文略》著錄：「《湘川記》一卷，羅含撰。」又同卷：「《湘中山水記》，盧拯撰。」尤袤《遂書堂書目》著錄：「《湘中山水記》。」但不著錄撰人和卷數。南宋晁公武《郡齋讀書志》不著錄。陳振孫《直齋書錄解題》卷八著錄：「《湘中山水記》三卷，晉耒陽羅含君章撰。范陽盧拯注。其書頗及隋唐以後事，則亦後人附益也。」按，鄭樵以《湘中山水記》爲盧拯撰，誤。陳振孫言羅含君章撰，范陽盧拯注，當是。南宋初葉廷珪《海錄碎事》引《湘中記》五條，其後羅泌《路史》卷四十四引一條，王應麟《玉海》引一條，王應麟《通鑒地理通釋》卷五引一條。

　　元代，《宋史》卷二百四《藝文志三》著錄「《湘中記》一卷。」〔註151〕馬端臨《文獻通考》卷二百五著錄轉引陳振孫《直齋書錄解題》語。胡三省

〔註151〕見《宋史・藝文志》，中華書局 1977 年版，第 5153 頁。

《資治通鑑釋文辨誤》引一條。

明代楊士奇等《文淵閣書目》、高儒《百川書志》，清代黃虞稷《千頃堂書目》等皆不著錄《湘中記》。清章宗源《隋書經籍志考證》卷六：「《湘中記》卷亡，羅含撰，不著錄。」

從上述著錄及徵引情況來看，羅含《湘中記》在唐宋時代猶存於世。唐代莫休符《桂林風土記》序：

> 前賢撰述，有事必書。故有《三國志》、《荊楚歲時記》、《湘中記》、《奉天記》。惟桂林事跡，闃然無聞。休符因退居，粗錄見聞，作《桂林風土記》，聊以為敘。
>
> 時唐光化二年九月二十三日，莫休符序。

又，《四庫全書總目提要》卷七十《史部》二十六《地理類三》：

> 《南嶽小錄》一卷，唐道士李沖昭撰。卷首有自序，稱「弱年悟道，近歲依師。洎臨嶽門，頻訪靈跡。遍閱古碑及《衡山圖經》、《湘中記》，仍致詰於師資、長者、嶽下耆年。或得一事，旋貯篋笥。撮而直書，總成一卷。」案書中有咸通年號，當作於懿宗以後。序末所題壬戌歲，蓋昭宗天復二年也。

光化、天復都是唐昭宗年號，光化二年是 899 年，天復二年是 902 年，時已至唐末，而觀其序，顯然都曾目驗《湘中記》，並以其為可堪效法的古代著述。是唐末《湘中記》存在之切證。

從宋代《崇文總目》、鄭樵《通志》、陳振孫《直齋書錄解題》，元代馬端臨《文獻通考》的著錄情況及《太平御覽》、《太平廣記》、《海錄碎事》等書的大量徵引來看，《湘中記》在南宋甚至到元代仍存於世。但明後諸書都無著錄，顯然已經亡佚。《四庫全書總目提要》有《稗史彙編》一百七十五卷，明王圻撰。《提要》稱：

> 是書搜採說部，分類編次。為綱者二十八，為目者三百二十，所載引用書目凡八百八種，而輾轉稗販，虛列其名者居多。如《三輔決錄》、《吳錄》、《三齊略記》、《太原記》、《湘中記》、《雞林誌》、《申子》、《尸子》之類，圻雖博洽，何由得見全帙？又卷首雖列書名，卷中乃皆不注出處。是直割裂說部諸編，苟盈卷帙耳。

《提要》所提出的質疑是有道理的。《湘中記》等諸書在明應已亡佚，只散見於諸書引錄，確實難見全帙。

三、羅含《湘中記》佚文考

　　陳運溶《麓山精舍叢書第一集·荊湘地記二十九種》、王仁俊《玉函山房輯佚書補編》、《說郛》宛委山堂本、《五朝小說大觀·魏晉小說外乘家》、商務印書館本《說郛》卷四《墨娥漫錄》、黃奭《漢學堂知足齋叢書·子史鈎沈》均輯有羅含《湘中記》。

　　《說郛》宛委山堂本所輯共十七節，商務印書館本《說郛》卷四《墨娥漫錄》，所輯凡五節，即宛委山堂本前五節〔註152〕。《五朝小說大觀·魏晉小說外乘家》所輯十七節係抄錄宛委山堂本《說郛》，順序同。黃奭《漢學堂知足齋叢書·子史鈎沈》係抄錄宛委山堂本《說郛》。陳運溶《麓山精舍叢書第一集·荊湘地記二十九種》從《水經注》、《後漢書·郡國志》劉昭注、《初學記》、《太平御覽》采輯得八條，中可補《說郛》失採者二條〔註153〕。王仁俊《玉函山房輯佚書補編》據《太平寰宇記》卷一百一十四採二節，其中「青玉壇」條《說郛》有，但有微異〔註154〕。今人劉緯毅《漢唐方志輯佚》輯有羅含《湘中記》，其中有未見於以上諸本者四條。「九疑山」條、「銀山」條、「衡山」條、「酈湖」條、「昭潭」條、「菁口」條、「義帝廟」條、「石床」條、「臨水」條、「蔡倫宅」條、「青玉壇」諸條見《說郛》宛委山堂本，但為《漢唐方志輯佚》所不輯。

　　尤要者，檢諸家輯本，尚有八條失採，茲列於次以作補充：

　　1.（臨承縣有石鼓）扣之，聲聞數十里，此鼓今無復聲。

　　按，《水經注》卷三十八《湘水》「又東北過重安縣東。又東北過酈縣西，承水從東南來注之」注：「臨承即故酈縣也……縣有石鼓，高六赤，湘水所

〔註152〕參見附錄三：《水經注》所引重要文獻《說郛》輯本佚文出處補。
〔註153〕（1）湘水之出於陽朔，則觴為之舟；至洞庭，日月若出入於其中也。（《水經注》卷三十八《湘水》「湘水出零陵始安縣陽海山」注引羅君章《湘中記》）
　　　　（2）石燕在零陵縣，雷風則群飛翩翩然，其土人來採有乾者，今合藥或用。（《太平御覽》卷四十九《地部十四》引羅含《湘中記》）按，此條又見於《太平御覽》卷九百二十二。又《藝文類聚》卷九十二《鳥部下·燕》引《湘中記》曰：「零陵有石燕，形似燕，得雷風則飛，頡頏如真燕。」《太平御覽》卷一百七十一引羅含《湘中記》曰：「石燕在泉陵縣，雷風則群飛然，其土人稀有見者。」《水經注》卷三十八《湘水》「又東北過泉陵縣西」注：「（石燕山）其山有石，紺而狀燕，因以名山。其石或大或小，若母子焉，及其雷風相薄，則石燕群飛，頡頏如真燕矣。羅君章云：今燕不必復飛也。」
〔註154〕《玉函山房輯佚書補編》作「祝融峰山有青玉壇方五丈，即仙人行道之所」；《說郛》後句則為「有蓋香峰行道處」。「石燕」條，陳運溶亦據《御覽》輯。

遜，鼓鳴則土有兵革之事。羅君章云：扣之，聲聞數十里，此鼓今無復聲。」

2. 項籍徙義帝於郴而害之，今有義陵祠。又縣南十數里有馬嶺山，山有仙人蘇耽壇。

按，《後漢書‧郡國志四》桂陽條梁劉昭補注引《湘中記》〔註155〕。雖然未標明作者，但同卷零陵條注則引爲「羅含《湘中記》」，表明此條所引亦羅含語無疑。

3. 其地有舜之遺風，人多純樸，今故老猶彈五弦琴，好爲《漁父吟》。

按，《太平御覽》卷一百七十一《州郡部十七‧江南道下》引《湘中記》。《太平御覽綱目》只列羅含《湘中記》。

4. 沿湘千里，但聞《漁父吟》中流相和，其聲綿邈也。

按，《太平御覽》卷三百九十二《人事部三十三‧吟》引《湘中記》。《水經注》卷三十八《資水》「又東北過益陽縣北」注：「處處有深潭，漁者咸輕舟委浪，謠詠相和。羅君章所謂其聲綿邈者也。」

5. 舜二妃死爲湘水神，故曰湘妃。

按，《樂府詩集》卷五十七引《湘中記》。又《後漢書‧郡國志》長沙條梁劉昭補注：「《湘中記》亦云二妃之神。」〔註156〕

6. 永和初，有採藥衡山者，道迷糧盡，過息巖下，見一老公，四五年少，對執書，告之以饑，與其食物，如署預，指教所去，六日至家，而不復饑。

按，《藝文類聚》卷八十一《藥香草部上》引《湘中記》。又，《太平御覽》卷九百八十九《藥部六》引同。

7. 衡山白槎廟。古老相傳：昔有神槎，皎然白色，禱之靈無不應。晉孫盛臨郡，不信鬼神，乃伐之。斧下流血。其夜波流神槎向上，但聞鼓角之聲，不知所止。開皇九年廢，今尚有白槎村在。

按，《太平廣記》卷第二百九十四神四《孫盛》條言出《湘中記》。

8. 晉王僧虔秉政，使從事宗寶，統作長沙城。忽見一傳教官語曰：「君何敢壞吾宮室？司命官相誅。」尋時宗寶乃墜馬。其夜，僧虔夢見一

〔註155〕 《後漢書》，中華書局，1965年版，第3482頁。
〔註156〕 《後漢書》，中華書局1965年版，第3484頁。

貴人來通，賓從鮮盛，語僧虔曰：「吾是長沙王吳君。此所居之處。
公何意苦我？若為我速料理，當位至三公。」僧虔於是立廟。自後祈
禱無不應。

按，《太平廣記》卷第二百九十五神五《王僧虔》條言出《湘中記》。

三、東晉袁山松《宜都記》考

（一）作者考

唐《志》李氏《宜都山川記》一卷，隋《志》無。王謨《漢唐地理書鈔·
宜都山川記敘錄》：

> 唐《志》本作李氏《宜都山川記》，而此《敘錄》乃引袁山松
> 傳者，緣《類聚》、《初學記》諸書多引袁崧《宜都記》，而《水經注》
> 尤詳。自江水東過姊歸縣南，至東南過夷道縣北，皆宜都郡治中，
> 引《宜都記》者三、袁崧者五，據言崧爲郡，嘗登山矚望，又言嘗
> 往返十許過，則是崧以嘗爲宜都太守，故作此《記》，《晉書》本傳
> 雖缺不載此《記》，要當爲山松作無疑也。考《晉書》目錄於袁瓌下
> 列瓌子喬，孫崧；而於瓌本傳則云喬子方平，方平子山松，明崧與
> 山松只一人，山松則離而爲字也，故諸素多互引，要未有稱李氏者。
> 唐《志》未知何據，今故備錄本傳定爲崧。

王謨的推證應該不錯。袁崧，即袁山松[註157]，陳郡陽夏人[註158]。
按《晉書》卷八十三《袁瓌傳》附《袁山松傳》，袁山松晉安帝時爲秘書丞，
歷任宜都太守吳國內史，於晉安帝隆安五年（401）死於孫恩之亂。《世說新
語·排調》載袁山松欲以女妻謝混事[註159]，說明在晉孝武帝（373～396）

[註157]《北堂書鈔》卷六十二《設官部十四》、卷一百六《樂部·歌篇二》，《晉書·
　　　謝混傳》作「崧」。宋司馬光《資治通鑑·晉紀》卷一百十一晉安帝隆安四年
　　　冬十一月：「吳國內史袁崧築滬瀆壘以備恩。崧，喬之孫也。」胡三省注：「崧」
　　　當作「山松」。清人趙一清說：「此本《晉書·列傳》耳。按傳，袁山松有名
　　　無字，諸本亦有作崧者，豈山松即崧之字，而以字行者耶？」見民國楊守敬、
　　　熊會貞《水經注疏》卷五《河水注》，江蘇古籍出版社1989年版，第382頁。
[註158]見逯欽立輯校《先秦漢魏晉南北朝詩》，中華書局1983年9月版，第903頁。
[註159]《世說新語·排調》：「孝武屬王珣求女婿，曰：王敦、桓溫，磊砢之流，既
　　　不可復得；且小如意，亦好豫人家事，酷非所須。正如真長、子敬比，最佳。
　　　舉謝混。後袁山松欲擬謝婚，王曰：卿莫近禁臠！」余嘉錫《世說新語箋疏》，
　　　中華書局，1983年版第820頁。

時，袁已有閨中待字之女，假定袁此時四十歲，則袁山松當生於晉康帝建元
元年至晉穆帝永和元年（343～345）左右。《藝文類聚》卷八十八《木部上》：
「謝混與從子靈運齊名，時人謂混風韻爲高日望葵，蕭如寒風振松，康樂凜
凜如霜臺籠日。」謝混爲謝安孫，謝靈運爲謝玄孫。謝混爲靈運族叔，當略
長於靈運。由此可推見，袁山松至少應比作爲山水詩的開山之祖的謝靈運
（385～433）年長四十歲左右。袁山松戰死於滬瀆時，謝靈運也還只是十六
歲的少年。

袁山松爲東晉士族，具有良好的家學傳統。按《袁瓌傳》，其曾祖袁瓌
曾上書晉成帝謹庠序、興儒學，《晉書》稱「國學之興，自瓌始也。」其祖
袁喬「博學有文才，注《論語》及《詩》，並諸文筆皆行於世。」與之同宗
的袁準、袁豹、袁宏等，亦皆有文名。袁山松本人更是「少有才名，博學有
文章」，「衿情秀遠」〔註160〕。他興趣廣泛，好輓歌〔註161〕，善書法〔註162〕，
通音樂〔註163〕，喜嘯吟〔註164〕，長於詩賦，擅場史筆。從《全晉文》、《先
秦漢魏晉南北朝詩》等所錄其現存作品看，其文長於論，《光武紀論》、《獻
帝紀論》尤佳；賦作《歌賦》、《酒賦》、《圓扇賦》亦爲佳製。其詩善詠物，

〔註160〕見《晉書》卷八十三《袁瓌傳》附《袁山松傳》。中華書局，1974 年版，第
2169 頁。又，《全晉文》卷 54 至卷 57 有袁準、袁瑰、袁喬、袁豹、袁山松、
袁宏諸家文。

〔註161〕《世說新語》任誕第二十三：張湛好於齋前種松柏。時袁山松出遊，每好令
左右作輓歌。時人謂：「張屋下陳屍，袁道上行殯。」又，《陔餘叢考》卷三
十八、《初學記》卷十四《禮部下》記述同。余嘉錫《世說新語箋疏》，中華
書局，1983 年版第 820 頁。

〔註162〕《吳地記》：山松能楷書，梁武帝評其書云：「山松書如深山道者，見人便欲
縮退。」又，《太平御覽》卷七百四十八引袁昂《古今書評》同。

〔註163〕袁山松「善音樂，舊曲有《行路難曲》，辭頗疏質，山松好之，及爲文其章句，
婉其節制，每因灑酣，縱歌之，聽者莫不流涕」。見《晉書》卷八十三《袁瑰
傳》附，《太平御覽》卷五百七十同。《續晉陽秋》也說：「袁山松作《行路難》，
辭句婉麗，聽者莫不流淚。吳曇善倡樂，桓伊能輓歌。時稱爲三絕。」（見《太
平御覽》卷五百五十二）又，梅村詩《觀〈蜀鵑啼〉劇有感》四首，前有序
云：「庾子山之賦傷心，時方板蕩；袁山松之歌行路，聞且欷噓。」可見袁山
松的詩賦具有相當強的感人力量，在當時就已享有盛名。

〔註164〕《全晉文》卷一百十九載桓南郡《與袁宜都書論嘯》，《藝文類聚》卷十九《人
部三》載袁山松《答桓南郡書》。又，《全晉文》卷五十六載袁山松《歌賦》
曰：「朱唇不啓，皓齒不離，清氣獨轉，妍弄潛移，或似停而不留，或如疾而
不馳」。〔清〕嚴可均編《全上古三代秦漢三國六朝文》，中華書局，1958 年
版，第 1783 頁。

《菊》、《白鹿》等詩都是中國五言詩中較早的詠物之作。如《菊詩》曰：「靈菊植幽崖，擢穎淩寒飇，春露下染色，秋霜不改條。」〔註165〕已能夠抓住景物的耐寒特點而進行人格化的描寫，與其出色的寫景文有著異曲同工之妙。沈約《宋書》卷六十七《謝靈運傳論》說：「仲文始革孫、許之風，叔源大變太元之氣。」袁山松欲以女妻謝混，除了其它原因外，也或許與謝混（叔源）頗具山水雅興有關。

袁山松有《後漢書》一百卷，《集》十卷，今並亡佚。《隋書》卷三十三《經籍志》史部：「《後漢書》九十五卷，本一百卷，晉秘書監袁山松撰。」又，卷三十五《經籍志》集部：「《袁山松集》十卷。」兩《唐志》亦著錄袁山松《後漢書》。唐劉知幾《史通・內篇・書志第八》：「竊以國史所書，宜述當時之事……其間唯有袁山松……等數家，頗覺其非，不遵舊例。凡所記錄，多合事宜。寸有所長，賢於班、馬遠矣。」從兩《唐志》的著錄及劉知幾的評論看，袁山松之《後漢書》在唐代還在。袁山松能以百卷之規模而成「多合事宜」之史，說明他學問淵綜廣博。袁山松的才氣、學識和稟賦，與他山水散文創作的才情和筆力都是相關聯的。

二、歷代著錄及袁山松《宜都記》亡佚時代考

《隋書・經籍志》及宋代的《冊府元龜》、《崇文總目》均不著錄此書。《新唐書》卷五十八所載李氏《宜都山川記》一卷，殆即此書李氏鈔存本。鄭樵《通志》著錄：李氏《宜都山州記》一卷，「州」是「川」之誤。可見在兩宋之交，此抄本還在。但南宋晁公武《郡齋讀書志》、陳振孫《直齋書錄解題》、尤袤《遂書堂書目》，元代馬端臨《文獻通考》，明代楊士奇等《文淵閣書目》及高儒《百川書志》，均無著錄。元明後亦不見著錄。故書似應亡佚於南宋。清黃虞稷《千頃堂書目》卷七著錄：「吳應臺《宜都記》（荊州府人，敘州府同知）。」但爲清人同名之作無疑。清章宗源《隋書經籍志考證》卷六：「《宜都記》，卷亡，袁山松撰，不著錄。」丁國鈞撰子辰注《補晉書藝文志》著錄：「《宜都山川記》（袁山松）謹按：是書原本書鈔，《藝文類聚》《初學記》《御覽》均引或省作《宜都記》，蓋山松曾守宜都（本傳失載），此其在郡時所著。《藝文類聚・嘯類》載桓玄與袁宜都書，即山松。」〔註166〕清文廷式撰《補

〔註165〕見《藝文類聚》卷八十一《藥香草部上》。
〔註166〕《二十五史補編》中華書局1955年版，1998年第7次印刷，用開明書店（1935）

晉書藝文志》：「袁山松《宜都山川記》：《水經注》《藝文類聚》《初學記》諸書並引之，或省『山川』字。」〔註167〕吳士鑒撰《補晉書經籍志》：「袁山松《宜都山水記》：《北堂書鈔》、《初學記》、《太平御覽》並同。《水經注》、《藝文類聚》或稱《宜都記》。」〔註168〕

按，《水經注》引此書作《宜都記》。《北堂書鈔》天部作《宜都記》；唐代《藝文類聚》引此書者凡五條，其中地部等二條作《宜都記》，獸部等三條作《宜都山川記》；《初學記》天部、居處部作《宜都記》，地部引作袁山松《宜都山川記》。宋代吳淑《事類賦》卷六作《宜都記》；《太平御覽》引十八條，其中八條作《宜都記》，十條作《宜都山川記》；《太平寰宇記》引三條，均作《宜都記》；、王應麟《通鑑地理通釋》卷十二、卷十三引兩條也作《宜都記》，《新唐書》卷五十八則稱《宜都山川記》。蓋山松曾守宜都，此其在郡時所著。本傳雖未載，然《藝文類聚》嘯類載桓玄《與袁宜都書》，可證。

據《晉書》，宜都古屬荊州。六國時，其地爲楚。及秦，取楚鄢郢爲南郡。三國時蜀分南郡，立宜都郡〔註169〕，劉備殁後，復屬吳。故《晉書》卷十五言：「宜都郡吳置，統縣三，戶八千七百。」其治所在夷道縣，即今湖北宜都。

三、袁山松《宜都記》佚文考

宛委山堂本《說郛》卷六十一，商務印書館本《說郛》卷四《墨娥漫錄》；葉昌熾《擊淡廬叢稿》、黃奭《漢學堂知足齋叢書‧子史鈎沈》《五朝小說大觀》、《漢唐地理書鈔》均輯有袁山松《宜都山川記》。

宛委山堂本《說郛》卷六十一所輯凡七節，商務印書館本《說郛》卷四《墨娥漫錄》所輯僅一條〔註170〕，黃奭《漢學堂知足齋叢書‧子史鈎沈》與《五朝小說大觀》所輯，與宛委山堂本《說郛》卷六十一無異，係抄自《說郛》本。葉昌熾《擊淡廬叢稿》自《草堂詩箋》卷十一採得一條，不出《說

原版重印，第三冊 3674 頁。
〔註167〕《二十五史補編》中華書局 1955 年版，第三冊 3740 頁。
〔註168〕《二十五史補編》中華書局 1955 年版，第三冊 3871 頁。
〔註169〕《宋書》卷三十七：「建安十五年，劉備改爲宜都。領縣四，戶一千八百四十三，口三萬四千二百二十。」
〔註170〕參見附錄三：《水經注》所引重要文獻《說郛》輯本佚文出處補。

郛》本外。

　　王謨《漢唐地理書鈔》「共抄出《水經注》九條,《後漢書》注一條,《藝文類聚》三條,《初學記》四條,《北堂書鈔》四條,《御覽》十條,《元和郡縣志》一條,《太平寰宇記》四條。」〔註171〕其中有《說郛》本未輯者二十餘條,多有見於《水經注》或為《水經注》所暗引者〔註172〕。

　　今人劉緯毅《漢唐方志輯佚》輯有袁山松《宜都記》,但可補說郛》本和王謨《漢唐地理書鈔》本之闕者僅一條:常聞峽中水疾,書記及口傳,悉以臨懼相戒,曾無稱有山水之美也。(《水經注》卷三十四《江水注》)另,《秭歸》條,「原田宅於今具存」也是《宜都記》語,因《水經注》下有「指謂此也」之語。王謨本採,劉本不採。《歸鄉》條,劉本不採「抑其山秀水清,故出儁異;地險流疾,故其性亦隘。《詩》云:惟嶽降神,生甫及申。信與」數句,惜。數句顯然也是《宜都記》語,因《水經注》下有「余謂山松此言」之語。

　　今檢得諸本失輯者四條,列之於下:

1. 宜都郡望鍾山,山根有湧泉成溪,溪注丹水,天陰欲雨,輒有赤氣,故名丹溪。

　　按,《太平御覽》卷十五《天部十五·霧》:《荊州圖》曰:宜都郡望州山,(袁山松《宜都記》曰鍾山。)山根有湧泉成溪,溪注丹水,天陰欲雨,輒有赤氣,故名丹溪。《荊州圖》乃轉抄《宜都記》文,故有「袁山松《宜都記》曰鍾山」之注。此節與《藝文類聚》卷七《山部上》所引:「郡西北陸行四十里,有丹山,山間時有赤氣,籠蓋林嶺如丹色,因以名山。」一節似接。

2. 常聞峽中水疾,書記及口傳,悉以臨懼相戒,曾無稱有山水之美也。及余來踐躋此境,既至欣然,始信耳聞之不如親見矣。其疊巘秀峰,奇構異形,固難以辭敘;林木蕭森,離離蔚蔚,乃在霞氣之表。仰矚俯映,彌習彌佳,流連信宿,不覺忘返,目所履歷,未嘗有也。既自欣得此奇觀,山水有靈,亦當驚知己於千古矣。

〔註171〕見王謨《漢唐地理書鈔·宜都山川記敘錄》。
〔註172〕但出自《北堂書鈔》卷一百五十八《穴》的《難留城》條,出自《藝文類聚》卷七《山》的《神祠竹拂》條(《太平御覽》卷九百六十二稍異),出自《太平寰宇記》卷一百四十七《夷陵縣》的《馬穴》條,出自《太平御覽》卷四十九的《荊門》、卷七《山部上》的《丹山》條等,不見於《水經注》。

　　按，出《水經注》卷三十四《江水注》。劉本不引「曾無稱有山水之美也」後數句。其實，「山松言」應至「當驚知己於千古矣」止。清閻、胡、黃以爲是酈道元語〔註173〕，誤。趙一清《水經注釋附條》上：「述《宜都山水記》，語出袁山松，非道元也。東樵蓋誤會耳。」錢鍾書：「詩文之及山水者……終則附庸而蔚成大國，殆在東晉乎？袁崧《宜都記》一節足供標識：『其叠峨秀峰，奇構異形，固難以詞敘。林木蕭蕭，離離蔚蔚，乃在霞氣之表，仰矚俯映，彌習彌佳。』遊目賞心之致，前人抒寫未曾。」〔註174〕

　　3. 六月至此穴（宜都佷山縣山風穴），便思衣裘。

　　按，《太平御覽》卷九《天部九‧風》：盛弘之《荊州記》曰：「宜都佷山縣山有風穴，張口大數尺，名曰風井。夏則風出，冬則風入。風出之時，吹拂左右，常淨如掃。暑月經之，凜然有衣裘想。《宜都山記》曰：袁山太公以六月至此穴，便思衣裘。」「袁山太公」乃「袁山松」之誤抄。「夏則風出，冬則風入」爲《宜都記》語，《水經注》卷三十七《夷水注》：「袁山松云：夏則風出，冬則風入，春秋分則靜。」

　　4. 都孫息尚存。

　　按，《太平御覽》卷六百八十八《服章部五‧帢》：「鹽水上有石室，民駱都到室邊採蜜，見一仙人裙衫白帢坐，見都，凝瞻不轉。」引殊略，情節不完整。《水經注》卷三十七《夷水注》較詳，當爲酈道元抄變袁山松《宜都記》而來，並於後補筆：「袁山松云：都孫息尚存。」

四、南朝宋盛弘之《荊州記》考

（一）盛弘之《荊州記》的成書時代、著錄情況及亡佚時代考

　　六朝時，《荊州記》有四：一范汪（見引於《藝文類聚‧居處部》），一劉澄之（見引於《初學記‧地部》），一庾仲雍（見引於《文選‧遊仙詩》李善

〔註173〕清胡渭《禹貢錐指‧例略》：「孰知爲《禹貢》之忠臣，《班志》之畏友哉。惟子鴻深信而篤好之，反覆尋味，每水各寫一圖，兩岸帶諸小水，無一不具，精細絕倫，余玩之不忍釋手，百詩有同嗜焉。昔善長敘宜都山水之美，沾沾自喜曰：『山水有靈，亦當驚知己於千古』。至今讀之，勃勃有生氣。吾三人表彰酈注，不遺餘力，亦自謂作者有靈，當驚知己於千古也。」三人者，謂胡渭（東樵）、閻若璩（百詩）、黃儀（子鴻）。

〔註174〕錢鍾書《管錐編‧全漢文卷八九》。中華書局，1986 年版第三冊 1037 頁。

注），一則盛弘之。《隋志》著錄盛弘之《記》三卷。范、劉、庾三《記》不
著錄。三《記》佚文絕少，而盛弘之《記》散見唐宋箋注及諸類書甚夥。

《隋書》卷三十三《經籍志》：「《荊州記》三卷，宋臨川王侍郎盛弘之
撰。」盛弘之，一作「宏之」，《宋書》不立傳，僅以《隋書》知其官爲臨川
王侍郎。《初學記》卷二十四《居處部》棲霞樓條引盛弘之《荊州記》曰：「城
西百餘步，有棲霞樓，宋臨川康王置。」臨川康王，係劉義慶。考《宋書》
卷五十《臨川王（武烈）道規傳》，義慶襲臨川王，諡康，元嘉九年爲荊州
刺史，元嘉十六年改江州。是盛弘之以臨川國侍郎，從義慶蒞荊，因述荊州
故實，則其《記》必始於元嘉九年而迄於十六年。

清陳運溶盛弘之《荊州記》輯本跋對成書年代作出了較爲嚴謹的推理考
證：

> 考《宋書・州郡志・郢州敍》，稱孝建元年分荊州之武陵、天
> 門立。又，湘州、臨慶、始建、廣興下稱：臨賀、始安、始興三郡，
> 吳立，屬廣州。晉成帝度荊州，宋文帝元嘉二十九年度廣州、雍州。
> 《敍》又稱元嘉二十六年，剖荊州之襄陽、南陽、新野、信陽、隨
> 五郡爲雍州。今《記》中具載武陵、天門、臨賀、始安、始興、襄
> 陽、南陽、新野、隨諸郡（見《太平御覽》）；惟武陵見《藝文類聚・
> 山部上》，南陽見《文選・南都賦》李注。可知弘之記荊州時，諸郡
> 尚未分隸雍、湘、廣三州。其《記》成於元嘉二十六年之前，殆無
> 疑義。

> 又，《記》中有長沙、湘東、零陵、桂陽四郡（見《太平御覽》），
> 宋志俱隸湘州。其《湘州敍》云：晉懷帝分荊州之長沙、衡陽、湘
> 東、邵陵、零陵、營陽、建昌，江州之桂陽八郡立，成帝省，安帝
> 義熙八年復立，十二年又省。宋永初三年又立，元嘉八年省；十六
> 年又立〔註175〕。當湘州既省未立之時，桂陽必不復隸江，而與長
> 沙、湘東、零陵各郡，並還於荊。據《太平御覽・禮儀部三十》引

〔註175〕《宋書》卷三十七《州郡三》：「湘州刺史，晉懷帝永嘉元年，分荊州之長沙、
衡陽、湘東、邵陵、零陵、營陽、建昌，江州之桂陽八郡立，治臨湘。成帝咸
和三年省。安帝義熙八年復立，十二年又省。宋武帝永初三年又立，文帝元嘉
八年省；十六年又立，二十九年又省。孝武孝建元年又立。建昌郡，晉惠帝元
康九年，分長沙東北下雋諸縣立，成帝咸康元年省。元嘉十六年，立巴陵郡屬
湘州，後度郢。領郡十，縣六十二，戶四萬五千八百八十九，口三十五萬七千五百
七十二。去京都水三千三百。」中華書局，1974 年版，第 1129 頁。

《記》，有元嘉六年冠軍縣發張詹墓事〔註176〕，《木部十》又引《記》元嘉十二年巴陵縣娑羅樹生花〔註177〕，明弘之之《記》必撰於元嘉八年省湘之後，十七年復湘之前，故《記》中存湘州之名（《北堂書鈔・禮儀部四》），而仍入長沙郡於荊州也。

清曹元忠盛弘之《荊州記》輯本序則以《記》中敘「百里洲」一節〔註178〕推證，確定書當成於元嘉十四年。

陳、曹推證，自有道理。則盛弘之《荊州記》成書於元嘉（424～453）中期，殆無疑義。

除《隋書・經籍志》外，宋代《冊府元龜》卷五百五十五著錄：「盛宏之為臨川王侍郎，撰《荊州記》三卷。」同書卷五百六十又載，但「宏」作「弘」。宋鄭樵《通志》卷六十六著錄：「《荊州記》三卷，宋盛弘之撰。」但宋晁公武《郡齋讀書志》、陳振孫《直齋書錄解題》、尤袤《遂書堂書目》，元馬端臨《文獻通考》，明《文淵閣書目》、《百川書志》等皆不著錄，知己亡佚。

從諸書徵引盛弘之《荊州記》情況來看，所引用者除《水經注》（《水經注・淯水注》書名、人名並出。）外，如梁劉昭《後漢書・郡國志》注、劉孝標《世說新語》注已引之。隋代杜公瞻《編珠》引五條，唐代歐陽詢《藝

〔註176〕《藝文類聚》卷四十《禮部下》引盛弘之《荊州記》曰：「冠軍縣東，有魏征南軍司張詹墓，刻其碑背曰：『白楸之棺，易朽之裳，銅鐵不入，瓦器不藏，嗟矣後人，幸勿我傷。』至元嘉六年，民饑，始被發，金銀朱漆之器，雕刻爛然。」《水經注》卷二十九、《太平御覽》卷五百五十一、《太平御覽》卷七百六十七、《太平御覽》卷五百八十九並引此。

〔註177〕《太平御覽》卷九百六十一引盛弘之《荊州記》曰：「巴陵縣僧寺床下忽生一木，不旬日，勢陵軒棟。道人移居避之，木即長遲，但極晚香。有西域僧，見之，曰：『娑羅樹也。』彼僧所憩之蔭，常著花。至玄嘉十一年，忽生一花，狀如芙蓉。」《齊民要術》卷十《五穀果蓏菜茹韭》引略同。

〔註178〕引見《水經注》卷三十四《江水注》及《太平御覽》卷六十九。但《太平御覽》作「宋文帝在藩」，則應是修《御覽》者所改造。文帝，元嘉之君，弘之不應得預其證，《水經注》「今上在西，忽有一洲自生」蓋《記》舊文。清顧炎武《日知錄》卷二十：「凡引前人之言必用原文。《水經注》引盛宏之《荊州記》曰：江中有九十九洲，楚諺云：『洲不百，故不出王者。』桓玄有問鼎之志，乃增一洲，以充百數。僭號數旬，宗滅身屠。及其傾敗、洲亦消毀，今上在西，忽有一洲自生，沙流回薄，成不淹時。其後未幾，龍飛江漢矣。注乃北魏酈道元作，而記中所指今上則南宋文帝，以宜都王即帝位之事，古人不以為嫌。」又，《太平御覽・地部三十四》引《記》：「宋文帝在荊。」類同。

文類聚》地部、水部等引二十條、《初學記》地部一條、《白孔六帖》一條，林寶《元和姓纂》一條，李善《文選》登樓賦注一條，虞世南《北堂書鈔》、顏師古《前漢書》注、章懷太子李賢《後漢書》注、司馬貞《史記索隱》及張守節《史記·五帝紀》正義亦引之。宋代，《太平御覽》天部、地部等引約百條，《太平寰宇記》引三十條，王應麟《玉海》引五條，《太平廣記》卷三百八十九引一條。明清以下書引盛弘之《荊州記》者，無出上述諸書所引之外者，知為轉引，從略。

　　按陳運溶序稱：「盛氏《荊州記》，至唐末已佚，故新、舊唐志俱未著錄，而《太平御覽》引此書獨詳，殆延修文御覽之舊也。《事類賦》，宋吳淑撰。淑曾預修《太平御覽》，其中所引，亦盡出《御覽》，非眞見原書者，且刪去姓氏，亦不及《御覽》精眩。宋樂史《太平寰宇記》可云博雅，中引盛《記》，復不免訛誤……是《寰宇記》亦未見盛氏原書，於此可見。」其所言還是有道理的。

　　今按，《直齋書錄解題》又稱唐吳從政刪盛弘之《荊州記》諸書為《襄沔記》三卷，今《襄沔記》既佚，則《荊州記》之亡更久。盛《記》之亡，殆與吳從政刪書之事有關？

（二）盛弘之《荊州記》佚文輯考

　　盛弘之《荊州記》輯本有《說郛》宛委山堂本、商務印書館本《說郛》卷四《墨娥漫錄》、陳運溶《麓山精舍叢書第一集·荊湘地記二十九種》、曹元忠《箋經室叢書》（清光緒二十七年荊州田氏刻移山堂叢書本）、王謨《漢唐地理書鈔》、王仁俊《玉函山房輯佚書補編》等。

　　《說郛》宛委山堂本所輯共二十節，商務印書館本《說郛》卷四《墨娥漫錄》所輯四節，在宛委山堂本內〔註179〕。黃奭《漢學堂知足齋叢書·子史鈎沈》輯本係抄自宛委山堂本《說郛》。《五朝小說·魏晉小說外乘家》、《五朝小說大觀·魏晉小說外乘家》所輯不出《說郛》宛委山堂本外。

　　光緒二十四年，陳運溶《麓山精舍叢書第一集·荊湘地記二十九種》從類書中蒐集盛氏《荊州記》成編，「因每條皆著明古郡縣，遂以《晉書·地理志》為準，以《荊州記》事實，依晉郡縣次序，鈎稽排比，竟成完書。」網羅放失，蒐為三卷，復厥舊觀，其功可謂勤矣。陳氏所輯，共一百七十多節，

〔註179〕參見附錄三：《水經注》所引重要文獻《說郛》輯本佚文出處補。

最爲詳備，諸輯本罕能出其右。

其次，光緒二十七年荊州田氏刻移山堂叢書本曹元忠《箋經室叢書》輯有盛弘之《荊州記》採得百餘節，有數條可補陳本之缺〔註180〕。

王謨《漢唐地理書鈔》所輯盛弘之《荊州記》，不見於陳、曹輯本者，輒多爲諸類書中未標明爲盛弘之《記》者。考庾仲雍、郭仲產、劉澄之等皆撰《荊州記》，不只盛弘之一人，王謨並歸之於盛弘之《記》，殊爲武斷。茲舉數例：

> 《荊州記》曰：宜都郡門生藥草，有附子。(《太平御覽》卷九百九十《藥部七·附子》)

> 《荊州記》曰：宜都出大枇杷。(《太平御覽》卷九百七十一《果部八·枇杷》)

〔註180〕曹元忠本有而陳運溶本無者：（1）荒谷東岸有冶父城。《春秋傳》曰「莫敖縊於荒谷，羣帥囚於冶父」，謂此處也。（見《太平寰宇記》卷一百四十六《山南東道五·荊州》、《輿地紀勝》卷六十五《江陵府》、唐盧潘《廬江四》）（2）橘洲在郡南四里，對南津常看如下。及至夏水，懷山諸洲皆沒，橘洲獨在。（《太平御覽》卷二十二引，又《太平御覽》卷六十五引《水經注》：「湘水又經南津城，西對橘洲。諺曰：昭潭無底橘洲浮。」）（3）枚回，村名。舊云是梅槐合生成樹，故謂之梅槐。（引見《太平寰宇記》卷一百四十六《山南東道五·荊州》）（4）臨賀界有臥石，似人而色青黃隱起，此鄉若旱，祭之必雨。（引見《編珠》卷一）（5）武延城北有白石山，山悉白，自遠望之，狀如層冰積雪，耀奕天日。（引見《太平寰宇記》卷一百四十二《山南東道一·鄧州》）（6）水北有張平子墓。墓之東側墳，有平子碑文。夏侯孝若爲郡簿，其文復刊碑陰爲銘。（引見《水經注》卷三十一）（7）葉東界有故城，始犨縣東，至瀙水達此。陽界南比，聯聯數百里，號爲方城，一謂之長城。（引見《水經注》卷十一。明陳耀文《正楊》卷二：「王元美云：用修以方城爲萬城，其可笑不待言。伯晦引《史記》『阻之以鄧林，緣之以方城』，又『我悉方城外』及服虔杜預之說以辟之，似矣。然不如盛弘之《荊州記》之明切也。其云：葉東界有故城，始犨縣東，至瀙水達此。陽界南北，聯聯數百里，號爲方城，一謂之長城。南北雖無基築，皆連山相接，而漢水流其南，故屈完云云。何其易曉也。」是曹所輯後似還可接有「南北雖無基築，皆連山相接，而漢水流其南，故屈完云云」數句）（8）三公城，漢時鄧禹等歸鄉餞離處也。（引見《水經注》卷三十一）（9）武關西北一百二十里有商城。（引見《太平寰宇記》卷一百四十一《山南西道九·金州》，又《路史·國名紀丁》。元梁益《詩傳旁通》卷十四《魯頌》亦引）（10）宜都縣有蠻水，即夷水也。（《春秋後語》注引）（11）朐忍縣有巴子城，地多巴豆。（引見《太平御覽》卷九百九十三）（12）武陵郡西有陽山，山有獸如鹿，前後有頭。常以一頭食，一頭行。山中時有見之者。（引見《太平御覽》卷九百一十三）

《荊州記》曰：義陽有赤石脂山。（《太平御覽》卷九百八十七
《藥部四・石藥上》）

《太平御覽》並未標明爲何人所撰之《荊州記》，而王謨一以爲盛作。猶爲孟浪者，如《太平御覽》卷七百九《服用部十一・薦席》：

范汪《荊州記》曰：安城郡，今屬江州，出桃枝席。

又《太平御覽》卷一百八十《居處部八・宅》：

范汪《荊州記》曰：義陽六安縣有光武宅，枕白水，所謂龍飛白水。

《太平御覽》明標爲范汪《荊州記》，而王謨乃摘採以爲盛《記》，不詳察至於此。

今於所見本外，得盛弘之《荊州記》佚文數條，茲列如下：

1. 衡山者，五嶽之南嶽也。其來尚矣。至於軒轅，乃以潛霍之山為其副焉。

按，《初學記》卷五《地理上》：「徐靈期《南嶽記》及盛弘之《荊州記》云：衡山者，五嶽之南嶽也。其來尚矣。至於軒轅，乃以潛霍之山爲其副焉。」

2. 蔡中郎《琴頌》曰，梁父悲吟，周公越裳。武鄉之志，其有取於此乎？今詞蓋非其作。

按，《輿地紀勝・襄陽府》引盛弘之《荊州記》。

3. 襄陽，檀溪帶其西。

按，《初學記》卷八《州郡部》引盛弘之《荊州記》。

4. 荊州有病態鮒。

按，《太平御覽》卷九百三十七《鱗介部九・鮒》引盛弘之《荊州記》。

5. 枝江有名甘。宜都郡舊江北有甘園，名「宜都甘」。

按，《齊民要術》卷十《五穀果瓜菜茹韭》引《荊州記》，雖然未著撰人名，但《齊民要術》卷十《五穀果瓜菜茹韭》所引另兩節《大竹》、《娑羅》則明標撰者〔註181〕，而《齊民要術》又不引他人《荊州記》，故知其所引必爲

〔註181〕《齊民要術》卷十《五穀果瓜菜茹韭》引盛弘之《荊州記》曰：「臨賀謝休縣東山有大竹數十圍，長數丈。有小竹生旁，皆四五尺圍。下有磐石，徑四五丈，極高，方正青滑，如彈棋局。兩竹屈垂，拂掃其上，初無塵穢。未至數十里，聞風吹此竹，如簫管之音。」《齊民要術》卷十《五穀果瓜菜茹韭》引

盛《記》。

6. 水自建平至東界峽，謂之空泠峽。

按，《水經注》卷三十四《江水注》：「水自建平至東界峽，盛弘之謂之空泠峽。峽甚高峻，即宜都建平二郡界也。其間遠望，勢交嶺表，有五六峰，參差互出。上有奇石如二人像，攘袂相對，俗傳兩郡督郵爭界於此，宜都督郵厥勢小東傾，議者以爲不如也。」據文意推之，「峽甚高峻」後數語，亦或爲盛《記》文，今莫能詳。

7. 昔漢高祖入秦，王陵起兵丹水以應之，此城王陵所築，因名。

按，《史記》卷八《高祖本紀第八》唐張守節《正義》引《荊州記》。檢《史記》張《正義》僅引盛弘之《荊州記》〔註182〕，知此處所引自非別《記》。

又有一條，持據不足，又不見他書引及，故疑爲學者誤記，今不能決：

龐德公居漢之陰，司馬德操宅州之陽，望衡對宇，歡情自接，

泛舟襄裳，率爾休暢。

按，此本爲《水經注》語。但明楊慎《丹鉛總錄》卷二《地理類》：「地志諸家，予獨愛常璩《華陽國志》，次之則盛弘之《荊州記》。《荊州記》載鹿門事云：龐德公居漢之陰，司馬德操宅州之陽，望衡對宇，歡情自接，泛舟襄裳，率爾休暢。記沮水幽勝云：稱木傍生，淩空交合，危嶁傾嶽，恒有落勢。風泉傳響於青林之下，岩猿流聲於白雲之上。遊者常苦目不周玩，情不給賞。若此二段，讀之使人神遊八極，信奇筆也。」不知楊慎據何而以爲盛《記》。

五、晉末戴延之《西征記》考

晉宋時期，遊覽之風漸趨盛行，出現了大量的地記作品。這些地記作品記述山川物產、民俗風物、地理故實、鄉國靈怪、地名由來等等，是後代山

盛弘之《荊州記》曰：「巴陵縣南有寺，僧房床下，忽生一木，隨生旬日，勢淩軒棟。道人移房避之，木長便遲，但極晚秀。有外國沙門見之：『名爲娑羅也。彼僧所憩之蔭，常著花，細白如雪。』元嘉十一年，忽生一花，狀如芙蓉。」

〔註182〕《史記》卷四十一《越王句踐世家》張守節《正義》引盛弘之《荊州記》云：「荊州華容縣西有陶朱公冢，樹碑云是越范蠡。范蠡本宛三戶人，與文種俱入越，吳亡後，自亡齊而終。陶朱公登仙，未聞葬此所由。」中華書局，1959年版，第1756頁。

水散文的先聲。其中有部分作品，是作者在從征、出行、遊歷時所作，以記述所經之地的風物見聞為主要內容。正如《四庫全書總目提要》史部十一《地理類・遊記之屬・徐霞客遊記》云：「自古名山大澤，秩祀所先，但以表望封圻，未聞品題名勝。逮典午而後，遊跡始盛。六朝文士，無不託興煙巒。於是範水模山，支筇蠟屐，人稱泉石之癖，家有吟賞之章。史籍所載，若謝靈運《居名山志》、《遊名山志》，戴祚《西征記》，郭緣生《述征記》，姚最《述行記》之類」。此是遊記文學的早期形式。但由於歷時久遠，它們大都已經亡佚，其內容只散見於類書、雜史傳記、前人注釋等文獻著作中。零圭斷璧，彌足珍貴。

出現於晉宋之交的《西征記》則是這類作品的代表之一。

（一）《西征記》作者考

《隋書》卷三十三《經籍志二》史部地理類：「《西征記》二卷，戴延之撰。」又著錄：「《西征記》一卷，戴祚撰。」《舊唐書》卷四十六《經籍志上》史部地理類：「《西征記》一卷，戴祚撰。」《新唐書》卷五十八《藝文志二》史部地理類：「戴祚《西征記》二卷。」〔註183〕《隋志》一作戴祚，一作延之；兩《唐志》惟有戴祚，無延之。而諸類書及史注引《西征記》則多作延之。考唐封演《封氏聞見記》卷七：「祚，江東人，晉末從劉裕西征姚泓，至開封縣始識鴿，則江東舊亦無鴿。」《水經注》卷十五《洛水注》則稱戴延之《從劉武王西征記》〔註184〕。由是可知祚乃延之名，而以字行也，「延祚」意通。又可知《西征記》全名當為《劉武王西征記》，《西征記》其省稱也。劉武王即劉裕，西征則晉安帝義熙十三年（417）征姚泓也。書或有一卷本、二卷本兩種，故《隋志》重複著錄，而兩《唐志》則分別著錄其一也。隋虞世南《北堂書鈔》卷一百八《樂部》引作《西京記》，《文選》卷二十二沈休文《鍾山

〔註183〕《新唐書》卷五十八《藝文志二》史部地理類著錄：「韋機《西征記》，卷亡。」則是《西征記》又有同名之作矣。據《舊唐書》卷一百八十五《良吏傳上・韋機傳》，則韋機為唐太宗時人，西使西突厥，其《西征記》記西突厥諸國風俗物產也。但此書至宋仁宗嘉祐五年（1060）歐陽修、宋祁修撰《新唐書》時已亡佚，存世歷時既短，諸書鮮有徵引輯採者。清黃虞稷《千頃堂書目》卷八及卷十五著錄「盧襄《西征記》一卷。」則更在後，與諸類書等所輯者無與焉。

〔註184〕《水經注》卷十五《洛水》「又東過偃師縣南」注：「戴延之《從劉武王西征記》曰：有此屍，屍今猶在。」見陳橋驛《水經注校釋》，杭州大學出版社，1999年版，第273頁。

詩應西陽王教》「終南表秦觀，少室邇王城」句李善注引作戴延之《西徵賦》，均誤。

按《水經注》卷十五《洛水》：「其山四絕孤峙，山上有塢聚，俗謂之檀山塢。義熙中，劉公西入長安，舟師所屆，次於洛陽〔註185〕。命參軍戴延之與府舍人虞道元，即舟逆流，窮覽洛川，欲知水軍可至之處。延之屆此而返，竟不達其源也。」《太平御覽》卷七百七十引戴延之《西征記》：「檀山凡去洛陽，水道五百三十里，由新安、澠池、宜陽、三樂。三樂男女老幼，未嘗見舡，既聞晉使溯流，皆相引蟻聚川側，俯仰顧笑。」可知延之曾從劉裕西征姚泓，劉裕以其江東人熟習水務，故遣之窮覽洛水。《晉書》卷二十四《職官志》：「（護軍將軍）屬官有長史、司馬、功曹、主簿、五官，受命出征則置參軍。」又云：「諸公及開府從公為持節都督，增參軍為六人。」延之從劉裕西入長安時，正居此參軍之職。其《西征記》乃紀行寫實之作。

劉裕西征姚泓，事在晉安帝義熙十三年（417），是《記》成於此後。

按《隋書》卷三十三《經籍志》：「《甄異傳》三卷，晉西戎主簿戴祚撰。」則戴祚曾官西戎主簿。其人必勤於著述，除《西征記》外，《隋志》及兩《唐志》有其所撰《甄異傳》三卷，兩《唐志》還著錄戴延之《洛陽記》一卷〔註186〕，今俱不存。魯迅《古小說鈎沈》輯有戴祚《甄異傳》。

（二）歷代著錄、徵引戴延之《西征記》及作品亡佚時代考

《後漢書·郡國志》梁劉昭《注》最早引《西征記》，共五條；後魏酈道元《水經注》引二十五條；後魏楊衒之撰《洛陽伽藍記》引一條。三書並題戴延之《西征記》。

隋杜公瞻《編珠》卷一《天地部》引一條，始作戴祚《西征記》。隋虞世南《北堂書鈔》卷一百八《樂部》引一條。

唐代除《隋志》著錄外：歐陽詢《藝文類聚》引九條，徐堅《初學記》引十條，顏師古《匡謬正俗》引一條，《史記》張守節《正義》引四條，《後漢書·楊震傳附孫賜傳》章懷太子《注》引一條，《文選》李善注引三條，諸書均題作戴延之《西征記》。唐封演《封氏聞見記》，題戴祚《西征記》。《史記》司馬貞《索隱》引一條，李吉甫《元和郡縣圖志》引三條，不題撰者。

〔註185〕詳《宋書·武帝紀》。中華書局，1974年版，第16頁。
〔註186〕見《隋書》卷三十三《經籍志》、《舊唐書》卷四十六《經籍志》及《新唐書》卷五十九《藝文志》。

北宋除史志著錄外，王欽若等《冊府元龜》卷五百六十《國史部·地理》著錄：「戴祚《西征記》一卷。」同書卷五百五十五《國史部·採撰》著錄：「戴祚爲西戎太守，撰《甄異傳》三卷，《西征記》一卷。」李昉《太平御覽》引三十八條，樂史《太平寰宇記》引十四條，題作戴延之《西征記》。

南宋鄭樵《通志》卷六十六《藝文略第四·地理·行役類》著錄：「戴祚《西征記》一卷。」南宋尤袤《遂書堂書目》、晁公武《郡齋讀書志》、陳振孫《直齋書錄解題》，元代馬端臨《文獻通考》，明代楊士奇等《文淵閣書目》、高儒《百川書志》等則均無著錄，表明《西征記》至南宋已亡佚。王應麟《玉海》引十三條，《海錄碎事》引三條，但不出此前諸書徵引之外。《通志》雖著錄《西征記》，但未必出自目驗原書。按《四庫全書總目提要》史部別史類鄭樵《通志》條：「其紀刪錄諸史，稍有移掇，大抵因仍舊目，爲例不純。」又云：「《地理略》則全抄杜佑《通典》，《災祥略》則悉抄諸史五行志，《草木昆蟲略》則並《詩經》《爾雅》之注疏亦未能詳覈。蓋宋人以義理相高，於考證之學罕能留意。」〔註187〕《四庫提要》對《通志》批評甚是，《通志》著錄戴祚《西征記》，亦係抄錄諸史，非出自目驗原書，並不能表示南宋時《西征記》猶存於世。

三、戴延之《西征記》佚文考

《西征記》現有宛委山堂本《說郛》、商務印書館本《說郛》、葉昌熾《擊淡廬叢稿》三種輯本。據《古佚書輯本目錄》，葉昌熾《擊淡廬叢稿》凡輯《西征記》兩條，採自《草堂詩箋》卷十一、《歲時廣記》卷十八。葉本今未能見。

但是尤要者，宛委山堂本《說郛》、商務印書館本《說郛》所輯總數不足十條，失採者甚多，故今予以補充如下：

（一）《後漢書·郡國志》梁劉昭《注》：

1. 《西征記》曰：「有三皇山，或謂三室山。山上有二城，東者曰東廣武，西者曰西廣武，各在山一頭，相去二百餘步，其間隔深淵，漢祖與項籍語處。」（《郡國志一·河南條》注）

按，《水經注》卷七《濟水》：「戴延之所云：新築城周城三百步，滎陽太守所鎮者也。水南帶三山，即三皇山，亦謂之爲三室山也。」

2.《西征記》曰：「函谷左右，絕岸十丈，中容車而已。」（《郡國志一·
河南條·谷城》注）

按，《史記》卷八《高祖本紀第八》唐張守節《正義》引《西征記》云：
「道形如函也。其水山原壁立數十仞，谷中容一車。」唐李吉甫《元和郡縣
圖志》卷七《河南道二》引《西征記》：「函谷關城路在谷中，深險如函，故
以爲名。其中劣通東西十五里，絕岸壁立，崖上柏林蔭谷，中殆不見日。關
去長安四百里，日入則閉，雞鳴則開，秦法也。」《太平御覽》卷一百五十九
亦引曰：「函者，道形如函也。」《太平寰宇記》卷六《河南道六》亦引。

3. 戴延之《西征記》曰：「縣西北有漢祖廟，為亭長所處。」（《郡國志二·
沛國條》注）

按，《水經注》卷二十五《泗水》：「故亭今有高祖廟。」宋王應麟《玉海》
卷一百七十五《宮室亭·漢泗水亭》：「戴延之《西征記》：縣西北有漢祖廟，
爲亭長所處。沛國，秦泗水郡，高祖爲泗上亭長。」

4.《西征記》曰：城中有張良廟。（《郡國志三·彭城條》注）

5. 戴延之《西征記》曰：「有沂水，自城西西南注泗，別下回城南，亦注
泗。舊有橋處，張良與黃石公會此橋。」（《郡國志三·下邳條》注）

按，《水經注》卷二十五《沂水》：昔張子房遇黃石公於圯上，即此處也。
《太平寰宇記》卷十七《河南道十七》：「《西征記》，下邳城西五里有葛山，
《禹貢》所謂嶧陽山也。沂水經縣北分爲二水，一水於城北，西南入泗水；
一水經城東，屈曲從縣南，亦注泗，謂之小沂水。《郡國志》：沂水今號爲長
利池，上有橋，即張良遇石公於圯上，南人謂橋爲圯，即此橋也。」

（二）後魏酈道元《水經注》：

《水經注》凡引戴延之《西征記》二十餘條，除前敘二條外，今輯補餘
者如下：

1.《西征記》曰：（曹公壘）沿路逶迤，入函道六里，有舊城，城周百餘
步，北臨大河，南對高山，姚氏置關以守峽。（卷四《河水注》）

2. 關之直北，隔河有層阜，巍然獨秀，孤峙河陽，世謂之風陵。戴延之
所謂風堆者也。（卷四《河水注》）

按，此引《西征記》文。《太平御覽》卷五十六《地部二十一》：「函關
直北，隔河有層阜，巍然獨秀，孤峙河陽，世謂之風陵，戴延之所謂風堆者

也。」宋王存等《元豐九域志》卷三《陝西路·庖王陵》引戴延之《西征記》：
「函關直北，隔河望有層阜，蒼然獨秀，謂之風陵。伏羲氏，風姓也。」

3. **王莽更名黃眉矣。戴延之云：城南倚山原，北臨黃河，懸水百餘仞，臨之者咸悚惕焉。**（卷四《河水注》）

按，戴延之云云乃《西征記》文。唐李吉甫《元和郡縣志》卷七《河南道二》：「州里城即古虢國城。《西征記》曰：陝縣周召分職處，南倚山原，北臨黃河，懸水百餘仞，臨之者皆為悼栗。」《太平寰宇記》卷六《河南道六》亦引之。

4. **（河北有般祠。）戴氏《西征記》曰：今見祠在東岸，臨河累石為壁，其屋宇容身而已，殊似無靈。**（卷五《河水注》）

5. **戴延之謂之逯明壘，周二十里，言逯明，石勒十八騎中之一，城因名焉。**（卷五《河水注》）

6. **戴延之謂之武水也。**（卷五《河水注》）

7. **（濟水又北，汶水注之）戴延之所謂清口也。**（卷八《濟水注》）

8. **（洛水自枝瀆，又東出關，惠水右注之，世謂之八關水。）戴延之《西征記》謂之八關澤。**（卷十五《洛水注》）

按，《初學記》卷六《地部中》引戴延之《西征記》：「關內八水：一涇，二渭，三灞，四滻，五澇，六潏，七灃，八滈。」宋葉廷珪《海錄碎事》卷三上《地部上·地門·八水》亦引。

9. **戴延之《西征記》曰：（百穀）塢在川南，因高為塢，高十餘丈，劉武王西入長安，舟師所保也。**（卷十五《洛水注》）

按，《太平寰宇記》卷五《河南道五》引戴延之《西征記》：「戴延之《西征記》云：塢在川南，因原為塢，高數丈，在縣東，姚泓部將趙荼所守，為檀王所破。塢西有二寺，亦在原上，入谷數百步，又有二佛，精巧美貌，有牛春馬簸水碓之利。」「因高為塢」，作「因原為塢」，又云，塢西有二寺，亦原上。則「高」誤，應為「原」。「高十餘丈」，《太平寰宇記》引原書作「高數丈」，《資治通鑑》晉義熙十二年《注》引此，則與《水經注》同。

10. **（溫泉水，水側有僵人穴，穴中有僵屍。）戴延之《從劉武王西征記》曰：有此屍，屍今猶在。**（卷十五《洛水注》）

11. 戴延之《西征記》云：次至白超壘，去函谷十五里，築壘當大道，左右有山夾立，相去百餘步，道從中出，此乃故關城，非所謂白超壘也。是壘在缺門東一十五里。壘側舊有塢，故冶官所在。（卷十六《穀水注》）

12. （呂忱曰：孝水在河南郡。）而戴延之言在函谷關西。（卷十六《穀水注》）

13. （渭水又東徑定城北）《西征記》曰：城因原立。（卷十九《渭水注》）

14. 渠水東南徑西赤城北，戴延之所謂西北有大梁亭，非也。（卷二十二《渠水注》）

15. 《西征記》論儀封人即此縣（大梁），又非也。（卷二十二《渠水注》）

按，《續漢志‧濬儀》劉昭《注》引《晉地道記》，儀封人，此縣也，《西征記》所本。

16. 《西征記》曰：（陽樂）城在汳北一里，周五里，雍丘縣界。（卷二十三《汳水注》）

17. 《西征記》曰：落架，水名也。（卷二十三《汳水注》）

18. 《西征記》曰：龍門，水名也。門北有土臺，高三丈餘，上方數十步。（卷二十三《汳水注》）

按，《太平寰宇記》卷二《河南道二》：「龍門臺在考城縣西南十五里。戴延之《西征記》，龍門，水名也。臺南渠岸有門，與臺下水相連。」

19. 《西征記》：（小蒙城）城在汳水南十五六里，即莊周之本邑也。為蒙之漆園吏，郭景純所謂「漆園有傲吏」者也。（卷二十三《汳水注》）

20. 戴延之《西征記》亦言湖陸縣之東南有涓涓水，亦無記於南梁謂是吳王所道之瀆也。（卷二十五《泗水注》）

21. （泗水又東徑陵柵南。）《西征記》曰：舊陵縣之治也。（卷二十五《泗水注》）

（三）後魏楊衒之《洛陽伽藍記》：

陽渠石橋，晉太康元年造。

按，後魏楊衒之《洛陽伽藍記》卷二：「明懸尼寺，彭城武宣王勰所立也，在建春門外石樓南，穀水周圍繞城，至建春門外東入陽渠石橋。橋有四

柱，在道南，銘云：漢陽嘉四年，將作大匠馬憲造。逮我孝昌三年，大雨頹橋，柱始埋沒。道北二柱，至今猶存。衒之按：劉澄之《山川古今記》戴延之《西征記》並云：晉太康元年造。此則失之遠矣。」

（四）隋代杜公瞻《編珠》：

洛陽建春門外有金水，入金谷塢，石崇所居也。

按，隋杜公瞻《編珠》卷一《天地部》引戴祚《西征記》。又《藝文類聚》卷九《水部下》引戴延之《西征記》：「梓澤，去洛城六十里，梓澤，金谷也，中朝賢達所集，賦詩猶存，是石崇居處。」

（五）唐歐陽詢《藝文類聚》：

1. 戴延之《西征記》曰：官度臺，去青口澤六十里，魏武所造也，破袁紹於此。（卷六十二《居處部二》）

按，《太平御覽》卷一百七十七《居處部五·臺上》引作「清口驛」。《水經注》卷八《濟水注》：「濟水又北，汶水注之，戴延之所謂清口也。」又《水經注》卷二十二《渠水》：「至清口澤。」然則「驛」為「澤」之誤。

2. 戴延之《西征記》曰：東陽門外道北，吳蜀二主第宅，去城二里，墟基猶存。（卷六十四《居處部四》）

按，《太平御覽》卷一百八十《居處部八·宅》引同。

3. 戴延之《西征記》曰：洛陽舊有二市，一曰金市，在宮西大城內。（卷六十五《產業部上》）

按，宋葉廷珪《海錄碎事》卷十五《商賈·貨財部·金市》亦引。

4. 戴延之《西征記》曰：宋公諮議參軍王智先，停柏谷，遣騎送道人惠義疏云，有金璧之瑞，公遣迎取，軍進次於崤東，金璧至，修壇拜受之。（卷八十四《寶玉部下》）

按，《太平御覽》卷八百六《珍寶五·璧》引較詳：「戴延之《西征記》曰：宋公諮議王智先停栢谷，遣騎送道人惠義書曰：有金璧之瑞。公遣迎取，軍次於崤東。金璧至，修壇拜受之。又云：冀州博陵郡王次寺道人法稱告弟子普岩曰：嵩高皇帝語吾言，江東有劉將軍，是漢家苗裔，當受天命。吾以四十二璧，金一餅與之。璧數是劉氏卜世之數也。惠義以義熙十三年入嵩高山，即得璧金獻馬。」

5. 戴延之《西征記》曰：顯陽殿前有木蘭。（卷八十九《木部下》）

6. 戴延之《西征記》曰：太極殿上有金井欄、金博山、金轆盧，蛟龍負山於井上，又有金獅子在龍下。（卷六十二《居處部二》）

按，又引見《太平御覽》卷一百七十五《居處部三·殿》。《太平御覽》卷七百六十一《器物部六》引《西征記》：「太極殿中有銅龍，長三丈；銅樽，容三十斛。正旦大會，龍從土中受酒，口吐之於樽中。」又，明方以智《通雅》卷三十三《器用·古器》：「戴延之《西征記》：太極殿有大銅樽，容三十斛。」

（六）唐徐堅《初學記》：

1. 戴延之《西征記》曰：濟水自大伾陂入河，與河水鬥而東流。（卷六《地部中》）

按，又引見《太平御覽》卷六十一《地部二十六》。

2. 戴延之《西征記》曰：天泉之南，有東西溝，承御溝水。水之北有積石壇，云三月三日御坐流杯之處。（卷四《歲時部下》）

按，《太平御覽》卷三十《時序部十五》引同。又，《事類賦注》四引戴延之《西征記》：「天淵之南，有積石壇，云三月三日，御坐流杯之處。」《宋書·禮志》云：「魏明帝天淵池南，設流杯石溝，燕群臣。」宋王應麟《玉海》卷二十一《地理》引戴延之《西征記》：「御溝引金谷，從閶闔門入。」

3. 戴延之《西征記》曰：次前至黃馬阪去計素緒十里。（卷八《州郡部》）

按，「緒」乃「渚」之誤。《水經注》卷十五「洛水又東徑計素渚」，即此渚也。《太平寰宇記》卷五《河南道五》引同。

4. 戴延之《西征記》曰：洛陽大極殿前，左右各三銅鐘相對。大者三十二圍，小者二十五圍。（卷十六《樂部下》）

按，《太平御覽》卷五百七十五《樂部十三·鍾》、宋陳暘《樂書》卷一百三十三《樂論圖俗部》元馬端臨《文獻通考》卷一百三十四《樂考七·博山鍾》等引「戴延之《西征記》：鍾大者三十二，博山頭形，瓖紐作獅子頭，鍾身雕鏤龍虎文，長二丈，厚八寸，大面廣一丈二尺，小面七尺，或作蛟龍，或作鳥獸，周繞其外。」

5. 戴延之《西征記》曰：石墨山北五十里，山多墨，可以書。（卷二十一

《文部》）

　　　按，《太平御覽》卷六百五《文部二十一·墨》引同。

6. 戴延之《西征記》曰：許昌城，本許由所居也。大城東北九里，有許由臺，高六丈，寬三十步。由恥聞堯讓而登此山，邑人慕德，故立此臺。（卷二十四《居處部》）

　　　按，《太平御覽》卷一百七十七《居處部五·臺上》引同。宋羅泌《路史》卷四十《餘論三·許緐》亦引。

7. 戴延之《西征記》曰：宿預城，下邳之中路舊邸閣。（卷八《州郡部》）

（七）唐顏師古《匡謬正俗》

皇天固去九泉十五里。（卷七）

（八）唐張守節《史記正義》

1. 戴延之《西征記》云：三皇山上有二城，東曰東廣武，西曰西廣武，各在一山頭，相去百步。汴水從廣澗中東南流，今涸無水。城各有三面，在敖倉西。

　　　按，《史記》卷七《項羽本紀第七》張守節《正義》引。宋呂祖謙《大事記解題》卷八轉引。宋王應麟《玉海》卷一百七十三《宮室·城》亦引。又《太平寰宇記》卷九《河南道九》：「漢武澗在今縣西二十里。《西征記》，二皇山上有二城，東曰東廣武，西曰西廣武，相去二百餘步，汴河水從澗中東流南，今無水。今城東有高壇，即項羽坐太公於上，以示漢軍處，一曰鴻溝。」文字有異。

2. 戴延之《西征記》云：白馬城，故衛之漕邑。」

　　　按，《史記》卷八《高祖本紀第八》張守節《正義》引。又，《太平御覽》卷一百六十《州郡部六·河南道下》：「《西征記》曰：古有神白馬，因以名縣。」宋樂史《太平寰宇記》卷九《河南道九》：「《西征記》云，白馬城者，古衛之曹邑。戴公東渡河，處曹邑，衛文公自曹邑遷於楚邱，今衛南縣也。至成公又遷於帝邱，今濮陽縣也。」

3. 戴延之《西征記》云：「洛陽東北首陽山有夷齊祠。」

　　　按，《史記》卷六十一《伯夷列傳第一》張守節《正義》引。

（九）唐司馬貞《史記索隱》：

《西征記》云「武牢城內有高祖殿，西南有武庫」。

按，《史記》卷四十九《外戚世家第十九》唐司馬貞《索隱》引《西征記》。

（十）《後漢書・楊震傳附孫賜傳》唐章懷太子《注》：

戴延之《西征記》曰：「太極殿西有金商門。」

（十一）《文選》唐李善注：

戴延之《西征記》曰：御溝引金穀水，從閶闔門入。

按，見卷二十二徐敬業《古意酬到長史溉登琅邪城》「金溝朝灝溰，甬道入駕鸞」句李善《注》。

（十二）唐封演《封氏聞見記》：

戴祚作《西征記》云：開封縣二佛寺，余至此見鴿大小如鳩，戲時兩兩相對。祚，江東人，晉末從劉裕西征姚泓，至開封縣始識鴿，則江東舊亦無鴿。

按，見唐封演《封氏聞見記》卷七。《太平御覽》卷九百二十三《羽族部十・鴿》引戴祚《西征記》：「祚至雍丘，始見鴿大小如鳩，色似鸚鵡，戲時兩兩相對。」稍異。

（十三）唐李吉甫《元和郡縣圖志》：

《西征記》：崿上不得鳴鼓角，鳴則風雨總至。自東崿至西崿山三十五里。東崿長阪數里，峻皁絕澗，車不得方軌。西崿全是石阪十二里，險絕不異東崿。

按，唐李吉甫《元和郡縣圖志》卷六「二崿山又名嵌山，在永寧縣北二十八里」下引《西征記》。

（十四）北宋李昉《太平御覽》

1. 戴延之《西征記》曰：彭城南有亞父范增冢，冢高四十餘丈，東北有隧道。（卷五百六十《禮儀部三十九・冢墓四》）

2. 戴延之《西征記》曰：少室山中多神藥，漢武帝築登仙臺，在其峰。（卷三十九《地部四》）

按，宋王應麟《玉海》卷一百五十六《宮室・宮》：「戴延之《西征記》：

漢武帝於太室山作登仙臺及萬歲亭。」《文選》卷十六李善注引戴延之《西征記》曰：嵩高，中嶽也。東謂太室，西謂少室，總名嵩也。《文選》卷二十二李善注引戴延之《西徵賦》（按，「賦」當作「記」）曰：嵩，中嶽也，東謂太室，西謂少室，相去十七里。嵩高，名也。漢武帝作登仙臺，在少室峰下。

3. 戴延之《西征記》曰：邙山西匡東垣，互阜相屬，其下有張母祠，即永嘉中，此母有神術，能愈病，故元帝渡江時，延聖母于丹陽，即此母也。今祠存焉。（卷四十二《地部七》）

按，《太平寰宇記》卷三《河南道三》引同。

4. 戴延之《西征記》曰：黃阪去終南六十里，少華山西。（卷五十三《地部十八》）

5. 戴延之《西征記》曰：徽音殿西南，姚興起波若臺，有逍遙園。西去三百步，有鹿子苑，羌王養麋鹿數百頭。（卷九百六）

6. 戴延之《西征記》曰：凌雲臺有冰井，延之以六月持去，經日猶堅也。（卷六十八《地部三十三》）

7. 戴延之《西征記》曰：巨澤，魯之西界，孔子獲麟處。（卷七十二《地部三十七》）

8. 戴延之《西征記》曰：金、湹、谷三水合處有千金堨，即魏陳思王所立，引水東灌，民今賴之。（卷七十三《地部三十八》）

按，《太平寰宇記》卷三《河南道三》引同。

9. 戴延之《西征記》曰：檀山凡去洛城，水道五百三十里，由新安、澠池、宜陽、三樂。三樂男女老劣，未嘗見舡，既聞晉使溯流，皆相引蟻聚川側，俯仰傾笑。（卷七百七十《舟部三・舟下》）

10. 戴延之《西征記》曰：揚州雷陂有臺，高二丈。（卷一百七十八《居處部六・臺下》）

11. 戴延之《西征記》曰：潼阪北去蒲坂城六十里，城中有舜廟，城外有宅井及二妃壇，南去城二十里有山，舜所耕山也。（卷一百八十《居處部八・宅》）

按，宋王應麟《玉海》卷一百七十五《宮室・亭・舜宅》：「戴延之《西征記》，蒲坂城外有舜宅。《宋永初山川記》，蒲坂城中有舜廟城外有舜宅及二

妃壇。」宋潘自牧《記纂淵海》卷八《地理部‧潮》、宋高承《事物紀原》卷八《舟車帷幄部四十》並引。

12. 戴延之《西征記》曰：洛陽城有鬱金屋。（卷一百八十一《居處部九‧屋》）

按，明周嘉冑《香乘》卷十《香事分類下‧鬱金屋》並引。

13. 戴延之《西征記》曰：陝縣大城西北角，水漫湧起，勃鬱方數十丈，有如物居水中。父老云，銅翁仲頭髮常與水齊。晉軍至，髮不復出，唯見水黑，嗟嗟有聲，聲聞數里。翁仲本在大司馬門外，為賊所徙至此而沒。（卷三百七十三《人事部十四‧毛》）

按，《太平御覽》卷五百七十五引略同：「戴延之《西征記》曰：陝縣城西北二面帶河，河中對城西北角，水湧起，銅鐘翁仲頭髮常出水上，漲減恆與水齊。晉軍當至，髮不復出，唯見水異嗟嗟有聲，聲聞數里。翁仲本在城內大司馬門外，為賊所徙當西入關，至此而沒。」

14. 戴延之《西征記》曰：洛城南有平昌門，道東辟雍壇，去靈臺三里，俱是魏武帝所立，高七丈。（卷五百三十四《禮儀部十三‧辟雍》）

15. 戴延之《西征記》曰：國子堂前有列碑，南北行，三十五枚，刻之表裏書《春秋經》《尚書》二部，大篆、隸、科斗三種字，碑長八尺，今有十八枚有餘，皆崩。太學堂前石碑四十枚，亦表裏隸書《尚書》《周易》《公羊傳》《禮記》四部本，石壙相連，多崩敗。又太學讚碑一所，漢建武中立，時草創未備，永建六年詔下三府繕治，有魏文《典論》立碑。今四存二敗。（卷五百八十九《文部五‧碑》）

16. 戴延之《西征記》曰：彭城北三里有劉向墓。（卷五百六十《禮儀部三十九‧冢墓四》）

按，《水經注》卷二十三《獲水》：「水北三里，有石冢被開，傳言楚元王之孫劉向冢。」

17. 戴延之《西征記》曰：泗水東三里，有漢大夫龔勝冢，石碣猶存。（卷五百六十《禮儀部三十九‧冢墓四》）

按，《漢書‧龔勝傳》，龔勝，王莽時不食死。《水經注》卷二十五：「泗水又逕龔勝墓南，墓碣尚存。又逕亞父冢東。」

（十五）北宋樂史《太平寰宇記》：

1. 戴延之《西征記》云：梁東百里，古有婦人寡居，養姑孝謹，鄉人義之，為築此城，故名曰婦姑城，後人因訛為婦固城。（卷一《河南道一》）

2. 戴延之《西征記》云：苻秦築宮於長安東，城中有太極殿。（卷一百二十三）

按，宋王應麟《玉海》卷一百五十九《宮室》引戴延之《西征記》：「太極殿西有金商門。」

3. 戴延之《西征記》云：山陽，津名。（卷一百二十四）

按，清顧炎武《天下郡國利病書》第二七七七冊：「戴延之《西征記》云，山陽，津名，在郡城之西，即山陽湖也。」

戴氏《西征記》是較早的古代遊記，雖然記事簡約，但所記故實傳說（如魯恭冢、銅翁仲）、山川形勢（如七山原、函谷關）、古跡名人（如莊周之本邑、嵇公臨刑處、逸明壘）、鄉邦物產（如雍丘鴿、冰井），頗足可觀者。其文獻價值更重於文學價值，所以多為《水經注》等著作所徵引。如《水經注》不僅明引戴延之或其《西征記》二十餘處，而且還有許多引《西征記》文而未標明出處者。試舉一例，《水經注》卷十六：「即嵇叔夜為司馬昭所害處也。北則白社故里也，昔孫子荊會董威輦於白社，謂此矣，以同載為榮，故有《威輦圖》。」按，《太平御覽》卷五百三十二引戴延之《西征記》：「去建春門二里，有牛馬市，嵇公臨刑處也。」《藝文類聚》卷三十九《禮部中》引戴延之《西征記》：「洛陽建春門外禦道北，有白社，董威輦所住也，去門二里。」可見，酈道元《水經注》之語正是對戴延之《西征記》的這兩條記載進行合併改造而來。

六、南朝宋郭緣生《述征記》考

（一）《述征記》作者考

《隋書》卷三十三《經籍志二》史部地理類：「《述征記》二卷，郭緣生撰。」

《舊唐書》卷四十六《經籍志上》：「郭象《述征記》二卷。」

《新唐書》卷五十八《藝文二》：「郭緣生《述征記》二卷。」

　　《水經注疏》卷一《河水注》楊守敬按：「《隋志》，《述征記》二卷，郭緣生撰。《舊唐志》有郭象《述征記》二卷，當即此書，誤題郭象耳。」

　　案：楊守敬之言是。「象」或即「緣生」之名，而以字行，蓋以佛義爲名字者。唐前人姓郭氏者撰《述征記》，甚不可能爲二人，而當爲一人，郭象即郭緣生。《三輔黃圖》卷五《臺榭》引作「郭延生《述征記》」，「延生」應爲「緣生」之訛。宋程大昌《雍錄》卷七《郡縣》：「《述征記》，『緣生』或云『延生』，其語轉耳，實一人也。」今檢諸書著錄引《述征記》，除不署撰人者外，幾乎一律作「郭緣生《述征記》」，則《述征記》爲郭緣生所作無疑。

　　郭緣生，史無傳記。《隋書》卷三十三《經籍志》雜傳類著錄：「《武昌先賢志》二卷，宋天門太守郭緣生撰。」《舊唐書》卷四十六《經籍志》亦著錄：「《武昌先賢傳》三卷，郭緣生撰。」由此知緣生曾任劉宋天門太守。《述征記》當爲緣生「從戍行旅，征途訊訪」所作。《水經注》卷十六明刻本《引書目》：「《述仙記》，郭著作。」此「仙」當爲「征」之訛，字形相近致誤，「著」字亦不妥。又，《水經注》卷二十六《巨洋水注》引郭緣生《續述征記》，《初學記》地部、州郡部等也並引郭緣生《續述征記》，知緣生《述征記》後又有續作也。《宋書》卷三十七《州郡志三·荊州》：「天門太守，吳孫休永安六年，分武陵立。充縣有松梁山，山有石，石開處數十丈，其高以弩仰射不至，其上名『天門』，因此名郡。」郭緣生官天門太守，又作《武昌先賢傳》三卷，說明他熟悉湖南湖北地理，劉宋時期，當長期在今湖南湖北地區生活。

（二）歷代著錄、徵引郭緣生《述征記》及作品亡佚時代考

　　後魏酈道元《水經注》最早也較多地徵引郭緣生《述征記》。梁宗懍《荊楚歲時記》及《三輔黃圖》〔註188〕也較早徵引郭《記》。

　　隋代杜公瞻《編珠》引《述征記》三條（又清高士奇《續編珠》引一條），隋虞世南《北堂書鈔》藝文部、衣冠部等引十五條。

　　唐代除《隋志》著錄外，歐陽詢《藝文類聚》引《述征記》十二條，徐堅《初學記》引十六條，顏師古《匡謬正俗》引一條，《後漢書》唐章懷太子

〔註188〕《四庫全書總目》卷六十八史部《地理類一》：「《三輔黃圖》六卷，不著撰名氏，晁公武《讀書志》據所引劉昭《續漢志注》，定爲梁陳間人作，程大昌《雍錄》則謂──爲唐肅宗以後人作。」（見中華書局 1965 年版，第 594 頁。）當以公武說爲是。陳橋驛《水經注研究二集·水經注文獻錄》認爲書撰於後漢，不知何據。（見該書第 422 頁）

李賢注引二條。《文選》李善注引六條，《史記》司馬貞《索隱》引一條，《史記》張守節《正義》引四條、李吉甫《元和郡縣圖志》引三條，杜佑《通典》引二條，釋道世《法苑珠林》引二條，封演《封氏聞見記》引三條。

北宋除史志著錄郭緣生《述征記》外，王欽若等《冊府元龜》卷五百五十五《國史部・採撰》著錄：「郭緣生爲天門太守，撰《武昌先賢志》二卷，《述征記》二卷。」北宋《崇文總目》不著錄郭緣生《述征記》。李昉《太平御覽》居處部、文部、禮儀部等引《述征記》五十五條，樂史《太平寰宇記》引二十七條，宋敏求《長安志》引三條。

南宋初，鄭樵《通志》卷六十六《藝文略第四・地理・行役類》著錄：「郭緣生《述征記》二卷。」南宋尤袤《遂書堂書目》、晁公武《郡齋讀書志》、陳振孫《直齋書錄解題》均不著錄郭緣生《述征記》。南宋初葉廷珪《海錄碎事》引《述征記》三條，羅泌《路史》引四條，王應麟《玉海》引八條。

元代馬端臨《文獻通考》，明代楊士奇等《文淵閣書目》、高儒《百川書志》等諸書目均不著錄郭緣生《述征記》。

案：第一，今本《崇文總目》未著錄郭緣生《述征記》，並不表示北宋撰《崇文總目》時其書已佚，因爲《崇文總目》原書已佚，今本《崇文總目》係清人補輯。

第二，北宋《太平御覽》、《太平寰宇記》、《長安志》等書皆大量引錄《述征記》；而且多爲唐代類書所未引錄者。由此可見，《太平御覽》所引錄《述征記》，並非轉錄自唐代類書，係直接錄自《述征記》原書。換言之，在北宋，《述征記》猶存於世。

第三，南宋尤袤《遂書堂書目》、晁公武《郡齋讀書志》、陳振孫《直齋書錄解題》、宋元之際馬端臨《文獻通考》及明清諸書目文獻均未著錄《述征記》。這表明，《述征記》亡佚之時代，是在南宋。

第四，南宋鄭樵《通志》著錄《述征記》，未必出自目驗原書。並不能表示南宋時《述征記》猶存於世。理由可見戴延之《西征記考》所論。

第五，南宋及其後諸書徵引《述征記》，亦鮮有出於前代徵引條目之外者。這又是南宋時《述征記》已亡佚之一證明。據筆者查檢，南宋後徵引《述征記》者只有南宋王應麟撰《通鑑地理通釋》卷五《十道山川考》引《述征記》：「漢武築登仙臺」，不見前代文獻徵引，不知其從何書採來，或許其當時所採之書今亦並亡矣。

三、郭緣生《述征記》佚文補輯

按孫啟治、陳建華編《古佚書輯本目錄》，清葉昌熾《擊淡廬叢稿》從《草堂詩箋》卷九、卷十三及《歲時廣記》卷九共採得《述征記》佚文四條。葉本今未能見。

但是刪尤要者，商務印書館本《說郛》與葉昌熾《擊淡廬叢稿》所輯總數不足十條，失採者甚多，故今予以補充，列之於次（前後文獻並引者，則從前引）：

（一）後魏酈道元《水經注》

《水經注》引《述征記》文二十六處：

1. 《述征記》曰：盟津河，津恒濁，方江為狹，比淮濟為闊，寒則冰厚數丈，冰始合，車馬不敢過，要須狐行，云此物善聽，冰下無水乃過，人見狐行方渡。（卷一《河水》「出其東北陬」注）

按，酈氏據《風俗通》，以為「亦未必一如緣生之言也」，知所引《述征記》係郭緣生之作。又見《北堂書鈔》卷一百五十八《地理部三‧冰三十二》、《初學記》卷二十九《獸部‧狐》聽冰條略引郭緣生《述征記》，無「冰下」，有「聲」字。《太平御覽》九百九引作伏滔《北征記》，亦云「聽水無聲乃過」。又，《顏氏家訓》，狐多猜疑，故聽河冰無流水聲，然後渡，今俗云狐疑。故《水經注》引當增「聲」字。

2. 《述征記》所謂潼穀水者也。或說，因水以名地也。河水自潼關北，東流，水側有長阪，謂之黃巷阪。傍絕澗，涉此阪以升潼關，所謂沂黃巷以濟潼矣。（卷四《河水》「又南至華陰潼關，渭水從西來注之」注）

按，「黃巷阪」或作「黃卷阪」。《北堂書鈔》卷一百五十七《地理部一‧阪九》：「《述征記》曰：河自關北東流，水側有阪，謂之黃卷阪。」《文選》卷十潘安仁《西徵賦》李善注引同，但作「黃巷阪」。《太平御覽》卷五十三《地部十八》：「《述征記》曰：黃卷阪者，傍絕澗以升潼關，長阪十餘里，九阪皆迤邐長阪。《東京賦》曰所謂『西阻九阿』者也。」《太平寰宇記》卷六《河南道六‧陝州》亦引此條。

3. 《述征記》曰：全節，地名也，其西名桃原，古之桃林，周武王克殷，休牛之地矣。（卷四《河水》「又南至華陰潼關，渭水從西來注之」注）

4. 郭緣生《記》〔註189〕曰：漢末之亂，魏武征韓遂、馬超，連兵此地。今際河之西有曹公壘，道東原上云李典營。義熙十三年，王師曾據此壘。（卷四《河水》「又南至華陰潼關，渭水從西來注之」注）

5. 《述征記》曰：踐土，今冶阪城。（卷五《河水》「又東過平縣北，湛水從北來注之」注）

6. 高祖即帝位於是水之陽，今不復知舊壇所在。（卷五《河水》「又東過成皋縣北，濟水從北來注之」注）

7. （逯明壘）城，袁紹時築。（卷五《河水》「又東北，過黎陽縣南」注）

8. 《述征記》曰：涼城到長壽津六十里，河之故瀆出焉〔註190〕。（卷五《河水》「又東北，過黎陽縣南」注）

9. 《述征記》曰：倉亭津在范縣界，去東阿六十里。（卷五《河水》「又東北過東阿縣北」注）

10. 《述征記》曰：碻磝，津名也。自黃河泛舟而渡者，皆為津也。（卷五《河水》「又東北過茌平縣西」注）

11. 郭緣生《述征記》曰：濟水河內溫縣注於河。（卷七《濟水》「東至溫縣西北為濟水。又東過其縣北」注）

　　按，《太平寰宇記》卷五十二《河北道一・孟州》溫縣下引《述征記》作「水經河內溫縣，注於河」，則當據增「水逕」二字。《北堂書鈔》卷一百五十八《地理部二・濟二十二》引郭緣生《述征記》曰：「河內溫縣亦有濟，入於黃河，謂濟之源。按：二濟既南北異岸，而相遠亦逾千里也。」又，《初學記》卷六《地部中・事對》「異岸」條引同。

12. 郭緣生《述征記》曰：清河首受洪水，北注濟，或謂清即濟也。（卷八《濟水》「又東北過壽張縣西界，安民亭南，汶水從東北來注之」注）

　　按，《初學記》卷八《河南道二》引《述征記》，鉅野縣有清水。明王禕《大事記續編》卷三十引同。

13. 郭緣生《述征記》曰：河之北岸，河內懷縣，有殷城，或謂楚漢之際，殷王卬治之。（卷九《清水》「又東過武德縣南，又東南至滎陽縣北，

〔註189〕郭緣生《記》，即指《述征記》。
〔註190〕此條《太平御覽》卷七十一《津》亦引。

－167－

東入於河」注）

14. 《述征記》：淮陽太守治，自後置戍縣，亦有時廢興也。（卷三十《淮水》「又東過鍾離縣北」注）

15. 《述征記》曰：谷洛二水，本於王城東北合流，所謂谷洛鬥也。（卷十六《穀水》「又東過河南縣北，東南入於洛」注）

16. 《述征記》曰：鄭城東西十四里，各有石梁。（卷十九《渭水下》「又東過鄭縣北」注）

17. 郭著《述征記》，指證魏之立長城。長城在後，不得在斯，斯為非矣。
（卷十九《渭水下》「又東過華陰縣北」注）

按，《太平寰宇記》卷二十九《關西道五·華州》：「郭緣生《述征記》曰：長城或說秦晉分境，祠華嶽，故築此城。」

18. 《述征記》曰：定城去潼關三十里，夾道各一城。（卷十九《渭水下》「又東過華陰縣北」注）

按，《資治通鑒》晉義熙十三年，「劉裕伐秦，檀道濟等攻潼關，破秦將姚紹，紹退屯定城」句下，胡《注》引《述征記》同。《太平寰宇記》卷二十九《關西道五·華州》又引《述征記》：「或云段煨所造。」

19. 郭緣生《述征記》：或云，霸城南門曰鴻門也，項羽將因會危高祖，羽仁而弗斷，范增謀而不納，項伯終護高祖以獲免。既抵霸上，遂封漢王。（卷十九《渭水》「又東過霸陵縣北，霸水從縣西北流注之」注）

按，宋程大昌《雍錄》卷七《郡縣》：「緣生道聽途說，不及詳審，乃曰高帝自霸門而至鴻門。夫霸門者，長安城東面三門，從東來第一門也，即邵平種瓜之青門也。」說是。

20. 郭緣生《述征記》曰：齊桓公冢，在齊城南二十里，因山為墳。大冢東有女水，或云齊桓公女冢在其上，故以名水也。（卷二十六《淄水》「又東過利縣東」注）

21. 故《述征記》曰：踐縣境，便睹斯卉，窮則知蹢界，今雖不能，然諒亦非謬。詩所謂「東有圃草」也。（卷二十二《渠水》「渠水出滎陽北河，東南過中牟縣之北」注）

按，《太平御覽》卷七十二《地部三十七》引同。宋王應麟撰《詩地理考》卷三《雅》轉引。

22. 郭緣生《述征記》：自漢迄晉，二千石及丞尉，多刊石述敘。堯即位至永嘉三年，二千七百二十有一載，記於堯妃祠。見漢建寧五年五月，成陽令管遵所立。（卷二十四《睢水》「又東北過廩邱縣爲濮水」注）

23. 《述征記》曰：城極大，四周壍通豐水。豐水於城南東注泗，即泡水也。（卷二十五《菏水》「又南，過沛縣東」注）

24. 郭緣生言，泗水在城南。（卷二十五《泗水》「西南過魯縣北」注）

（二）梁宗懍《荊楚歲時記》

1. 郭緣生《述征記》云：魏東平王翕七日登壽張縣安仁山，鑿山頂為會望處，刻銘於壁，文字猶在。銘云：正月七日，厥日為人，會我良駟，陟彼安仁。

　　按，又《太平御覽》卷三十《時序部十五》：「郭緣生《述征記》云：壽張安仁山魏東平王鑿山頂爲會望處，刻文於壁，文字猶在，所載銘辭即此處。」

2. 《述征記》云：八月一日作五明囊，盛取百草頭露洗眼，令眼明也。

　　按，《北堂書鈔》卷一百五十二《天部四・露二十》引同。清高士奇《續編珠》卷一《續時部》轉引。

（三）《三輔黃圖》

　　郭延生《述征記》曰：長安宮南有靈臺，高十五仞，上有渾儀，張衡所製；又有相風銅烏，遇風乃動。一曰長安靈臺，上有相風銅烏，千里風至此，烏乃動。又有銅表，高八尺，長一丈三尺，廣尺二寸，題云太初四年造。

　　按，見《三輔黃圖》卷五《臺榭》，「延生」當作「緣生」。宋程大昌《雍錄》卷八《職官》引《黃圖》同。又，《北堂書鈔》卷一百三十《儀飾部一・相風》引《述征記》：「長安宮南有靈臺，有相風銅烏，或云，此烏遇千里風，乃動。」《藝文類聚》卷一《天部上・風》、《藝文類聚》卷九十二《鳥部下・烏》、《初學記》卷一《天部上》、《太平御覽》卷九《天部九・相風》、《太平御覽》卷第九百二十《羽族部七・烏》、《太平御覽》卷第五百三十四《禮儀部十三・靈臺》、宋葉廷珪《海錄碎事》卷一《天部上》、宋王應麟《玉海》二十一《地理・河渠》引亦略同。

（四）隋杜公瞻《編珠》

1. 郭緣生《述征記》曰：鼓縣盤龍山石上有大人跡。

按，《太平御覽》卷第三百八十八《人事部二十九・跡》：「《述征記》曰：齊有龍盤山，上有大腳，姜嫄所履跡。」

2.《述征記》曰：朗公谷金輿山，孤峰環秀，在泰山郡。

按，《初學記》卷八《州郡部》《州郡部・河南道二》引《述征記》曰：「朗公金輿山，孤峰環秀，實神嶺也。」

3.《述征記》曰：臨沂縣山望之如橫雲中斷。

按，三條並見隋杜公瞻《編珠》卷一《天地部》。又，清高士奇《續編珠》卷一《歲時部》引《述征記》曰：「人日作煎餅於中庭，謂之薰天。」未知何據。

（五）隋虞世南《北堂書鈔》

1. 郭緣生《述征記》云：郭緣之《述征記》：成陽城東南九里有堯陵，陵東有中山夫人祠，在城南二里，蓋堯妃也。東南六里有慶都冢，上有祠廟。（卷九十二《禮儀部・葬三十二》）

按，宋羅泌《路史》卷三十六《發揮五》、宋黃伯思《東觀餘論》卷下引同，蓋轉引也。《通典》卷一百八十《州郡十》引郭緣生《述征記》曰：「堯冢在縣東南。」《太平寰宇記》卷十四《河南道十四・濮州》亦引。宋趙明誠《金石錄》卷十六《跋尾六・漢》轉引。據此，《史記》卷一《五帝本紀第一》引郭緣生《述征記》云：「城陽縣東有堯冢，亦曰堯陵，有碑。」「城陽縣東」應爲「成陽城東南」。《後漢書》卷三《肅宗孝章帝紀》唐章懷太子李賢注引郭緣生《述征記》曰：「成陽縣東南有堯母慶都墓，上有祠廟。堯母陵俗亦名靈臺大母」；又卷五《孝安帝紀》注引《述征記》云：「成陽東南有堯冢。」《太平御覽》卷第九百四十《鱗介部十二》引《述征記》曰，「城陽縣南六里，堯母慶都墓。廟前一池，魚額間有印文，名頳魚，非告祠者捕不可得。」

2.《述征記》云：華嶽三廟前立碑，段煨所刻，其文弘農張昶所造，仍自書之，鍾公題年月二十餘字。（卷一百二《藝文部・碑二十九》）

3.《述征記》云：曹真祠堂在北邙山，刊石既精，書亦甚工。（同上）

4.《述征記》云：齊之南有一谷，谷中有檐榆先生碑。（卷一百二十九《衣
　　冠部三・檐榆》）

5.《述征記》云：長安逍遙宮門裏，有澡盤，面徑丈二也。（卷一百三十
　　五《儀飾部六・澡盤》）

　　按，《太平御覽》卷七百十二《服用部十四・澡盤》、卷第七百五十八《器
物部三・盆》引同。宋高似孫《緯略》卷四：「《述征記》曰：長安逍遙宮門
裏有澡盤，面徑丈二，殆所謂可容五石者矣。」

6.《述征記》曰：去端門百餘步，道南得方尚北門，中有指南車，車上有
　　木仙人持信幡，車東西，人恒指南。（卷一百四十《車部五・指南車》）

　　按，《太平御覽》卷第七百七十五《車部四・指南車》引同。

7. 郭緣生《述征記》：金鄉縣有焦氏山，穴中謂之燧口，遭亂則民庶逃難
　　於此穴。（卷一百五十八《地理部二・穴十五》）

　　按，《水經注》卷八：「金鄉數山皆空中穴口，謂之隧也。」當爲暗引《述
征記》文。

8.《述征記》曰：洛水底有礜石，故上無水。（卷一百五十八《地理部二・
　　洛三十三》）

　　按，《太平御覽》卷六十二《地部二十七》、宋葉廷珪《海錄碎事》卷三
上《地部》上《地門》、宋高似孫《緯略》卷十一引同。

9. 郭緣生《述征記》曰：華山有二岑，直上數千仞；自下小岑疊秀，迄
　　於嶺表，有如削成。（卷一百六十《地理部四・華山三十七》）

　　按，《初學記》卷五《地理上》事對「二岑」條引同。

（六）唐歐陽詢《藝文類聚》

1.《述征記》曰：彭城東岸有一丘，俗謂之狗葬，或云斯則徐偃王葬后
　　倉者也，未詳，古徐國宮人，娠而生開〔註 191〕，棄之水濱，有狗名
　　后倉，銜而歸，育而成人，遂爲徐之嗣君，純筋無骨，曰偃王，偃王
　　躬行仁義，衆附之，得朱弓朱矢之瑞，周穆王命楚滅之，后倉將死，
　　生角尾，實黃龍也。（卷九十四《獸部中・狗》）

　　按，《水經注》卷八《濟水注》：「今見有狗壘焉。」當爲暗引《述征記》

〔註 191〕「開」當作「卵」。

文。《初學記》卷二十九《獸部·狗》：「郭緣生《述征記》曰：古徐國宮人，娠而生卵，棄之水濱。有犬名后蒼，銜而歸。俄而成人，遂爲徐嗣君。」

　　2.《述征記》曰：豐圻，豐水西九十里，有漢高祖宅。（卷六十四《居處部四·宅舍》）

　　按，《太平御覽》卷第一百八十《居處部八·宅》、宋王應麟《玉海》卷一百七十五引同。

　　3.《述征記》曰：戲水注渭，東有周幽王壘，昔幽王盜舉烽以悅褒姒，遂犬戎伐周，諸侯玩而弗至，戰敗死於斯地。（卷八十《火部·烽燧》）

　　按，又《史記》卷八《高祖本紀第八》「軍西至戲」句司馬貞《索隱》引《述征記》云：「戲水自驪山馮公谷北流，歷戲亭，東入渭。」

　　4.《述征記》曰：述征記曰：洛水至歲凝厲，則款冬茂悅曾冰之中。（卷八十一《藥香草部上·款冬》）

　　按，《太平御覽》卷第九百九十二《藥部九·款多》引同。又，宋羅願《爾雅翼》卷三《釋草》引《述征記》曰：「洛水至歲末凝厲，則款冬茂悅曾冰之中，蓋至陰之物能反至陽，故玉札畏款多也。」

（七）唐徐堅《初學記》

　　1. 郭緣生《述征記》曰：金谷，谷也。地有金水，自太白源南流經此谷，注穀水。（卷八《州郡部·河南道二》）

　　按，《太平寰宇記》卷三《河南道三·河南府一》亦引。《水經注》卷十六《穀水》：「穀水又東，左會金谷水。水出太白原，東南流，歷金谷，謂之金谷水」，當爲暗引《述征記》文。

　　2. 郭緣生《述征記》曰：壽張縣梁山際清水，呂母宅在山北，東北過水。呂母梁積石猶在。（卷七《地部下·橋》呂母條）

　　按，梁山，一作良山。《史記》卷五十八《梁孝王世家》「北獵良山」句司馬貞《索隱》：「《述征記》云，良山際清水。」《水經注》卷八《濟水注》：「古老言，此橋，東海呂母起兵所造也「，當爲化引《述征記》文。按《東觀漢記》，海曲呂母之子爲縣令所殺，母破產結諸少年，得數百人，入海，自稱將軍，遂破海曲，執縣宰斬之，以其首祭子冢。

　　3.《述征記》云：山下自華岳廟列柏，南行十一里，又東回三里，至中

祠。又西南出五里至南祠。南入谷口七里，又至一祠。（凡欲升山者皆祈禱焉。）又南一里至天井。天井才容人上，可長六丈餘。出井如望空視明，如在室窺窗矣。出井東南二里，至峻阪斗上，又東上百丈崖，皆須攀繩挽葛而後行。又西南出六里，又至一祠，名胡越寺神。又行二里，便屆山頂。上方七里，有靈泉二所，一名蒲池，一名太上泉。（《初學記》卷五《地理上・華山》敘事）

4. 《述征記》云：東萊郡出溫泉。（卷七《地部下・驪山湯》）

按，明方以智《物理小識》卷二《風雷雨暘類》：「《述征記》曰：東萊郡出溫泉，恒沸，鳥墜輒爛。」

5. 《述征記》曰：汴南董生，引汴水自羊湖。（卷八《州郡部・河南道二》）

6. 《述征記》曰：鉅野縣有清水。又：梁山濼清水更屬岱宗。（卷八《州郡部》《州郡部・河南道二》）

7. 《述征記》曰：濠汜，水公也，其水注泗有舊魚梁。莊子游於濠梁，則此地也。（卷八《州郡部》《州郡部・河南道二》）

8. 郭緣生《述征記》曰：廣陽門北有鬥雞臺。（卷二十四《居處部・臺六》）

按，《太平寰宇記》卷三《河南道三・河南府一》：「《述征記》云：廣陽門西南有劉曜壘、試弩棚，西北有鬥雞臺、射雉觀。」

（八）唐顏師古《匡謬正俗》

郭緣生《述征記》曰：皇天塢在閿鄉東南，或云衛太子始奔，揮涕仰呼皇天，百姓憐之，因以為塢。（卷七）

（九）《後漢書》唐章懷太子李賢注

郭緣生《述征記》曰：「黎陽城西袁譚城，城南又有一城，是曹公攻譚之所築。（卷七十四下《袁紹傳附子譚傳》注）

按，宋王應麟《通鑑地理通釋》卷十一《三國形勢考》上引此條同，當為轉引。

（十）《文選》唐李善注

1. 《述征記》曰：北芒，洛陽北芒嶺，靡迤長阜，自滎陽山連嶺綿亙，暨於東垣。（卷二十沈休文《應詔樂遊苑餞品僧珍詩一首》「伐罪芒山曲，

弔民伊水潯」句李善注）

按，又《文選》卷二十六潘安仁《河陽縣作二首》李善注：「郭緣生《述征記》曰：北芒，城北芒嶺也」，又引郭緣生《述征記》：「北芒去大夏門不盈一里。」

2. 郭緣生《述征記》曰：國學在辟雍東北五里，太學在國學東二百步。
   （卷十六潘安仁《閒居賦》「兩學齊列，雙宇如一」句李善注。）

按，《太平御覽》卷第五百三十四《禮儀部十三·學校》引《述征記》曰：「太學在國子學東二百步，學堂裏有太學讚碑記，曰：建武三十七年立太學堂，永建六年制下府繕治，並立諸生房舍千餘間，陽嘉元年畢刊子碑。有太尉龐氼、司徒劉崎、太常孔扶、將作大匠胡廣答記製。」宋王應麟《玉海》卷一百十一《學校》引同。王應麟《困學紀聞》卷十六亦引。

3. 郭緣生《述征記》曰：北邙東則乾脯山，山西南晉文帝崇陽陵，陵西武帝峻陽陵，邙之東北宣帝高原陵、景帝峻平陵，邙之南則惠帝陵也。（卷三十八傳季友《爲宋公至洛陽奉謁五陵表》「以其月十五日，奉謁五陵」句李善注）

（十一）《史記》唐張守節《正義》

1. 郭緣生《述征記》：鞏縣，周地，鞏伯邑。（卷四《周本紀》正義）

按，又《史記》卷四十三《趙世家第十三》張守節《正義》亦引。又見《太平寰宇記》卷五《河南道五·伊陽》引。

2. 郭緣生《述征記》云：蒙縣，莊周之本邑也。（卷六十三《老子韓非列傳》正義）

3. 郭緣生《述征記》云：一澗橫絕上過，名曰廣武。相對皆立城塹，遂號東西廣武。（卷七《項羽本紀》正義）

4. 《述征記》：項羽墓在城西北三里半許，毀壞，有碣石「項王之墓」。（卷七《項羽本紀》正義引《括地志》）

按，《水經注》卷八《濟水》「城西北三里，有項王羽之冢，半許毀壞，石碣尚存，題云項王之墓」，蓋暗引《述征記》文。

（十二）《史記》唐司馬貞《索隱》

《述征記》：「碭有梁孝王之冢。」

按，見《史記》卷五十八《梁孝王世家》司馬貞《索隱》。《太平御覽》卷第五百五十九《禮儀部三十八·冢墓三》引《述征記》曰：「梁孝王冢，斬山徙戶，以石爲藏。行一里到藏中，有數尺水，有大鯉魚，人皆潔而進。不齊，輒有獸噬其足，獸似豹也。」

（十三）李吉甫《元和郡縣圖志》

1. 《述征記》曰：太行山首始於河內，自河內北至幽州，凡有八陘。第一曰軹關陘，今屬河南府濟源縣，在縣理西十一里。第二太行陘，第三白陘，此兩陘今在河內。第四滏口陘，對鄴西。第五井陘；第六飛狐陘，一名望都關；第七蒲陰陘；此三陘在中山。第八軍都陘，在幽州。太行陘闊三步，長四十里。（卷二十《河北道一》）

按，《元和郡縣圖志》卷二十一《河北道二》引較略。《太平寰宇記》卷五十三《河北道二·懷州》引同。宋王應麟《詩地理考》卷六《序》及《通鑑地理通釋》卷五《十道山川考》轉引。《太平御覽》卷五十三《地部十九·陘》引《述征記》曰：「燕趙間凡厥山路名之曰陘，井陘在常山。」

2. 《述征記》曰：泰山郡水皆名汶。（卷十一《河南道》六）

按，《太平寰宇記》卷二十一《兗州》引同。宋程公說《春秋分記》卷三十五《書十五·疆理書第九》引《述征記》曰：「泰山郡水皆曰汶。今襲慶府乾封縣有五汶、瀛汶、柴汶之屬，源別流同，則汶不止一源明矣。」

3. 《述征記》曰：歷城到營城三十里，自城以東，水彌漫數十里，南則迫山，實爲險固也。（卷十一《河南道》六）

按，《太平寰宇記》卷十九《河南道十九·淄州》引同。元于欽《齊乘》卷三《郡邑》轉引。

（十四）封演《封氏聞見記》

1. 郭緣生《述征記》云：「嶧山在下邳西北，多生梧桐，則《禹貢》嶧陽下邳者是也。」（卷八）

2. 郭緣生《述征記》云：彭城郡有秅城，云是崇侯冢，自淮迄於河上，城而實中謂之秅。丘壟可阻謂之固。（卷八）

按，宋王讜《唐語林》卷八引同。

3. 郭緣生《述征記》云：老子廟中有九井，汲一井，八井皆動，即其地

也。（卷一《道教》）

按，《太平寰宇記》卷十二《河南道十二・亳州》，宋羅泌《路史》卷三十九《餘論二》引同。

（十五）唐杜佑《通典》

1. 郭緣生《述征記》云：新安縣，漢之函谷關也。今猶謂之新關。項羽坑秦卒於新安城南，即斯地也。（卷一百七十七《州郡七》）

2. 敖津有城，故以為名。郭緣生《述征記》云即漢茌平縣也。（卷一百八十《州郡十》）

（十六）釋道世《法苑珠林》

1.《述征記》曰：桓沖為江州刺史，遣人周行廬山，冀睹靈異。既陟崇巘，有一湖，帀生桑樹，有群白鵠，湖中有敗艑、赤鱗魚。使者渴極，欲往飲水，赤鱗魚張鬐向之，使者不敢飲。（卷三十七《神異篇》第二十之餘）

按，北宋李昉《太平御覽》卷六十六《地部三十・湖》引同。

2.《述征記》曰：北荒有張母墓，舊云張母是王氏妻，王家葬。經數百載後開墓，而香火猶燃，其家奉之，稱清火道。（卷四十九《葦香篇》第三十三）

按，《太平御覽》卷第八百六十八《火部一・火上》引同。

（十七）北宋李昉《太平御覽》

1. 郭緣生《述征記》曰：魚山一名吾山。《瓠子歌》所謂也。魏嘉平中，有神女成公智瓊降弦超室，後復遇此山陌上。（卷四十二《地部七・魚山》）

按，《水經注》卷八「山即吾山也」，當為暗引《述征記》文。《太平寰宇記》卷十三《河南道十三・鄆州》引同。宋郭茂倩輯《樂府詩集》卷四十七《清商曲・吳聲歌曲》引《述征記》曰：「魏嘉平中，有神女成公智瓊降弦超，同室，疑其有奸，智瓊乃絕。後五年，超使將之洛，西至濟北漁山下陷，上，遙望曲道頭，有車馬，似智瓊，果至洛，克復舊好。」

2.《述征記》曰：下相城西北，漢太尉陳球墓，有三碑。近墓一碑，記弟子盧植、鄭玄、管寧、華歆等六十人（其一碑陳登碑，文並蔡邕所作）。

（卷第五百八十九《文部五・碑》）

3. 郭緣生《述征記》曰：逢山在廣固南三十里，有祠並石人、石鼓。齊世將亂，石人輒打鼓，聞數十里。（卷第五百八十二《樂部二十・鼓》）

按，馬端臨《文獻通考》卷一百三十五《樂考八》：「郭緣生《述征記》曰：逢山祠有石人、石鼓。」《太平寰宇記》卷十八《青州》亦引。

4. 郭氏《述征記》曰：長白山，能興風雨。山西南有太湖山，二山並有石室，敗赤漆船，上有記。皆謂之堯時物。（卷四十二《地部七・長白山》）

按，《太平寰宇記》卷十九《河南道十九・淄州》亦引，作「長白山雲雨長白」，餘同。

5. 《述征記》曰：長安東則驪山，西則白鹿原，北望雲陽，悉見山阜之形，而恒若在雲霧之中。（卷四十四《地部九》）

按，宋宋敏求《長安志》卷十五《縣五・臨潼》引同。

6. 《述征記》曰：臨淄牛山下有女水，齊人諺曰：世治則女水流，世亂則女水竭。慕容超時，乾涸彌載，及宋武北征而激洪流。（卷五十九《地部二十四》）

7. 《述征記》曰：彭城呂縣有呂梁水，則《莊子》所稱丈夫水也。（卷六十三《地部二十八》）

8. 《述征記》曰：廣陽門北有魏明帝流杯池。（卷六十七《地部三十二》）

9. 《述征記》曰：晉寧縣有龍莽洲，父老云：龍蛻骨於此洲，其水今猶多龍骨。（卷六十九《地部三十四》）

10. 《述征記》曰：秦梁埭到召伯埭二十里，召伯埭到三救埭十五里，三救埭到鏡梁埭十五里。（卷七十三《地部三十八》）

11. 《述征記》曰：極西南端門外有石，石色青而細，修之作博碁，以遺江東，甚可珍玩。（卷第七百五十四《工藝部十一・博》）

12. 《述征記》曰：林檎，果實可佳，其楈勃實微大，其狀醜，其味香，輔關有之，江淮南少。（卷第九百七十一《果部八・林擒》）

13. 《述征記》曰：陵雲臺在明光殿西，高八丈，累磚作道，通至臺上，登臺迴眺，究觀洛邑、暨南，望少室亦山丘之秀極也。（卷第一百七十八

《居處部六・臺下》）

按，又卷六十八地部《三十三・冰》引《述征記》曰：冰井在凌雲臺北，古舊藏冰處。《太平寰宇記》卷三《河南道三・河南府一》亦引此條。

14. 蠡臺，梁孝王所築於菟園中，回道似蠡，因名之。（卷第一百七十八《居處部六・臺下》）

15. 《述征記》曰：青門外有魏車騎將軍郭淮碑。小城最東一門名落索門，門裏有司馬京兆碑，郡民所立。（卷第一百八十三《居處部十一・門下》）

16. 《述征記》曰：東城二石橋，舊於王城之東北開渠引洛水，名曰陽渠，東流經洛陽於城之東南，然後北回，通運至建春門，以輸，常滿倉。（卷第一百九十《居處部十八・倉》）

按，宋王應麟《玉海》卷一百八十四引同。

17. 《述征記》曰：思子城，漢武帝延和二年，衛太子遇江充之亂，奔湖自縊壺關，三老、太廟。令田千秋訴太子之冤，築思子宮於湖，其城存焉。（卷第一百九十三《居處部二十一・城下》）

18. 《述征記》曰：方興縣鬼橋，忽一夜聞人呼喚聲，車行雷駭，曉而石橋自成，家家牛皆喘息未定。（卷七十三《地部三十八・橋》）

19. 郭緣生《述征記》曰：秦梁，圯名也。或曰，秦始皇東巡，弗行舊道，過此水，率百官以下，人提一石以填之，俄而梁成。今睹所累石，無造作之處也。（卷五十一《地部十六》）

20. 《述征記》云：登滑臺，西北望太行山，白鹿岩王莽嶺冠於眾山表也。（卷四十《太行山》）

按，又《太平寰宇記》卷九《河南道九・滑州》及宋潘自牧《記纂淵海》卷十九《郡縣部・京西北路・河南府》引同。

（十八）北宋樂史《太平寰宇記》

1. 《述征記》曰：大梁西南九十里尉氏有蓬池。阮籍詩云：「徘徊蓬池上，回首望大梁」，即是也。（卷一《河南道一・開封府一》）

2. 《述征記》曰：魏武征徐州，陳宮說東郡太守張邈迎呂布，於時懸悉叛，荀彧等保阿鄄範三城而已。（卷十四《河南道十四・濮州》）

3.《述征記》曰：太公冢在堯山西。（卷十五《河南道十五·徐州》）

4.《述征記》曰：（管仲坡）永嘉末，人發冢得珠襦玉匣。（卷十八《河南道十八·青州》）

5.《述征記》曰：承縣君山有抱犢固，壁立千仞，去海三百里，天氣澄明，宛然在目。山上有池，深纔數尺，水旱不增減。平田數頃，昔有隱者王老，抱一犢於上耕種，後遇異人仙去，故以名山。（卷二十三《河南道二十三·沂州》）

按，又元于欽《齊乘》卷一《沿革》引同。

6. 郭緣生《述征記》曰：敷西縣，五代所置。（卷二十九《關西道五·華州》）

7. 郭緣生《述征記》曰：陰盤縣舊屬安定郡，遇亂徙於新豐。（一百五十一《隴右道二·渭州》）

（十九）北宋宋敏求《長安志》

1. 郭緣生《述征記》曰：山形如覆車之象，其山出玉，亦名玉山。（卷十六《縣六》）

按，《太平寰宇記》卷二十六《關西道二·雩縣》亦引。

2.《述征記》曰：渭南縣，夷狄所置。

按，見《長安志》卷十七《縣七》云「渭南渭南縣本漢新豐縣地，前秦苻堅置。渭南縣屬京兆郡，漢初有渭南郡，因以取名」，則《述征記》之言「夷狄」，謂苻堅。

（二十）北宋陳暘《樂書》

郭緣生《述征記》曰：洛陽太極殿前大鐘六枚。父老云，曾有欲移此鐘者，聚百數長絙挽之，鐘聲震地，自是莫敢復犯。然則太極殿六鐘，豈民所徙者邪？

按，見宋陳暘《樂書》卷一百三十三《樂論圖俗部》。陳暘字晉之，北宋哲宗時人。南宋王應麟《玉海》卷一百九《音樂·樂器·鐘金》亦引。

郭緣生是較早的古代遊記，雖然記事簡約，但所記故實傳說、山川形勢、古跡名人、鄉邦物產等，頗足可觀者。《清史稿》卷八十四《禮志三·吉禮三》

歷代帝王陵廟條：「《水經注》所引《述征記》……諸說，皆與正史符。」又可見其文獻價值更重於文學價值，所以多爲《水經注》等著作所徵引〔註192〕。

七、東晉庾仲雍《湘州記》考

（一）作者考

《隋書・經籍志》最早著錄庾仲雍撰《湘州記》。

《隋書》卷三十三《經籍志二》史部地理類：

《三輔故事》二卷，晉世撰

《湘州記》二卷，庾仲雍撰

《吳郡記》二卷，晉本州主簿顧夷撰

《日南傳》一卷

《江記》五卷，庾仲雍撰

《漢水記》五卷，庾仲雍撰

《居名山志》一卷，謝靈運撰

《西征記》一卷，戴祚撰

《廬山南陵雲精舍記》一卷

《永初山川古今記》二十卷，齊都官尚書劉澄之撰

按：《隋志》史部地理類體例，基本上是按時代先後著錄書目；《隋志》著錄次第，庾仲雍撰《湘州記》，是在晉世撰《三輔故事》等書目之後、晉宋之際謝靈運撰《居名山志》之前，由此可知，爲庾仲雍當爲東晉或晉宋之際人。

由《隋志》著錄庾仲雍撰《湘州記》二卷、《江記》五卷、《漢水記》五卷；和《舊唐書》卷四十六《經籍志》及《新唐書卷》五十八《藝文志》著錄庾仲雍撰《江記》五卷、《漢水記》五卷、《尋江源記》五卷，可知庾仲雍熟悉江漢水道湖北湖南地理，東晉或晉宋之際，當長期在湖北湖南地區生活。

由唐徐堅《初學記》卷五《地理上》「紙臼書研」條、歐陽詢《藝文類聚》卷六《地部》及卷七《山部上》、以及白居易《白孔六帖》卷五等引「庾仲雍《湘中記》曰」，可知庾仲雍《湘中記》在唐代廣泛地爲人所引用。

〔註192〕《水經注》不僅明引《述征記》二十餘處，而且還有許多引《西征記》文而未標明出處者。（已見於前文）

唐虞世南《北堂書鈔》卷一百四十八《酒食部・酒六十》「飲之不死」條：

> 《湘州記》云：居〔君〕山左右有美酒數斛，人飲之即不死。

宋李昉等《太平御覽》卷四十九《地部・西楚南越諸山》：

> 庾穆之《湘州記》云：昔秦皇欲入湘觀衡山，而遇風浪溺敗，
> 至此山而免，因號爲君山。

宋范致明《岳陽風土記》：

> 庾穆之《湘州記》云：君山上有美酒數斗，得飲之即不死，爲
> 神仙。

宋郭知達《九家集注杜詩》卷十四《寄薛三郎中》「君山可避暑，況足採白蘋」
注：

> 庾穆之《山記》云：昔秦始皇皇欲入湘觀衡山，而遇風浪機敗
> 溺，至此山而免，因號爲君山。

按：第一，《北堂書鈔》引《湘州記》「君山美酒」條與《岳陽風土記》
引庾穆之《湘州記》「君山美酒」條書名、內容相同，可知《北堂書鈔》所引
《湘州記》即庾穆之《湘州記》。

第二，《太平御覽》、《岳陽風土記》及《九家集注杜詩》所引錄庾穆之撰
《湘州記》，可知《湘州記》又題庾穆之撰。

第三，《太平御覽》、《岳陽風土記》所著錄庾穆之撰《湘州記》，與《隋
志》、《初學記》、《藝文類聚》、《白孔六帖》所著錄庾仲雍撰《湘州記》，同爲
唐前人姓庾氏者撰《湘州記》，此二人甚不可能爲二人，而當爲一人，可知庾
穆之即庾仲雍。穆之當爲其名，仲雍爲其字。

（二）歷代著錄及庾仲雍《湘州記》亡佚時代考

《隋志》著錄庾仲雍撰《湘州記》二卷。兩《唐志》則未著錄，未知何
故，因爲五代北宋時《湘州記》猶存。

今本《崇文總目》亦未著錄《湘州記》。按《崇文總目》原書已佚，今本
《崇文總目》係清人補輯，因此並不表示北宋撰《崇文總目》時《湘州記》
已佚。

唐代類書規模小於宋代類書，所引錄《湘州記》條目數量較少〔註193〕，

〔註193〕《藝文類聚》引錄《湘州記》共3條：卷三十二《人部十六・閨情》、卷六《地
部》、卷七《山部》各1條。
　　《北堂書鈔》引錄《湘州記》共2條：卷一百三十七《舟部》。卷一百四十八

亦少於宋代類書。

北宋時所編《太平御覽》所引錄《湘州記》條目數量，遠超過唐代類書所引錄。

按《太平御覽》卷九《天部九》、卷十《天部十·雨上》、卷十五《天部十五》、卷四十九《地部十四·西楚南越諸山》、卷五十二《地部十七·石下》、卷六十五《臨水》、靳江水、資水、枉水條、卷六十六《地部三十一·湖潭》、卷六十七《地部三十二·池溪塹》、卷一百七十一《州郡部十七江南道下》、卷七百五十七《器物部二》、卷七百六十二《器物部七》、卷八百十二《珍寶部十》、卷九百六十六《果部三》甘、橘條、卷九百七十四果部十一、卷九百八十七《藥部四》、卷九百九十一《藥部八》等，皆引錄《湘州記》；而且多為唐代類書所未引錄者。由此可見，《太平御覽》所引錄《湘州記》，並非轉錄自唐代類書，係直接錄自《湘州記》原書。換言之，在北宋，《湘州記》猶存於世。

復按《四庫全書》本宋范致明《岳陽風土記》引錄《湘州記》三條文字：

> 《湘州記》云：岳州有昭潭，其下無底，湘水最深處。今岳州無昭潭，昭潭自屬潭州。

> 《湘州記》言：秦皇欲入湘觀衡山，遇風濤，漂溺到此山，而免，因號君山，或言秦皇遭風於此，問博士曰：湘君何神？曰：堯女，舜妃也，神遊洞庭之湖，出入多風雨。秦皇大怒，乃赭其山。

> 庾穆之《湘州記》云：君山上有美酒數斗，得飲之即不死，為神仙。漢武帝聞之，齋居七日，遣欒巴將童男女數十人來求之，果得酒進御。未飲，東方朔在旁竊飲之，帝大怒，將殺之，朔曰：使酒有驗，殺臣亦不死；無驗，安用酒為。帝笑而釋之。寺僧云：春時往往聞酒香，尋之莫知其處。君山虎洞石穴，夏秋水漲即沒，春冬水落即露。朝廷嘗遣使投龍於此，歲旱，邦人往往祈禱焉。

據宋陳振孫《直齋書錄解題》卷八地理類：

> 《岳陽風土記》一卷，宣德郎監商稅務建安危致明晦叔撰，元符進士第二人，仕至次對。其在岳，蓋謫官也。（案：《文獻通考》

《飲之不死》各1條。

《初學記》引錄《湘州記》1條：卷五《地理上》。

白居易《白孔六帖》1條：卷五。

唐代四種主要類書引錄《湘州記》總條數遠不及宋代《太平御覽》一書所引錄《湘州記》條目數量。

作范致明。）

按：由《直齋書錄解題》，可知《岳陽風土記》撰人范致明爲北宋人。《岳陽風土記》引錄庾穆之《湘州記》三條文字，其中，「岳州有昭潭」條雖爲《太平御覽》六十六《地部三十一・湖潭》所引錄，但文字有一定出入〔註194〕。「秦皇欲入湘」條雖爲《太平御覽》卷四十九卷《地部十四・西楚南越諸山》所引錄，但其文字遠少於《岳陽風土記》〔註195〕。「君山美酒」條大部分內容爲唐宋類書所無〔註196〕。由此可見，范致明撰《岳陽風土記》引錄庾穆之《湘州記》，並非轉錄自唐宋類書，而是直接錄自《湘州記》原書。換言之，北宋元符時庾穆之《湘州記》猶存於世。

南宋晁公武《郡齋讀書志》、陳振孫《直齋書錄解題》、宋元之際馬端臨《文獻通考》及元代陶宗儀《說郛》均未著錄《湘州記》。這表明，《湘州記》亡佚之時代，是在南宋。

南宋鄭樵《通志》卷六十六《藝文略第四》及尤袤《遂初堂書目》地理類皆著錄《湘州記》，但未必出自目驗原書，並不能表示南宋時《湘州記》猶存於世。理由可見戴延之《西征記考》所論。

（三）庾仲雍《湘州記》佚文補輯

今又於諸本之外輯得二條：

1. 岳陽有昭潭，其下無底，湘水最深處。（《初學記》卷八《州郡部》）

2. 石子山西有小溪，水石映澈，名之羽瀨。（《初學記》卷八《州郡部》）

八、東晉伏滔《北征記》考

（一）作者考

《世說新語・言語篇》注引《中興書》曰：「伏滔，字玄度，平昌安丘人，少有才學，舉秀才，大司馬桓溫參軍，領著作，掌國史，游擊將軍卒。」《晉

〔註194〕《太平御覽》卷六十六《地部三十一・湖潭》：「《湘州記》曰：益陽有昭潭，其下無底，湘水最深處也。或謂周昭王南征不復，沒於此潭，以爲名。」

〔註195〕《太平御覽》卷四十九《地部十四・西楚南越諸山》：「庾穆之《湘州記》云：昔秦皇欲入湘觀衡山，而遇風浪，溺敗至此山，而免，因號爲君山。又《荊州圖副》云：「湘君所遊，故曰君山。有神，祈之，則利涉山。下有道，與吳包山潛通。上有美酒數斗，得飲不死。」

〔註196〕《北堂書鈔》卷一百四十八《飲之不死》條：「《湘州記》云：居山左右有美酒數斛，人飲之即不死。」並參看注2。

書》卷九十二《文苑傳》載伏滔本傳同。今以《晉書》本傳推之，伏滔當生於東晉初，晉孝武帝太元中以著作郎、游擊將軍卒於官。

伏滔本出於大儒世家，是濟南伏生之後，其家世傳《尚書》。按《伏乘》，伏滔始祖即伏勝〔註197〕，伏勝九世孫伏鳳。《元和姓纂》云：「鳳五世孫儀生大鴻臚策，策曾孫滔，滔亦以旁支承後者也。」如此，則伏滔係伏勝十八世孫。《伏乘》云：「伏氏二十餘代，非僅以《尚書》名家也。理以治齊，詩列儒林，子孫承述迄漢末。」伏滔秉承家學，勤於著述，作品頗豐，如《大司馬僚屬名》、《正淮論》、《與習鑿齒論青楚人物》、《徐州都督王坦之碑銘》、《述帝功德銘》《胡書龜歷之文》、《望海賦》、《遊廬山序》、《翟硎先生銘贊》等均繫滔作，其中以《正淮論》上下篇最爲知名，錄於伏滔本傳〔註198〕。

伏滔善文，辭理條順暢達，今觀其《正淮論》可見一斑。其文從天時、地利、人事對淮南屢叛的原因進行分析，而重點在於人事。他說，「本其所因，考其成跡，皆寵盛禍淫，福過災生，而制之不漸，積之有由也。」於君德，他指出，「夫生乎深宮，長於膏粱，憂懼不切於身，榮辱不交於前，則其仁義之本淺矣。奉以南面之尊，藉以列城之富，宅以制險之居，養以眾強之盛，而無德以臨之，無制以節之，則厭溢樂禍之心生矣」；於吏治，他指出應「三載考陟，功罪不得逃其跡，九伐時修，刑賞無所謬其實。令之有漸，軌之有度，寵之有節，權不外授，威不下黷」；於教化，他說「然而仁義之化不漸，刑法之令不及，所以屢多亡國也」。分析深刻而條理井然。

王隱《晉書》記載了伏滔作《翟硎先生銘贊》的緣起：「翟硎先生者，不得姓名，亦不知何許人也。太和末，常居宣城郡界山中。有翟硎，因以名焉。大司馬桓溫常往造之，既至，見先生被鹿裘，坐於石室，神無忤色。溫及僚佐數十人皆莫測之，乃命伏滔爲之銘贊，竟卒於山中。」〔註199〕《晉書·袁宏傳》還記載了桓溫令伏滔讀袁宏《北徵賦》事。《晉書》伏滔本傳云「大司馬桓溫引爲參軍，深加禮接，每宴集之所，必命滔同遊。」從這些記載可見，伏滔之從桓溫，亦以文名見知。《晉書》卷八十二《習鑿齒傳》還說習鑿齒與

〔註197〕《元和姓纂》：「伏，風姓，伏羲之後，望出太原高陽。」《史記》、《漢書》僅云：「伏生，濟南人」，並名字無之。張晏注始云：「名勝」。《索隱》始引《漢紀》云：「字子賤」。范書經稱勝字子賤，且指濟南伏生以實之。
〔註198〕《晉書》卷九十二《文苑傳》：「從溫伐袁眞，至壽陽，以淮南屢叛，著論二篇，名曰《正淮》」。《晉書》，中華書局，1974年版，第2399頁。
〔註199〕見於《太平御覽》卷第五百三《逸民部三》逸民三引。

「清談文章之士韓伯、伏滔等並相友善」。可知，伏滔與習鑿齒、釋道安、袁宏、王珣並為同時代人，且共為一時名士。《隋書》卷三十五志三十《經籍四》著錄：「晉《伏滔集》十一卷並目錄。梁五卷，錄一卷。」《舊唐書》卷四十七志二十七《經籍下》及《新唐書》卷六十志五十《藝文四》並著錄：「《伏滔集》五卷。」

伏滔與袁宏同在桓溫府，並稱「袁伏」，但兩人志趣頗異。袁宏「性強正亮直，雖被溫禮遇，至於辯論，每不阿屈，故榮任不至」，以至於「為《東征賦》，賦末列稱過江諸名德，而獨不載桓彝」，惹得桓溫不悅，伏滔當時即因「與宏善」而「苦諫之」，可是袁宏「笑而不答。」從這可看出伏滔的功利心較袁為盛。《晉書》伏滔本傳：「孝武帝嘗會於西堂，滔豫坐，還，下車先呼子系之謂曰：『百人高會，天子先問伏滔在坐不，此故未易得。為人作父如此，定何如也？』」得意之情難抑乃至於炫耀於子。故此當桓溫府中呼袁宏伏滔為「袁伏」時，「宏心恥之，每歎曰：公之厚恩未憂國士，而與滔比肩，何辱之甚。」〔註200〕

伏滔之後，伏氏一脈如伏系之、伏曼容、伏挺、伏知命、伏知道、伏琛等，亦有文名。其中伏曼容「以治《易》、《詩》、《禮》、《論語》列儒林，在居宅，講說經義，生徒傾聽者常數十百人」，伏琛則撰有《齊記》。

（二）《北征記》的歷代著錄情況及亡佚時代考

伏滔《北征記》，史志不載。宋代《崇文總目》、《冊府元龜》、晁公武《郡齋讀書志》、陳振孫《直齋書錄解題》、尤袤《遂書堂書目》，元代馬端臨《文獻通考》，明代楊士奇等《文淵閣書目》、高儒《百川書志》均不著錄。可見亡佚已久。《隋書》卷三十三志第二十八《經籍二》載「《宋武北征記》一卷戴氏撰」，《通志》卷六十六《藝文略》第四《地理》並載，但並非此書。又，《藝文類聚》卷二、《初學記》卷一《天部上》、《初學記》卷二十四《居處部》、《太平御覽》卷十三《天部十三》、《太平御覽》卷一百八十七並載孟奧《北征記》，記避雷室事，亦非此書。明代有楊榮《北征記》一卷〔註201〕，也是後世同名之作。

從徵引情況看，《水經注》卷八、《續漢書‧郡國志》注引有伏滔《北征

〔註200〕《晉書》卷九十二列傳六十二《文苑傳》。中華書局，1974年版，第2398頁。
〔註201〕見《明史》卷九十七《藝文二》（中華書局版，第2384頁）並清黃虞稷《千頃堂書目》卷五。

記》。又，隋代杜公瞻《編珠》引兩條。唐代《藝文類聚》引兩條（卷二，卷九），李善《文選》注引兩條（《文選·謝靈運〈初發石首城詩〉》注、《文選·謝靈運〈擬劉楨詩〉》注），李吉甫《元和郡縣志》引三條。宋代樂史《太平寰宇記》引十一條，《太平御覽》引十三條，羅泌《路史》引三條，王應麟《玉海》引兩條。可見，雖然諸書目不載伏滔《北征記》，但不代表是書唐宋時已經亡佚。但《路史》、《玉海》所引不出前代類書，可見南宋時此書可能已亡。故此書當亡佚於北宋。

（三）《北征記》佚文輯考

按陳橋驛《水經注·文獻錄》：「此書不見著錄，已佚，無輯本。」今從諸書輯得數條，庶幾補缺：

1. 伏滔《北征記》曰：下邳城，韓信所都也。中城呂布所守，南臨白樓門。（《初學記》卷八《州郡部》）

2. 伏滔《北征記》曰：吳時客館在蔡洲上。以舍遠使蘇峻作逆，陶侃等率所統同赴京師，直指石頭，次於蔡洲。（《太平御覽》卷六十九《洲》）

3. 伏滔《北征記》曰：張公洲在縣西南。（《太平御覽》卷六十九《洲》）

4. 伏滔《北征記》曰：加子洲在縣西南。（《太平御覽》卷六十九《洲》）

5. 伏滔《地記》〔註202〕曰：琅琊城東南十里，有郎山，即古郎琊臺也。（《太平御覽》卷一百七十七《居處部五·臺上》）

6. 伏滔《北征記》曰：九井山在丹陽。山有九井，五井乾，四井通大江。昔有人墮馬鞍，乃從牛渚得之，即知通江姑熟。殷仲文從桓公，九日遊九井賦詩，即此山。（宋樂史撰《太平寰宇記》卷十七《河南道》十七）〔註203〕

7. 伏滔《北征記》曰：湯陵在濟陰亳縣。（《路史》卷八《前紀八》）〔註204〕

8. 伏滔《北征記》曰：有索水。（宋吳曾撰《能改齋漫錄》卷五《辨誤》）

〔註202〕此《地記》應係《北征記》。

〔註203〕又宋羅泌《路史》卷三十九《餘論二》：「《述征記》云：汲一則八動，然當塗南十里又有九井山。伏滔《記》丹陽山南有九井，五乾，四通大江。」

〔註204〕按《孫淵如詩文集》第一八四七冊：「漢崔駰、魏《皇覽》、晉伏滔皆有湯陵在濟陰亳縣之說。案伏滔《北征記》見於樂史所引。」

〔註205〕

9. 伏滔《北征記》曰：下邳西南有石，崇四丈。碑云項羽井在下相城也。
（《太平寰宇記》卷十七《河南道》十七）〔註206〕

10. 伏滔《北征記》：中牟臺下臨汴水，是為官渡。袁紹、曹操壘尚存。（《嘉慶一統志》第二二九一冊：「官渡城在中牟縣東北」下引）〔註207〕

11. 《北征記》曰：姑熟有井山，有九穴與江通。（《太平御覽》卷五十四《地部十九》）

12. 伏滔《北征記》曰：姑熟九井山北十里，有吳大將諸葛瑾墓，墓牆猶存。西北十八里直瀆前墓，是吳將甘寧墓也，相者云，此墓有王氣，孫皓鑿其後許里，名為直瀆。（《太平御覽》卷五百十六《禮儀部三十九・冢墓四》）

13. 伏滔《北征記》曰：姑熟西北有甘寧墓，孫皓時，占者云，墓有王氣，皓鑿其後十許里曰直瀆。（《太平御覽》卷七十五《地部四十》）〔註208〕

14. 伏滔《北征記》曰：石頭城，建康西界臨江城也，是曰京師。（《文選・初發石首城》李善注）

15. 伏滔《北征》：賊謂之烈洲。（《太平御覽》卷六十九《地部三十四・洲》）

16. 伏滔《北征記》曰：金城西泝曰塗澗，魏步道所出也。（《文選》卷四十《任昉（彥升）〈彈事奏彈曹景宗〉》「中罕千金之費」句李善注）

17. 伏滔《北征記》曰：廣陵西一里水名公路浦，袁術自九江東奔袁譚於

〔註205〕 宋吳曾《能改齋漫錄》卷五《辨誤》：「河南有京縣有索亭。《北征記》有索水，其字或作『溹』。」宋王觀國《學林》卷六《霍山》同。

〔註206〕 《嘉慶一統志》第二二五五冊：「項羽井，在宿遷縣西。伏滔《北征記》：在下相城。」

〔註207〕 《水經注》卷二十二《渠水》「出滎陽北河，東南過中牟縣之北」注：「渠水又左逕陽武縣故城南，東為官渡水，又逕曹太祖壘北，有高臺謂之官渡臺，渡在中牟，故世又謂之中牟臺。建安五年，太祖營官渡，袁紹保陽武。紹連營稍前，依沙堆為屯，東西數十里。公亦分營相御，合戰不利。紹進臨官渡，起土山地道以逼壘。公亦起高臺以捍之，即中牟臺也。今臺北土山猶在。山之東悉紹舊營，遺基並存。」

〔註208〕 宋周應合《景定建康志》卷十九《山川志三》引伏滔《北征記》：「吳將甘寧墓在此，或言墓有王氣，孫皓惡之，乃鑿其後為直瀆。」又，宋張敦頤《六朝事跡編類》卷上《總敘門第一》同。

下邳，由此浦渡，因名也。（《藝文類聚》卷九《水部下》）

18. 伏滔《北征記》云：有都梁香草，因以為名。（《太平御覽》卷四十三《地部八》）〔註209〕

19. 伏滔《北征記》曰：徐縣北有大冢，徐君墓。延陵解劍之處。（《續漢書‧地理志》注）

20. 伏滔《北征記》曰：下邳大城內有大司馬碑石，聲如磬。（《太平寰宇記》卷十七《河南道》十七）

21. 伏滔《北征記》曰：下邳城，韓信所都也。中城，呂布所守，南臨白門樓。（《太平寰宇記》卷十七《河南道》十七）

22. 伏滔《北征記》曰：廣陵吳王濞所都，修大城，得柏柱三，皆柏心，蓋吳王濞門柱。（《太平御覽》卷一百八十七《居處部十五‧柱》）

23. 伏滔《北征記》曰：葛嶧山，出名桐，今盤根往往而存。（《續漢書‧地理志》注）〔註210〕

24. 伏滔《北征記》曰：彭城北六里有山臨泗，有宋桓？石槨，皆青石隱起，龜龍麟鳳之象。（《續漢書‧地理志》注）

25. 伏滔《北征記》曰：彭城西二十里有山，山有楚元王墓。（《續漢書‧地理志》注）

26. 伏滔《北征記》曰：相有賴鄉，有老子廟，廟中有九井，水相通。（《續漢書‧地理志》注）〔註211〕

27. 伏滔《北征記》曰：睢陽城，周三十七里，南臨濊水，凡二十四門。（《續漢書‧地理志》注）〔註212〕

〔註209〕宋樂史撰《太平寰宇記》卷十六《河南道》十六引同。《嘉慶一統志》第二二六七冊《都梁山》亦引。

〔註210〕《嘉慶一統志》第二二八一冊、胡渭《禹貢錐指》：「《後漢‧郡國志》：下邳東海縣有葛嶧山，本嶧陽山。劉昭補注云：山出名桐。伏滔《北征記》曰：今盤根往往而存。」閻若璩《尚書古文疏證》卷六下《山陽》第八十九亦引。

〔註211〕《嘉慶一統志》第二二六二冊：九井山在當塗縣南十里，伏滔《北征記》：丹陽山南有九井，大司馬桓溫所鑿也。今五井已竭，四井通大江。《嘉慶一統志》二二九三冊：九龍井在鹿邑縣老子廟中。《後漢書‧郡國志》注：伏滔《北征記》曰，老子廟中有九井，水相通。

〔註212〕按，宋王觀國撰《學林》卷十：「《後漢郡國志》梁國睢陽縣劉昭注引《北征記》曰：睢陽城周三十七里。」

28. 伏滔《北征記》曰：梁，國名，故宋國微子所封。城再重，大城，梁孝王所築。（《太平御覽》卷一百九十二）

29. 晉《北征記》云宋城，魏惠王徙都於此，號梁王，為眉間、赤任敬所殺，三人同葬，故謂之三王陵。（《太平寰宇記》卷十二《河南道十二》：「三王陵在縣西北四十五里「下引）

30. 伏滔《北征記》曰：梁城東有韓馮墓，去城三里。青蘭殿是宋王住殿。（《太平御覽》卷一百七十五《居處部三·殿》）

31. 蕭城周十四里，南臨紆水。（《續漢書·地理志》注）〔註213〕

32. 伏韜《北征記》曰：博望城內有成湯、伊尹、箕子冢，今皆為丘。（《太平御覽》卷五十三《地部十八》）〔註214〕

33. 伏滔《北征記》曰：皇天塢北，古時陶穴。晉時有人逐狐入穴，行十里許，得書二千餘卷。（《太平御覽》卷六百十八《學部十二·圖書上》）〔註215〕

34. 伏韜《北征記》曰「濟水又與清河合流，至洛當」者也。（《水經注》卷八《濟水》「又北過臨邑縣東」注）

35. 伏滔《北征記》曰：黎陽，津名也。（《文選》卷三十劉楨《北渡黎陽津》瓚注）

36. 伏滔《北征記》曰：河水厚數丈，冰始合，車馬未過，須狐先行，此物善聽，聽水無聲，乃過。（《太平御覽》卷九百九《獸部二十一·狐》）〔註216〕

九、東晉王隱《晉書地道記》考

（一）作者作品考

〔註213〕宋羅泌撰《路史》卷二十五《國名紀》：「《北征記》云城周十四里，南臨沔水。」作「沔水」，非「紆水」，未知孰是。

〔註214〕《太平寰宇記》卷十二《河南道十二》、《路史》卷八《前紀八·禪通紀》、《嘉慶一統志》第二二九三冊《箕子墓》引同。

〔註215〕又《太平御覽》卷九百九《獸部二十一·狐》引同。

〔註216〕《水經注》卷一《河水》引《述征記》曰：「盟津河，津恒濁，方江為狹，比淮濟為闊，寒則冰厚數丈，冰始合，車馬不敢過，要須狐行，云此物善聽，冰下無水乃過，人見狐行方渡。」《初學記》卷二十九亦引作郭緣生《述征記》無「冰下」，有「聲」字。或《太平御覽》誤乎？

　　按《晉書》卷八十二列傳五十二《王隱傳》，王隱，字處叔，陳郡人，世寒素。其父王銓爲歷陽令，有志撰史，每私錄晉事及功臣行狀，未就而卒。王隱承父志，以著史立言爲不朽之業〔註217〕。晉太興初，通過祖納的引薦，王隱爲著作郎，「待詔著作，單衣介幘，月朔詣於著作省」〔註218〕，修撰晉史。但後來因同官虞預嫉妒，以豪族之勢而謗之，王隱乃被黜歸於家。「貧無資用，書遂不就，乃依征西將軍庾亮於武昌。亮供其紙筆，書乃得成。」

　　王隱學識淵綜廣博，諸如《禮》〔註219〕、《易》，乃至卜筮〔註220〕、書法〔註221〕諸學無不涉獵。也許正是因爲如此，王隱撰史博採眾收，兼容並蓄，以致招來了一些史評家的謗議〔註222〕。由於恐名不揚於後世，王隱著述頗豐。除撰《晉書》九十三卷外，其書尚有《刪補蜀記》七卷〔註223〕、《王隱集》十卷〔註224〕。又，《三國志》卷六十《吳書十五》裴注引王隱《交廣記》，《三國志》卷三十三《蜀書三》裴注引王隱《蜀記》。清嚴可均《全晉文》卷八十六輯有王隱佚文。

　　《隋書》卷三十三《經籍志》著錄：「《晉書》八十六卷，本九十三卷，今殘缺。晉著作郎王隱撰。」《舊唐書》卷四十六《經籍志》：「《晉書》八十九卷，王隱撰。」《新唐書》卷五十八《藝文志》：「王隱《晉書》八十九

〔註217〕《晉書》卷八十二《王隱傳》：蓋古人遭時，則以功達其道；不遇，則以言達其才，故否泰不窮也……應仲遠作《風俗通》，崔子眞作《政論》，蔡伯喈作《勸學篇》，史游作《急就章》，猶行於世，便爲沒而不朽。當其同時，人豈少哉？而了無聞，皆由無所述作也。故君子疾沒世而無聞。中華書局，1974年版，第2142頁。

〔註218〕《通典》卷二十六《職官八》。

〔註219〕《通典》卷九十九《禮五九・沿革五九》載王隱議禮事。中華書局版，第2645頁。

〔註220〕如《宋書》卷三十賈后誣殺愍懷之應；《宋書》卷三十四《五行志》：「愍懷廢死之徵」（中華書局，1974年版，第1017頁）。

〔註221〕《書斷列傳》卷一：「飛白」說、「草賢」說。

〔註222〕《史通・書事篇》：王隱、何法盛之徒所撰晉史，乃專訪州閭細事，委巷瑣言，聚而編之，目爲鬼神傳錄，其事非要，其言不經。異乎《三史》之所書，《五經》之所載也。

〔註223〕《舊唐書》卷四十六：《刪補蜀記》七卷，王隱撰（中華書局，1974年版，第1995頁），《新唐書》卷五十八：王隱《刪補蜀記》卷七（中華書局，1974年版，第1461頁）。

〔註224〕《隋書》卷三十五《經籍志》：晉著作郎《王隱集》十卷。梁二十卷，錄一卷。（第1065頁）《舊唐書》卷四十七：《王隱集》十卷。（第2065頁）《新唐書》卷六十：《王隱集》十卷。（第1585頁）

卷。」兩唐《藝文志》還著錄虞預《晉書》五十八卷。按，虞預《晉書》應多本自王隱《晉書》。《王隱傳》載：「時著作郎虞預私撰《晉書》，而生長東南，不知中朝事，數訪於隱，並借隱所著書竊寫之，所聞漸廣。是後更疾隱，形於言色。預既豪族，交結權貴，共爲朋黨，以斥隱，竟以謗免，黜歸於家。」可能王隱因爲與庾亮在太寧時同平王敦之亂而爲舊交，在「貧無資用」無以竟志的情況下，乃投靠庾亮。今考陶侃薨後，庾亮始都督江、荊、豫、益、梁、雍六州諸軍事，領江、荊、豫三州刺史，進號征西將軍，出鎮武昌〔註225〕。《晉書》卷七《帝紀七》：咸和九年（334）六月，「乙卯，太尉、長沙公陶侃薨……辛末，加平西將軍庾亮都督江、荊、豫、益、梁、雍六州諸軍事。」而庾亮薨於咸康六年（340）〔註226〕。是王隱依庾亮著書得成，必於是間（334～340）。《史通·古今正史篇》云是書「咸康六年始詣闕奏上」，不知所據。

看來，王隱之撰《晉書》，遭遇坎坷，成之艱難。魏收曾感喟：「然前代史官之不終業者有之，皆陵遲之世不能容善。是以平子去史而成賦，伯喈違閣而就志。近僭晉之世有佐郎王隱，爲著作虞預所毀，亡官在家；晝則樵薪供爨，夜則觀文屬綴；集成《晉書》，存一代之事，司馬紹敕尚書唯給筆箚而已。國之大籍，成於私家。末世之弊，乃至如此！史官之不遇，時也。」〔註227〕王隱《晉書》載蘇韶「地下修文」的故事〔註228〕，也許就是其本人的一種精神寄託吧。

王隱《晉書地道記》亦作《晉地道記》，或《地道記》，或《晉書地道志》。《漢唐地理書鈔》輯本王謨云：「按此《地道記》乃王隱《晉書》中篇目，與諸家專記地理書不同，故隋唐諸志俱不著錄。」今檢宋《冊府元龜》、《崇文總目》、鄭樵《通志》、晁公武《郡齋讀書志》、陳振孫《直齋書錄解題》、尤袤《遂初堂書目》，元馬端臨《文獻通考》，明高儒《百川書志》、楊士奇等《文淵閣書目》，清黃虞稷《千頃堂書目》等諸書均不著錄。

《鄭堂讀書記補逸》周中孚跋云：「《隋志》載王隱《晉書》八十六卷，新、舊唐志則作八十九卷。此《地道記》即其《晉書》中之一篇，志即記也。處叔當東晉之初，紀西晉之事，見聞最爲切近，故所作《晉書》，諸家多見

〔註225〕《晉書》卷七十三列傳四十三《庾亮傳》。中華書局，1974 年版，第 1921 頁。
〔註226〕《晉書》卷七十三列傳四十三《庾亮傳》。中華書局，1974 年版，第 1923 頁。
〔註227〕《魏書》卷六十二。中華書局，1974 年版，第 1396 頁。
〔註228〕見《太平御覽》卷八百八十三引。

稱述，而《水經注》引證尤繁，視若準的。」嚴可均認爲「王隱書亡於唐末」〔註229〕，但兩宋著作仍有引用《地道記》者，如《太平寰宇記》引十八條，《太平御覽》引六條，羅泌《路史》六條，王應麟《玉海》引十三條，宋敏求《長安志》引二條。另，王應麟《通鑑地理通釋》卷八、蘇軾《東坡志林》卷二、施宿等《會稽志》、魏了翁《尚書要義》卷十七等亦有引及。這樣看來，，嚴氏之說，也未必準確。

（二）《晉書地道記》佚文輯本比較及佚文補輯

《晉書地道記》輯本主要有三家：畢沅本、王謨本、黃奭本，均採得百餘節。畢沅輯本有清光緒十七年思賢講舍刻本、《經訓堂叢書》、《廣雅書局叢書・史學》、《叢書集成・史地類》等；王謨《重訂漢唐地理書鈔》；黃奭輯本有《漢學堂知足齋叢書・子史鈎沈・史部地理類》、《黃氏逸書考・子史鈎沈・晉書附》。

黃奭輯本晚出，基本涵蓋了畢沅本和王謨本。今檢三家輯本，得在王謨本而爲畢沅本失採者二十三條；畢沅本有而王謨本缺錄者四條。

又，畢沅本和王謨本均失採者凡七條，茲錄於下：

1. 櫟，翟也，今許之陽翟。莊公城櫟置子元。（宋羅泌《路史・國名紀》五）

2. 令，縣名，在滎陽。（《史記・高祖功臣侯者年表》唐司馬貞《索隱》；《路史・國名紀》七）

3. 厭次屬平原，後屬樂陵國。（《史記・高祖功臣侯者年表》司馬貞《索隱》）

4. 王隱《晉書》曰：徐州部，東海郡蘭陵縣。（《文選・沈休文〈齊故安陸昭王碑文〉》唐李善注）

5. 晉安郡，太康三年置，即今之泉州也。（《文選・謝玄暉〈酬王晉安詩〉》李善注）

6. 姜維於此置城。（宋樂史《太平寰宇記・南西道・雅州盧山縣》）

7. 王隱《晉書》曰：朱崖在大海中，遙望朱崖，洲大如菌，舉帆一日一夜至洲，周匝二千里，徑度七八百里，可十萬家，女多姣好，長髮美

鬐。(《太平御覽》卷六十九《地部三十四》)

上述七條可見黃奭輯本。又，黃奭輯本並無者凡十條，茲錄於下：

1. 宜都太守，吳分南郡立。(《宋書》卷三十七《州郡三》)

2. 有漢德縣。(《宋書》卷三十八《州郡四》)

3. 鈞臺下有陂，俗謂之鈞臺陂。(《太平寰宇記》卷七《河南道七‧許州》)

4. (坎欲聚)在鞏西。(《水經注》卷十五《洛水》「又東北過鞏縣東，又北入於河」注)

5. 《晉地記》曰：谷遠，今名孤遠，後代語訛耳。(《太平御覽》卷一百六十三《州郡部九‧河東道下》)

6. 魏郡有長樂縣也。(《水經注》卷九《洹水》「東過隆慮縣北」注)

7. 江夏有新市縣。(《史記》卷五《秦本紀第五》集解引《晉地記》)

8. 襄城縣故城，楚靈王築。(《水經注》卷二十一《汝水》「又東南過潁川郟縣南」注)

十、《晉太康地記》考

（一）作者及《晉太康地記》亡佚時代考

清畢沅《晉太康三年地志王隱晉書地道記總序》考此書成於晉太康三年，云：「晉初，輿地之學最著者裴司空秀，繼之以京相璠、摯虞，是書成於數君之手。」〔註230〕

按《晉書‧裴秀傳》，秀字季彥，河東人，出身於世家，三世三朝為高官〔註231〕，故雖旁生而無妨貴族也。裴秀少而好學，有風操，八歲即能屬文，是以時人為之語曰：「後進領袖有裴秀。」〔註232〕及長，曾為渡遼將軍毌丘儉嘗薦於大將軍曹爽〔註233〕，「後常道鄉公立，與議定策，遷尚書僕射。及世祖受禪，進左光祿大夫。」〔註234〕又按，王隱《晉書》曰：裴秀，字

〔註230〕光緒十七年思賢講舍刻本。
〔註231〕《晉書》卷三十五《裴秀傳》：「祖茂，漢尚書令。父潛，魏尚書令。」中華書局，1974年版，第1037頁。
〔註232〕《文選》卷三十八李善注引孫盛《晉陽秋》曰：「裴秀有風操，十餘歲，時人為之語曰：『後進領袖，有裴秀。』」
〔註233〕《全三國文》卷四十有《與大將軍曹爽書薦裴秀》文。
〔註234〕《文選》卷五十八李善注引臧榮緒《晉書》。

季彥，爲司空。作《禹貢地域圖》，事成奏上，藏於秘府，爲時名公〔註235〕。《禮記》曰：司空執度度地。鄭玄曰：司空多官卿，掌邦事也。則《禹貢地域圖》是裴秀在司空任上時，以「職在地官」而作，其《序》言：「今上考《禹貢》山海川流，原隰陂澤，古之九州，及今之十六州，郡國縣邑，疆界鄉陬，及古國盟會舊名，水陸徑路，爲地圖十八篇。」此圖可能在唐仍存，故《全唐文》有「平看日月，唐都之物候可知；坐望山川，裴秀之輿圖在即」之語。今考裴秀爲司空在晉武受禪（265）幾年後由左光祿大夫遷任的，而按《資治通鑒》卷七十九，裴秀卒於泰始七年（271）三月丙戌，其撰《禹貢地域圖》就必在此間，早於太康三年（282）十多年，故《太康地記》不可能爲裴秀所作。

摯虞，字仲洽，京兆長安人。少事皇甫謐，才學通博，著述不倦。《隋書》卷三十三《經籍志》：「晉世，摯虞依《禹貢》、《周官》，作《畿服經》，其州郡及縣分野封略事業，國邑山陵水泉，鄉亭城道里土田，民物風俗，先賢舊好，靡不具悉，凡一百七十卷，今亡。」據《晉書》卷五十一《摯虞傳》，摯虞「元康中，遷吳王友。時荀顗撰《新禮》，使虞討論得失而後施行。」則是《畿服經》修於元康間。《隋志》載《元康三年地記》六卷，大約有摯虞之力。八王亂起，摯虞「遂流離鄠、杜之間，轉入南山中」，及洛京荒亂，「虞素清貧，遂以餒卒。」是知摯虞卒於洛陽陷落之後，時去太康三年幾三十年矣。《晉書》卷五十一《皇甫謐傳》：「皇甫謐太康三年卒，時年六十八。門人摯虞、張軌、牛綜、席純，皆爲晉名臣。」則是摯虞太康三年前，正師事皇甫謐，從之受學矣。

按，太康三年，裴秀早卒，摯虞方少，《地記》之撰，必不與焉。而裴秀作《禹貢地域圖》，「以《禹貢》山川地名，從來久遠，多有變易。後世說者或強牽引，漸以暗昧。於是甄摘舊文，疑者則闕，古有名而今無者，皆隨事注列。」〔註236〕職居司空之要，其撰書，必非一己之力。《水經注》卷十六《穀水》「又東過河南縣北，東南入於洛」注云：「京相璠與裴司空彥季修《晉輿地圖》，作《春秋土地名》。」京相璠，今生平無考。但《隋書》卷三十三《經籍志》地理類：「《春秋土地名》三卷，晉裴秀客京相峯撰。」《新唐書》卷五十七《藝文一》：「京相璠《春秋土地名》三卷。」則知其爲裴秀

〔註235〕《初學記》卷十一《職官部上》。
〔註236〕《晉書》卷三十五《裴秀傳》。中華書局，1974年版，第1038頁。

門客，譜於輿地之學，在辨析地名，敘述地理沿革方面有所著述。今所見《太康地記》殘帙，內容多爲釋地名、徵因革、訂郡縣、記廢立者。則《太康地記》之撰，京相璠與裴秀的其他門客、僚屬及後學，殆與有力焉。

關於書名，畢沅又云：「今復其舊，名曰《太康三年地志》。若沈約止稱爲《地志》，酈道元稱《地記》〔註237〕，司馬貞、張守節稱爲《地理記》，《新唐書》稱爲《土地記》，其實一也。」王謨《重訂漢唐地理書鈔》、《說郛》宛委山堂本卷六十、《說郛》卷四《墨娥漫錄》均作《太康地記》；《廣雅書局叢書》、《漢學堂叢書》、《黃氏逸書考》、《叢書集成》初編作《太康三年地記》或《太康三年地志》。

從著錄情況看，《隋書》卷三十三《經籍志》只著錄「《元康三年地記》六卷。」按，元康是晉惠帝司馬衷年號，元康三年（293）晚太康三年（282）凡十一年，故非是書。《舊唐書》卷四十六：「《地記》五卷，太康三年撰。」《新唐書》卷五十八：「《晉太康土地記》十卷。」則是兩唐《志》列名已自不同。卷數由五卷而增至十卷，應是後人合併它書而致。宋王應麟《玉海》卷十五《地理·地理書》言《太康州郡縣名》五卷等「並太康三年撰」，疑其中應有併入《太康地記》之書。兩宋之際，鄭樵《通志》卷六十六著錄：「《晉太康土地記》一卷，《元康三年地記》六卷。」《元康三年地記》卷數不變，應爲全帙，而《晉太康土地記》由十卷驟減爲一卷，可見已多散佚。今檢宋《冊府元龜》、《崇文總目》、晁公武《郡齋讀書志》、陳振孫《直齋書錄解題》、尤袤《遂書堂書目》，元馬端臨《文獻通考》，明楊士奇等《文淵閣書目》、高儒《百川書志》，清黃虞稷《千頃堂書目》諸家皆無著錄。知是書至晚在南宋後期已不復存於世。

沈約《宋書·州郡志》序曰：「地理參差，其詳難舉，實由名號驟易，境土屢分，或一郡一縣，割成四五；四五之中，亟有離合，千回百改，巧歷不算，尋校推求，未易精悉。今以班固馬彪二志、太康元康定戶、王隱《地道》、晉世《起居》、《永初郡國》、何徐《州郡》及地理雜書，互相考覆。且三國無志，事出帝紀，雖立郡時見，而置縣不書。今唯以《續漢郡國》校《太康地志》，參伍異同，用相徵驗。」〔註238〕可見《宋書·州郡志》原是以《太康地志》作爲底本和重要的參考依據的，由此也略可見其於諸地理之作中的重要

〔註237〕按，《水經注》作《太康地記》或《太康記》，並不稱爲《地記》。
〔註238〕《宋書》卷三十五。中華書局，1974年版，第1028頁。

地位。

（二）《晉太康地記》輯本佚文出處考

今存《晉太康地記》輯本，主要有王謨《重訂漢唐地理書鈔》本、畢沅光緒十七年思賢講舍刻本《經訓堂叢書》本、黃奭《漢學堂知足齋叢書·子史鈞沈》本三種。王謨本輯得百餘條，畢沅輯本亦輯得百餘條，但疏漏亦多。周中孚跋畢沅輯本曰：「惜秋帆輯錄是書成於匝月，故失採者甚多。即是《續漢郡國志》注引《晉元康地道記》，云洛陽城內南北九里七十步，東西六里十步，爲地三百頃一十二畝有三十六步，城東北隅周威烈王冢，計四十字，且在一篇之首，猶失於採附，他可知矣。又如《初學記》明有州郡部，而不一檢閱，以致失採者八九條，其他又可知矣。」周中孚說畢秋帆失採者甚多，倒是事實，而舉《續漢郡國志》注引《晉元康地道記》，則誤。《晉元康地道記》與《晉太康地記》爲二書，前已明矣。至於黃奭輯本，全與畢本同，是鈔錄畢書明矣。其他尚有王仁俊《玉函山房輯佚書補編》、《說郛》宛委山堂本卷六十、商務印書館本《說郛》卷四《墨娥漫錄》諸家輯本，僅輯得數條，堪作補缺。

（三）《晉太康地記》佚文補輯

畢沅輯本、王謨本所輯各百餘條，已頗詳備，惜遺漏仍多。其在王謨本而爲畢沅失採者五十二條，在畢沅本而爲王謨本失採者四十五條，從略。今錄得數條，不見於諸本，茲編錄於次：

1. 晉戶有三百七十七萬，吳、蜀戶不能居半。（《三國志》卷二十二《魏書二十二》裴注）

2. 寧浦，本名昌平，武帝太康元年更名。（《宋書》卷三十八《州郡四》）

3. 有始定令。（《宋書》卷三十八《州郡四》）

4. 淮陰縣屬廣陵郡。（《南齊書》卷十四《州郡上》）

5. 鍾離縣屬淮南郡。（《南齊書》卷十四《州郡上》）

6. 晉文公臣介子推，從文公逃難，返國，賞不及，怨而匿此山。文公求子推不出，乃封三百里之地，又號爲介山。（《太平寰宇記·萬泉縣下》）

7. 秦建敖倉於成皋。（《史記·黥布傳》唐司馬貞《索隱》）

8. 烏澤在酸棗之東南。(《水經注》卷七《濟水》「又東過封丘縣北」注)

9. 涿有長鄉。(《水經注》卷十二《聖水》「又東過長鄉縣北」注)

10. 阪泉,亦地名也。(《水經注》卷十三《漯水》「又東過涿鹿縣北」注)

11. 汶山郡,宣帝地節三年,合蜀郡。(《宋志》引《太康地記》)

12. 武寧縣屬交趾,越遂服諸雒將。馬援以西南治遠,路徑千里,分置斯縣,治城郭,穿渠通,導溉灌,以利其民。(《水經注》卷三十七《葉榆河注》)

13. 「後漢固始、蟣同陽、公安、細陽四縣衛士習此曲,於闕下歌之,今雞鳴歌是也。然則此歌蓋漢歌也。」(《樂府詩集》卷八十三)

14. 有義陽郡,以南陽屬縣為名。(《水經注》卷三十《淮水》「出南陽平氏縣胎簪山」注)

15. 吳有鹽官縣。(《水經注》卷二十九《沔水下》「分為二:其一東北流,其一又過毗陵縣北,為北江」注)

17. 西海居延縣流沙,形如月初生五六日也。(隋杜公瞻《編珠》卷一《天地部》)

十一、東晉庾仲雍《漢水記》考

(一)《漢水記》的著錄及亡佚時代考

庾仲雍,見《湘州記》考。

《隋書》卷三十三《經籍志》著錄:「《漢水記》五卷,庾仲雍撰。」

《舊唐書》卷四十六《經籍志》著錄:「《漢水記》五卷,庾仲雍撰。」

《新唐書》卷五十八《藝文志》著錄:「《漢水記》五卷。」

《隋志》及兩《唐志》並著錄庾仲雍《江記》五卷。宋代《冊府元龜》、《崇文總目》不著錄。兩宋之交的鄭樵《通志》卷六十六著錄:「《漢水記》五卷,庾仲雍撰。《江記》五卷,庾仲雍撰。」南宋晁公武《郡齋讀書志》、陳振孫《直齋書錄解題》、尤袤《遂初堂書目》並不著錄。元代馬端臨《文獻通考》,明代楊士奇等《文淵閣書目》、高儒《百川書志》,清代黃虞稷《千頃堂書目》、《四庫全書總目》都不著錄。只有《陝西通志》著錄:「《漢水記》五卷,尚書左丞穎川庾仲雍撰。」但《陝西通志》之著錄當為轉錄於《通志》

或隋唐史志，未必目驗原書。可見，庾仲雍之《漢水記》至少在南宋已經亡佚。

再從諸書稱引情況來看，《初學記》地部、《類聚》水部、《史記・夏本紀》正義並引庾仲雍《漢水記》。章宗源：「《水經・沔水注》滄浪洲謂之千齡洲，稱仲雍《漢中記》。」按，《水經注》卷二十八《沔水》「又東北流，又屈東南，過武當縣東北」注，朱本作庾仲雍《漢記》。官本曰：「按，近刻脫水字。趙增水字。」《太平御覽綱目》中有兩《漢水記》，未著撰者名。是書在唐猶存，而書名《漢水記》無疑。

（二）《漢水記》佚文輯考

是書亡佚已久，尚無輯本。故今採摭諸書，輯錄如下：

1. 庾仲雍《漢水記》云：武當縣西四十里漢水中有洲，名滄浪洲。(《史記・夏本紀第二》張守節《正義》)〔註239〕

2. 《漢水記》曰：漢水有溫泉，方圓數十步，冬夏常沸湧，望見白氣衝天，能瘳百病。(《藝文類聚》卷九《水部下》)〔註240〕

3. 《漢水記》曰：有女郎檮衣砧也。(《太平御覽》卷七百六十二《器物部七》)

4. 庾仲雍《漢水記》曰：漢水出廣漢，漾水出嶓冢，東流至武都而與漢水合。沔水出武都沮縣，亦與漢水相合。(《初學記》卷七《地部下》)〔註241〕

5. 獻水南至關城，合西漢水。(《水經注》卷二十七《沔水注》)〔註242〕

6. 《漢水記》云，黃土縣雞鳴山北五十里，有聖公館。後漢光武起義，兵

〔註239〕《水經注》卷二十八《沔水》「又東北流，又屈東南，過武當縣東北」注：「（武當）縣西北，漢水中有洲，名滄浪洲。庾仲雍《漢水記》謂之千齡洲，非也。」見陳橋驛《水經注校釋》，杭州大學出版社，1999年版，第497頁。

〔註240〕《太平御覽》卷七十《地部三十五》略同，後還有「常有數百人飲」數句。

〔註241〕《尚書》稱：嶓冢導漾，東流為漢。孔安國注云：「泉始出山為漾水，東南流為沔水，至漢中東行為漢水。」又，《太平御覽》卷六十二《地部二十七》：「庾仲雍《漢水記》曰：漢水出廣漢；漾水出隴西，東流至武都而與漢水合；沔水出武都沮縣，爾與漢水相合。」

〔註242〕《水經注》卷二十七《沔水》「出武都沮縣東狼谷中」注。見陳橋驛《水經注校釋》，第487頁。

屯此。(《太平寰宇記》卷一百四十一《山南西道九・金州》)〔註243〕

7. 《漢水記》曰：金水郡領金岡縣，本金城郡，後魏改之。(《初學記》卷八《州郡部》)

8. 《漢水記》曰：自漢口入二百里，得涓口，有村。入三百里得鄭城，楚邑也。(《初學記》卷八《州郡部》)

9. 伎陵城，即木蘭寨。(《資治通鑑》胡注引晏公《類要》)〔註244〕

10. 庾仲雍謂山（按：指張魯治東水西山）為白馬塞，堂為張魯治。(《水經注》卷二十七《沔水》)

十二、南朝宋段國《沙州記》考

（一）《沙州記》的作者、歷代著錄情況及亡佚時代考

《水經注》卷二《河水注》稱段國《沙州記》。沙州，前涼置，治敦煌（今甘肅敦煌）。段國，生平不詳。按隋《志》載宋新亭侯段國《吐谷渾記》二卷。張澍《二酉堂叢書》輯本云：「按《魏書》阿豺立，自號沙州刺史，部內有黃沙，周回數百里，不生水草，因號沙州，宋新亭侯段國所纂《沙州記》，即《隋志》之《吐谷渾記》也。」張澍所云是有道理的。

《沙州記》或《吐谷渾記》，除隋《志》外，罕有著錄者。僅宋代《冊府元龜》卷五百五十五著錄：「段國為新亭侯，撰《吐谷渾記》二卷。」兩唐《志》、《崇文總目》、鄭樵《通志》、晁公武《郡齋讀書志》、陳振孫《直齋書錄解題》、尤袤《遂書堂書目》、馬端臨《文獻通考》、楊士奇等《文淵閣書目》、高儒《百川書志》等書目文獻均無著錄。清張宗源《隋書經籍志考證》卷六、秦榮光《補晉書藝文志》卷二、《太平御覽經史圖書綱目》均著錄為段國撰。

除《水經注》外，《北堂書鈔》、《藝文類聚》地部、《事類賦》、《太平御覽》地部人事部、《太平寰宇記》隴右道、《初學記》地部州郡部、《後漢書・馬防傳》注、《通鑑》晉義熙元年注等均有引存。其中尤以《太平御覽》引存者為最多，可見宋初此書猶存。《太平寰宇記》、《通鑑》胡注等雖引及《沙州記》，但未必就是直接引自原書。此書應亡佚於北宋。

〔註243〕《嘉慶重修一統志》第二三一〇冊：聖公館在洵陽縣東。
〔註244〕《資治通鑑》胡注引晏公《類要》：「伎陵城在金州洵陽縣。庾仲雍《漢水記》，即木蘭寨。」

（二）《沙州記》輯本佚文考補

《沙州記》輯本主要有宛委山堂本《說郛》卷六十一和張澍《二酉堂叢書》輯本兩種。

宛委山堂本《說郛》卷六十一共輯得七條，張澍《二酉堂叢書》輯本共輯得二十多條。除宛委山堂本《說郛》所輯外，又自《水經注》、《北堂書鈔》、《太平御覽》、《太平寰宇記》等書輯得十餘條，是目前所知最全輯本。

今僅得從《說郛》《二酉堂叢書》兩輯本外採拾《沙州記》佚文二條：

1. 宋樂史《太平寰宇記》卷一百八十六《四夷十五》引段國《沙州記》云：「白蘭西南二千五百里，隔大嶺，又渡三十里海，即此女國也。」
2. 宋王應麟《詩地理考》卷六引《沙州記》：「寒嶺去大陽川三十里，有雀鼠同穴之山。」

十三、南朝宋劉道真《錢唐記》考

（一）《錢唐記》在歷代的著錄情況、作品亡佚時代及作者考

錢唐，指縣則「唐」，指塘則「塘」。《義門讀書記》：「錢唐自秦有此名。以唐為塘，乃俗字耳。」錢唐縣，《漢》至《隋志》俱作「唐」，唐始作「塘」。《方輿紀要》：「唐以唐為國號，因加土為『塘』是也。」縣在秦屬會稽郡，後漢省。後復置，屬吳郡，吳、晉、宋、齊、梁因。《元和郡縣志》杭州引《錢塘記》：「昔州境逼近海，縣理靈隱山下，今餘址猶存。」

《錢唐記》，隋唐諸志俱不著錄。此《記》《水經注》作《錢唐記》，不著撰者。唐代《藝文類聚》水部、《後漢書·朱雋傳》注、《初學記》地部、《元和郡縣志》卷十錢塘縣下等，並引劉道真《錢塘記》。《太平御覽》人事部、器物部、藥部、珍寶部、木部等凡引及十二條，《太平寰宇記》卷九十三《江南東道》、楊侃《兩漢博聞》卷二十六、趙彥衡《雲麓漫抄》卷五、葉紹翁《四朝見聞錄》卷一，亦引及。

清代章宗源《隋書經籍志考證》卷六：「《錢塘記》卷亡，不著錄。」但今檢宋代《崇文總目》、《冊府元龜》、鄭樵《通志》、晁公武《郡齋讀書志》、陳振孫《直齋書錄解題》、尤袤《遂書堂書目》，元代馬端臨《文獻通考》，明代楊士奇等《文淵閣書目》、高儒《百川書志》，清代黃虞稷《千頃堂書目》均不著錄，可見亡佚已久。

從諸書引用情況看，既然唐代《藝文類聚》、《初學記》、《元和郡縣志》等引及，而宋代《太平御覽》引達十二條，中有唐諸書所未引及者，知《錢唐記》至宋初修《太平御覽》時仍在。而此後宋之諸書雖或引之，但所引多不出《太平御覽》及此前諸書。所以大致可以推斷：《錢唐記》似亡佚於北宋中葉。

雖諸書並引劉道眞《錢塘記》，但考劉道眞實有二人，一爲西晉初人，一爲劉宋初人。

顏氏《漢書敍例》：「劉寶字道眞，高平人，晉中書令，河內太守，御史中丞。」《世說新語》注引《晉百官名》曰：「劉寶，字道眞，高平人，徒罪役作者。」《世說新語》：「劉道眞嘗爲徒，扶風王駿以五百疋布贖之，既而用爲從事中郎，當時以爲美事。」〔註245〕《世說新語》又載：「陸士衡初入洛，咨張公所宜詣，劉道眞是其一。陸既往，劉尙在哀制中。性嗜酒，禮畢，初無他言，唯問東吳有長柄壺盧，卿得種來不？陸兄弟殊失望，乃悔往。」〔註246〕《世說新語》注：「劉道眞，少時常漁草澤，善歌嘯，聞者莫不留連。有一老嫗，識其非常人，甚樂其歌嘯，乃殺豚進之。道眞食豚盡，了不謝。嫗見不飽，又進一豚，食半，餘半乃還。之後爲吏部郎，嫗兒爲小令史，道眞超用之，不知所由，問母，母告之。於是齎牛酒詣道眞，道眞曰：去去，無可復用相報。」〔註247〕《增修詩話總龜》前卷三十七引《因話錄》：晉劉道眞遭亂，扵河側牽舡。見一老嫗搖櫓，道眞嘲之曰：女子何不調機弄杼，因甚旁河搖櫓？答曰：丈夫不跨馬揮鞭，因甚旁河牽舡？又嘗與人草中同盤共飲，見一嫗引兩小兒過，並著青衣，嘲之曰：青羊引雙羔。婦人曰：兩豬共一槽。道眞無以對〔註248〕。按，此劉道眞係西晉初人，與陸機兄弟同時。因扶風王司馬駿〔註249〕的賞識，由囚徒贖而爲官，爲人率直任性，不拘禮法。諸書未及此劉道眞之著述情況，當不是《錢唐記》的作者。

劉宋初又有劉道眞。《嘉慶重修一統志》第二千三百九冊稱：「劉道眞，

〔註245〕《太平御覽》卷六百四十二引《郭子》同。
〔註246〕《太平御覽》卷三百八十九引《郭子》同。
〔註247〕《太平御覽》卷二百十六、卷三百九十二引《郭子》同。
〔註248〕《太平御覽》卷四百六十六、七百六十九引裴啓《語林》同。
〔註249〕《世說新語》注：「虞預《晉書》曰：駿字子臧，宣帝第十七子，好學至孝。《晉諸公贊》曰：駿八歲，爲散騎常侍，侍魏齊王講。晉受禪，封扶風王，鎮關中，爲政最美。薨，贈武王，西土思之，但見其碑贊者，皆拜之而泣，其遺愛如此。」

彭城人，元嘉中爲梁南秦二州刺史，楊難當寇漢中，道眞與裴方明討破之。難當奔上邽，仇池遂平。」《宋書》卷五《文帝紀》：「（元嘉十四年）二月壬子，以步兵校尉劉道眞爲梁、南秦二州刺史。」《宋書》卷九十八《氐胡傳》：「（元嘉）十八年十月，傾國南寇，規有蜀土，慮漢中軍出，遣建忠將軍符衝出東洛以防之。梁州刺史劉道眞擊斬衝。十一月，難當克葭萌，獲晉壽太守申坦，遂圍涪城。巴西太守劉道銀嬰城固守，難當攻之十餘日，不克，乃還。」又云「（元嘉）十九年正月，太祖遣龍驤將軍裴方明、太子左積弩將軍劉康祖、後軍參軍梁坦甲士三千人，又發荊、雍二州兵討難當，受劉道眞節度。」可見，此劉道眞係劉宋武帝時人，元嘉十四年（437）二月後授官梁、南秦二州刺史，曾與宋龍驤將軍裴方明等共同平定楊難當之亂。又宋《輿地紀勝》卷二《臨安府・官吏》下稱宋劉道眞，並引《晏公類要》曰：「道眞爲錢塘令，劉道錫爲餘杭令。元嘉十三年，上遣李演之行郡，上表以道眞、道錫爲邦之首最，治民之良宰。道眞又作《錢塘記》。」是可知此劉道眞在元嘉十三年前曾官錢塘令，作《錢塘記》。以政治有方而獲擢拔，爲步兵校尉，元嘉十四年得授州刺史。《鄮山參政樓公攻媿先生文集》卷五十八：「考史傳，自宋元嘉中劉道眞至吳越羅隱凡十人，國朝張君房而下抵今，凡三十九人，具載歲月亡者缺之，使後有考焉。」

（二）《錢唐記》佚文補輯

清勞格《月河精舍叢鈔・讀書雜識》卷六有劉道眞《錢塘記》輯本，所輯共十一條。王仁俊《玉函山房輯佚書續編・史編總類》所輯「即掇勞志輯出」。

勞格或有失採者，今輯補之：

1. 山出石膏若雪。又，縣亥地有獄，獄左右亦有石膏，雨霽時出，藥用爲最。一名稽留山，無毒獸惡蟲。

按，《太平寰宇記》卷九十三宋樂史撰《江南東道》五杭州「石膏山在縣西五十七里」，引《錢塘記》云此。

2. 峰頂有孤石，可四十圍，頂上四開，狀似千葉蓮花。

按，宋潛說友《咸淳臨安志》卷二十三《山川》二引《錢塘記》。

3. 武林山即靈隱山。

按，宋葉紹翁《四朝聞見錄》卷一《甲集》：「武林山，予嘗考《晉書地

理志》，錢塘縣有武林山，舊圖云在縣西十五里，山高九十二丈，周回一十二里，又名曰靈隱。錢塘令劉道眞《錢塘記》、太子文學陸羽《靈隱記》夏竦《靈隱寺舍田記》、翰林學士胡宿《武林寺記》皆云武林山即靈隱山。」

十四、南朝宋佚名《林邑記》考

（一）《林邑記》的著錄情況及亡佚時代考

　　晉嵇含《南方草木狀》卷下引有東方朔《林邑記》，但此書並非《水經注》所引者〔註250〕。《水經注》與諸類書徵引者，當別為一書。《水經注》屢引，只作《林邑記》，《通典・邊防門》注引亦作《林邑記》。考《水經注》卷三十六所引《林邑記》中已記載有晉義熙九年，杜慧度與林邑王胡達交戰事，又《水經注》《初學記》《太平御覽》《太平廣記》等諸書引《林邑記》中已敘及楊邁金事，而據《宋書》卷九十七列傳第五十七《夷蠻》，林邑王楊邁劉宋初在位。是知諸書所採引者乃劉宋或其後之人所撰，非東方朔《林邑記》也。姚振宗《隋書經籍志考證》：「案《宋書・文帝本紀》，元帝二十三年六月，交州刺史檀和之伐林邑國，克之。二十四年秋七月乙卯，以林邑所獲金銀寶物，班賚各有差。此次《宋武北征記》之後，或其時檀和之等所上者歟？」

　　《隋書》卷三十三與《新唐書》卷五十八志四十八並著錄「《林邑國記》一卷」，不著撰人。檢宋代書目文獻如《冊府元龜》、《崇文總目》、鄭樵《通志》、晁公武《郡齋讀書志》、陳振孫《直齋書錄解題》、尤袤《遂書堂書目》，元代馬端臨《文獻通考》，明代楊士奇等《文淵閣書目》、高儒《百川書志》，清代黃虞稷《千頃堂書目》等均無著錄。諸類書徵引者：隋代杜公瞻《編珠》引三條。唐代《藝文類聚》引三條，《初學記》引一條。宋代《太平御覽》引十二條。《新唐書》著錄有《林邑國記》，《太平御覽》多有徵引，知此書至北宋初仍存世。而此後不見著錄，引之者不出《太平御覽》之前諸書外，知其後已亡佚。唐宋類書之修，使人們更樂於從類書中進行材料翻檢，結果在客觀上使得諸多地記作品被人忽視，促其亡佚。

〔註250〕晉嵇含《南方草木狀》卷下引東方朔《林邑記》曰：「林邑山楊梅，其大如杯碗，青時極酸，既紅，味如崖蜜，以醞酒，號梅花酎，非貴人重客不得飲之。」明徐光啓《農政全書》卷三十《樹藝果部下》並引，同。按，東方朔《林邑記》，此外不見他書著錄及徵引，當久已亡佚。

（二）《林邑記》佚文補輯

《林邑記》，僅《說郛》宛委山堂本卷六十一輯有八條，此外未見其他輯本。

今又檢得《說郛》本失輯者二十二條：

1. 范文，夷帥奴也，以刀斫石障軒盧，後遂為國王。

按，《藝文類聚》卷三十五《人部十九》引《林邑記》。《初學記》卷十九《人部下》作「如斬蘆葦」，《太平御覽》卷九百三十七《鱗介部九・鱧魚》作「如斬盧」，此有脫訛，疑當作「以刀斫石障，如斬蘆葦」。

2. 上金為紫磨金，又曰揚邁金。

按，《初學記》卷二十七《寶器部》引《林邑記》。《太平廣記》卷二百七十六《范邁》引《林邑記》：「林邑謂紫磨金為上金，俗謂之楊邁金。范邁母夢人鋪楊邁金席，與其生兒，兒生席色昭晰。後因生兒，名曰楊邁，為林邑王。」《太平御覽》卷三百九十八《人事部三十九・吉夢下》引《林邑記》：「林邑俗謂上金為紫磨金，夷俗謂上金為楊邁金。楊邁母懷身，夢人鋪楊邁金席與其生兒，兒落席上，金色光起，昭晰豔耀。及其生也，名曰楊邁，後襲王位，能得人情。」

3. 黃枝州上戶口殷富，多明珠雜寶。

按，《初學記》卷二十七《寶器部》引《林邑記》。《太平御覽》卷八百三《珍寶二・珠下》、高士奇《編珠》卷三《補遺》引同。

4. 狼野倨無室，依樹宿止。

按，《初學記》卷八《州郡部》引《林邑記》。《太平御覽》卷一百七十二《州郡部十八・嶺南道》引《林邑記》曰：「蒼梧以南，有文郎野人，居無室宅，依樹止宿，食生肉，採香為業，與人交易，若上皇之人。」《太平御覽》卷九百八十一《香部一・香》引同。

5. 播梌樹，柯節發根下，垂虛中森羅，望之似懸髮。

按，《太平御覽》卷九百六十《木部九》引《林邑記》。

6. 由梧堪為屋梁柱。

按，《太平御覽》卷九百六十三《竹部二・竹下》引《林邑記》。

7. 林邑王范明達，獻琉璃蘇鉝二口（音立。呂靜云：胡食器也）。

按，《太平御覽》卷七百六十《器物部五·蘇鉊》引《林邑記》。

8. 九真郡，蠶年八熟，繭小輕薄，絲弱綿細。

按，《太平御覽》卷八百二十五《資產部五·蠶》引《林邑記》。又明馮復京《六家詩名物疏》卷二十九《國風·豳》引。

9. （日南）城去林邑，步道四百餘里。

10. 其城治二水之間，三方際山，南北瞰水，東西澗浦，流湊城下。城西折十角，周圍六里一百七十步，東西度六百五十步，磚城二丈，上起磚牆一丈，開方隙孔。磚上倚板，板上五重層閣，閣上架屋，屋上架樓，樓高者七八丈，下者五六丈。城開十三門，凡宮殿南向屋宇二千一百餘間。市居周繞，阻峭地險，故林邑兵器、戰具，悉在區粟。多城壘，自林邑王范胡達始，秦餘徙民，染同夷化，日南舊風，變易俱盡。巢棲樹宿，負郭接山，榛棘蒲薄，騰林拂雲，幽煙冥緬，非生人所安。區粟建八尺表，日影度南八寸，自此影以南在日之南，故以名郡。日在北，故開北戶以向日。

11. 盡絃滄之徼遠，極流服之無外。地濱滄海，眾國津徑。

12. 浦通銅鼓、外越、安定、黃岡心口，蓋藉度銅鼓，即駱越也。

13. 外越、紀粟、望都。紀粟出浦陽。渡便州，至典由；渡故縣，至咸驩。咸驩屬九真。咸驩已南，麏麌滿岡，鳴咆命疇，警嘯呧野，孔雀飛翔，蔽日籠山。渡治口，至九真。

14. 九真，九夷所極，故以名郡。

15. 義熙九年，交趾太守杜慧度造九真水口，與林邑王范胡達戰，擒斬胡達二子，虜獲百餘人，胡達遁。五月，慧度自九真水歷都粟浦，復襲九真，長圍跨山，重柵斷浦，驅象前鋒，接刃城下，連日交戰，殺傷乃退。

16. 松原以西，鳥獸馴良，不知畏弓，寡婦孤居，散發至老，南移之嶺，崒不踰仞，倉庚懷春於其北，翡翠熙景乎其南。雖嚶讙接響，城隔殊非，獨步難遊，俗姓塗分故也。

17. 屈都，夷也。

按，以上並《水經注》卷三十六《溫水》「東北入於鬱」注引《林邑記》。

18. 渡比景至朱吾。朱吾縣浦，今之封界。朱吾以南，有文狼人，野居無室宅，依樹止宿，食生魚肉，採香為業，與人交市，若上皇之民矣。

按，《水經注》卷三十六《溫水》「東北入於鬱」注引《林邑記》。宋樂史《太平寰宇記》卷一百七十《嶺南道十四·交州風俗》：「文狼城在新昌縣。《林邑記》云：『蒼梧以南，有文狼人，野居無室宅，依樹止宿，漁食生肉，採香爲業，與人交市，若上皇之民。』此蓋其地，因以爲名。」

19. 漢置九郡，儋耳與焉。民好徒跣，耳廣垂以為飾，雖男女褻露，不以為羞，暑褻薄日，自使人黑，積習成常，以黑為美，《離騷》所謂玄國矣。

按，《水經注》卷三十六《溫水》「東北入於鬱」注引《林邑記》。明方以智《通雅》卷十四《地輿方域》：「《海經》曰：離耳雕題在鬱水南。《林邑記》：九郡有儋耳，民徒跣，耳廣垂以爲飾，以黑爲美，《離騷》所謂玄國。然則儋耳即離耳也。」

20. 建武十九年，馬援樹兩銅柱於象林南界，與西屠國分，漢之南疆也。土人以之流寓，號曰馬流，世稱漢子孫也。

按，《水經注》卷三十六《溫水》「東北入於鬱」注引《林邑記》。宋樂史《太平寰宇記》卷一百七十六《四夷五南蠻一·南蠻總述》：「《林邑記》云：馬援樹兩銅柱於象林南界，與西屠國分，漢之南界是也。又云：銅柱山周十里，形如倚蓋，西跨重岩，東臨大海。屈瑛《道理記》云：林邑大浦口有五銅柱存。」宋王應麟《玉海》卷二十五《地理·標界》：「楊氏《南裔異物志》曰：昔馬文淵積石爲塘，達於象浦，建金標爲南極之界。《林邑記》曰：建武十九年，馬援植兩銅柱於象林南界，與西屠國分，漢之南疆也。」

21. 自交趾南行，都官塞浦出焉。

按，《水經注》卷三十七《葉榆河注》引《林邑記》。

22. 九真俗，書樹葉為書紙。

按，宋朱長文《墨池編》卷六《碑刻一》引《林邑記》。

十五、南朝宋鄭緝之《東陽記》考

（一）《東陽記》作者、歷代著錄及亡佚時代考

鄭緝之，生平不詳。《隋書》卷三十三《經籍志》：「《孝子傳》十卷，宋

員外郎鄭緝之撰。」《舊唐書》卷四十六：「《孝子傳贊》十卷，鄭緝之撰。」
《新唐書》卷五十八：「鄭緝之《孝子傳贊》十卷。」是知鄭緝之劉宋時人，
官員外郎，撰有《孝子傳》十卷。按緝之《孝子傳》早亡佚，今有茆泮林、
王仁俊等輯本〔註251〕。鄭緝之又有《永嘉郡記》，《古佚書輯本目錄》著錄，
今有宛委山堂《說郛》輯本、黃輯本及孫詒讓輯本。

　　《舊唐書》卷四十六：「《東陽記》一卷，鄭緝之撰。」《新唐書》卷五
十八：「鄭緝之《東陽記》一卷。」宋代《崇文總目》不著錄。北宋《冊府
元龜》卷五百五十五著錄：「鄭緝之為員外郎，撰《孝子傳》五卷，《東陽記》
一卷。」南宋初鄭樵《通志》卷六十六著錄：「《東陽記》一卷，鄭緝之撰。」
南宋晁公武《郡齋讀書志》、尤袤《遂書堂書目》、陳振孫《直齋書錄解題》
不著錄。元代馬端臨《文獻通考》不著錄。明代楊士奇等《文淵閣書目》、
高儒《百川書志》，清代黃虞稷《千頃堂書目》均不著錄。

　　諸書徵引《東陽記》者，有梁劉昭《後漢書‧郡國志》注，梁劉孝標《世
說新語》注，後魏酈道元《水經注》，隋杜公瞻《編珠》，唐虞世南《北堂書
鈔》，歐陽詢《藝文類聚》，徐堅《初學記》，宋李昉《太平御覽》，羅泌《路
史》，葉廷珪《海錄碎事》，樂史《太平寰宇記》，吳淑《事類賦》，明俞安期
《唐類函》，范泓《典籍備覽》，弘治《衢州府志》，萬曆《常山縣志》，《處
州府志》，清光緒《浦江縣志》等。其中隋代杜公瞻《編珠》引四條。唐代
《藝文類聚》引三條。宋代《太平御覽》引二十條，《太平寰宇記》引兩條，
羅泌《路史》引一條。

　　從《新唐書》及《冊府元龜》著錄有鄭緝之《東陽記》，及《太平御覽》
引述《東陽記》最多兩點推知，鄭緝之《東陽記》在北宋猶存於世，可能於
南宋初亡佚。宋鄭樵《通志》卷七十一《校讎略第一》：「《東陽記》者，婺州
記也。」是南宋初之鄭樵嘗目驗《東陽記》也。

　　緝之為永嘉、東陽二郡作記，或由遊宦所至，抑即著籍在茲，難以臆定。

（二）《東陽記》輯本佚文出處考

　　鄭緝之《東陽記》，已亡佚，按《古佚書輯本目錄》尚無輯本。今人劉緯
毅《漢唐方志輯佚》輯有鄭緝之《東陽記》二十二條。

　　又有劉書失採者數條，今輯補如下：

〔註251〕見《古佚書輯本目錄》，兩輯本共採得四條，敘吳隱之、丁蘭、吳遠、蕭固之
　　　　四人事跡。

1.《東陽記》曰：上應婺女，故名之。

按，《太平御覽》卷一百七十一《歙州》：「《圖經》曰：婺源縣本晉休寧縣，《東陽記》曰：上應婺女，故名之。」《衢州府志‧龍遊縣岑山下》：在縣西南十五里，山有五峰如筆格，名筆架山，又名婺女照石，自金華望之，正當其面，故名。

2. 郡內有九聲石，形如鳥翅。

按，《編珠》引鄭緝之《東陽記》。

3. 常山仙人採藥處高且神。

按，明萬曆《常山縣志‧山川門‧常山》引《東陽記》。萬曆《金華府志》：「金華山在府城北二十里，一名長山，周三百六十里，山前兩崖對峙，高數百仞。」光緒《金華山志‧山川門》金華山注：「縣北二十里，一名長山，或曰常山。」《冊府元龜》：「元女修真金華山，丹既成，以一祭天，以一祭地，以一自服。」

4. 北山西崖有石林，流水澆灌其側；又有石田如稻，云室裏有洞穴，有人採鍾乳，入十餘日，糧訖而穴不可窮。

按，《北堂書鈔》卷一百五十八《穴》十三引鄭緝之《東陽記》。

5. 仙都山孤石撐雲，高六百餘丈。世傳軒轅遊此飛升，轍跡尚存。石頂有湖，生蓮花，嘗有花一瓣飄落至東陽境，於是山名金華。

按，見雍正《處州府志》卷十六《靈異門》引。《道書洞天三十六所‧仙都第二十九》：「仙都山，名元都先洞天，周回三百里，黃帝駕火龍上昇處。」

6. 縉雲山，一名丹峰山。

按，《仙都山志‧獨峰山下》引謝靈運《名山記》：「縉雲山有孤石屹然干雲，高二百丈，頂有湖，生蓮花。舊《東陽記》：一名丹峰山。」宋王存等撰《元豐九域志》卷五《淮南路》：「仙都山一名朋峯山，見《東陽記》。」

7. 金豚山有三峰，悉數百尺，色丹奪目，不可仰視。

按，見弘治《衢州府志‧山川門‧江郎山下》

8. 軒轅少女元修於此上昇，故名。

按，見光緒《浦江縣志‧山川門‧仙華山下》。

9.（姑蔑）城在穀水南三里，東門臨薄里溪。

按，宋王存等撰《元豐九域志》卷五《淮南路》：「杜預注云：姑蔑，越地，今東陽太末縣也。又《東陽記》云：城在穀水南三里，東門臨薄里溪是也。」

十六、南朝宋王韶之《始興記》考

（一）《始興記》作者、歷代著錄情況及亡佚時代考

《始興記》，《隋志》及兩唐《志》皆不著錄。檢宋代《崇文總目》、《冊府元龜》、鄭樵《通志》、尤袤《遂初堂書目》、晁公武《郡齋讀書志》、陳振孫《直齋書錄解題》，元代馬端臨《文獻通考》，明代楊士奇等《文淵閣書目》、高儒《百川書志》，清代黃虞稷《千頃堂書目》等書目文獻皆不著錄。清章宗源《隋書經籍志考證》卷六：「《始興記》，卷亡，王歆之撰，不著錄。」《太平御覽經史圖書綱目》：「王韶之《始興記》。」

「歆」、「韶」字形相近，遂致舛訛。從諸書徵引情況看，隋代杜公瞻《編珠》卷二引一條。唐代《藝文類聚》地部等引四條，《初學記》地部、《文選》苦熱行注並引王歆之《始興記》。《藝文類聚》卷八十二《草部下》作「歆」，又卷九十六作「韶」，《太平御覽》引尤多，亦「歆」、「韶」錯同，故章宗源《隋書經籍志考證》以「『歆』又作『韶』」存疑。《北堂書鈔》一百五十七、《初學記》卷二十四、《白帖》卷六十二、《文選·樂會下》注、《事類賦注》下皆作「韶」。考《宋書》卷六十列傳二十《王韶之傳》，韶之景平元年（423），出為吳興太守。元嘉十二年（435），又出為吳興太守，其年卒。《水經注疏》卷三十八熊會貞認為「吳興」或即「始興」之誤，蓋即作《記》之時，故當作「韶」為是。始興郡，吳置，隋改為韶州，治曲江縣，即今廣東曲江縣。《宋書》卷五：「（元嘉五年四月，）以以始興太守徐豁為廣州刺史。」「（元嘉十三年）九月癸丑，立第二皇子濬為始興王。」曾釗《嶺南遺書第五集·〈始興記〉輯本序》：「始興郡，吳立，屬廣州，晉成帝度荊州，宋元嘉二十九年又度廣州，三十年度湘州，明帝太豫元年改廣興，韶之卒於元嘉十二年，其時尚屬荊州，領曲陽、桂陽、陽山、湞陽、含洭、始興、中宿七縣。元嘉初，徐豁為始興太守，有政聲，韶之未嘗至始興，或即從徐豁討問故事，筆為此記歟？」看來，儘管史書沒有王韶之任職始興的記載，熊會貞、曾釗朱諸人都認為《始興記》是王韶之之作。

　　王歆之和王韶之是同時代的人。

　　《宋書》卷九十二列傳五十二《良吏》：「王歆之，字叔道，河東人也。曾祖愆期，有名晉世，官至南蠻校尉。祖尋之，光祿大夫。父肇之，豫章公相。歆之被遇於太祖，歷顯官左民尚書，光祿大夫，卒官。」又《宋書》卷六十四稱其「嘗爲南康相」，同卷又稱「太祖元嘉三年，誅司徒徐羨之等，分遣大使，巡行天下……撫軍參軍王歆之使徐州」，不言其有任官或巡行始興郡的經歷。

　　《晉書·王韶之傳》：「王韶之，字休泰，琅邪臨沂人也。曾祖昺，晉驃騎將軍。祖羨之，鎮軍掾。父偉之，本國郎中令。韶之家貧，父爲烏程令，因居縣境。好史籍，博涉多聞。初爲衛將軍謝琰行參軍。偉之少有志尚，當世詔命表奏，輒自書寫。泰元、隆安時事，小大悉撰錄之，韶之因此私撰《晉安帝陽秋》。既成，時人謂宜居史職，即除著作佐郎，使續後事，訖義熙九年。善敘事，辭論可觀，爲後代佳史。遷尚書祠部郎。晉帝自孝武以來，常居內殿，武官主書於中通呈，以省官一人管司詔誥，任在西省，因謂之西省郎。傅亮、羊徽相代，領西省事。轉中書侍郎。安帝之崩也，高祖使韶之與帝左右密加鴆毒。恭帝即位，遷黃門侍郎，領著作郎，西省如故。凡諸詔奏，皆其辭也。高祖受禪，加驍騎將軍、本郡中正，黃門如故，西省職解，復掌宋書。」又云：「少帝即位，遷侍中，驍騎如故。景平元年，出爲吳興太守。羨之被誅，王弘入爲相，領揚州刺史。弘雖與韶之不絕，諸弟未相識者，皆不復往來。韶之在郡，常慮爲弘所繩，夙夜勤厲，政績甚美，弘亦抑其私憾。太祖兩嘉之。在任積年，稱爲良守，加秩中二千石。十年，徵爲祠部尚書，加給事中。坐去郡長取送故，免官。十二年，又出爲吳興太守。其年卒，時年五十六。」由是可推知韶之生於晉孝武帝太元四年（379），卒於宋文帝元嘉十二年（435），是劉裕的心腹親信，曾參與劉裕鴆殺晉安帝司馬德宗的行動，起草傀儡皇帝晉恭帝司馬德文的即位詔書，充當劉裕篡晉禪讓鬧劇的導演。又韶之「好史籍，博涉多聞」，故初時著作郎徐廣即重其才學，舉爲佐郎，助撰晉史〔註252〕，而後又能居史職，領著作郎。文帝時韶之出爲太守，「夙夜勤厲」，定當不廢撰述，故很有可能就是《始興記》的撰人。

　　宋代《太平御覽》地部等引《始興記》最多，凡二十六條，這說明修《御覽》時《始興記》尚在。宋後引者不出其前諸書所錄，知已亡佚。

〔註252〕《宋書》卷六十《王韶之傳》。中華書局，1974年版，第1625頁。

（二）《始興記》佚文補輯

　　《始興記》輯本有宛委山堂本《說郛》、商務印書館本《說郛》卷四《墨娥漫錄》、曾釗《嶺南遺書第五集》、王仁俊《玉函山房輯佚書補編》、黃奭《漢學堂知足齋叢書・子史鈎沈》諸家。宛委山堂本《說郛》所輯共十節，商務印書館本《說郛》卷四《墨娥漫錄》所輯僅二節，即宛委山堂本所輯中的前二節。

　　黃奭《漢學堂知足齋叢書・子史鈎沈》全抄自《說郛》宛委山堂本。

　　王仁俊《玉函山房輯佚書補編》據《太平寰宇記》卷一百十七輯得《始興記》佚文一節：泉岩河一日十盈十竭，若湘水焉。

　　曾釗《嶺南遺書第五集》七輯得《始興記》佚文二十八條，中有可補《說郛》之缺者二十一條。

　　諸本尚有失採者數條，今增補於下：

1. 王韶之《始興記》曰：堯山長嶺，望之如雲。（《太平御覽》卷八《天部八》）

2. 巨洋水，即巨蔑。（《水經注》卷二十六《巨洋水》「出朱虛縣泰山北，過其縣西」注〔註253〕）

3. （桓）玄之初奔也，經日不得食，左右進麤粥，咽不下。升抱玄胸撫之，玄悲不自勝。至此，益州都護馮遷斬玄於此洲，斬陞於江陵矣。（《水經注》卷三十四《江水注》）

4. 王韶之《始興記》曰：伊水口有長洲，洲廣十里，平林蔚然，有群像野牛。（《太平御覽》卷八百九十《獸部二・象》）

5. 《始興記》曰：靈泉源出溫泉。（《初學記》卷七《地部下》）

6. 王韶之《始興記》曰：邕水內有一處曰龍口，甚神明。經過莫敢祖，舡載什物，置之不守可經月，人及鳥獸無犯者。（《太平御覽》卷八百八十二《神》）

7. 王韶之《始興記》曰：觀亭峽下有神廟，傍岩向江，經道不恪者，必

〔註253〕《水經注》卷二十六《巨洋水》「出朱虛縣泰山北，過其縣西」注：「巨洋水，即《國語》所謂具水矣，袁宏謂之巨昧，王韶之以爲巨蔑，亦或曰朐彌，皆一水也，而廣其目焉。」見陳橋驛《水經注校釋》，杭州大學出版社，1999年版，第467頁。

狂走或變而為虎。(《太平御覽》卷七百三十九《狂》)

8.《始興記》曰:滇陽有吳山。(《後漢書‧郡國志》桂陽郡注)

9.《始興記》曰:(曲江)縣北有臨沅山。(《後漢書‧郡國志》桂陽郡注)

10.《始興記》曰:縣西北曰捕竹嶺,上有鼓角聲。(《北堂書鈔》卷一百二十一《角》)

十七、南朝宋鄧德明《南康記》考

(一)《南康記》作者、歷代著錄情況及亡佚時代考

南康郡,晉置,宋因之。初治雩都(今江西雩都縣),後移治贛縣(今江西贛州)。

《南康記》,《隋書‧經籍志》及兩唐《志》均不著錄。《宋史》卷二百四:「朱端章《南康記》八卷」,則為後世同名之作,與諸唐宋類書等所引之《南康記》無與焉。檢宋《崇文總目》、《冊府元龜》、鄭樵《通志》、尤袤《遂初堂書目》、晁公武《郡齋讀書志》、陳振孫《直齋書錄解題》,元馬端臨《文獻通考》,明《文淵閣書目》、《百川書志》,清《千頃堂書目》等書目文獻皆不著錄。清章宗源《隋書經籍志考證》卷六:「《南康記》卷亡,鄧德明撰,不著錄。」清秦榮光《補晉藝文志》:「《南康記》,鄧德明撰。」《太平御覽經史圖書綱目》:「鄧德明《南康記》。」然《太平寰宇記》江南道引,一作劉德明,一作劉嗣之。《通典》卷一百八十二《州郡十二》注:「有大庾嶺,一名塞上嶺,即五嶺之一。昔漢時呂嘉反,漢軍伐之。監軍姓庾,城於此,故謂之大庾嶺,劉嗣之《南康記》云:昔漢楊僕討呂嘉,出章郡,下橫浦,即今縣西南,故橫浦廢關見在此。」亦作劉嗣之《南康記》。

按《水經注》、《漢書》注、《初學記》、《太平寰宇記》引此書並作鄧德明《南康記》,故當作「鄧」為是。「鄧」「劉」字形相近,乃致傳寫失誤。又,據《通典‧州郡典》引,德明,字嗣之,南昌人。《太平御覽》卷五百五十九《冢墓三》引《述異記》曰:「南康郡鄧德明,常在豫章就雷次宗學,雷家世東郊之外,去史豫章墓半里許。元嘉十四年,德明與諸生步月逍遙,忽聞音樂諷誦之聲,即夜白。雷出聽曰:『此間去人尚遠,必鬼神也。』乃相與尋之。遙至史墓,但開墳下,有管絃女歌講吟詠之聲,咸歎異焉。」據此可知,一鄧德明為劉宋時人,曾就學於雷次宗。雷次宗字仲倫,豫章人,

劉宋名儒，生於晉孝武帝太元十一年（386），卒於宋文帝元嘉二十五年（448）。鄧德明元嘉十四年（437）從雷次宗學，是年雷五十一歲，鄧則應三十歲上下而爲諸生矣。二鄧德明爲南康郡人氏，其撰《南康記》，則記其故土矣。其師豫章雷次宗有《豫章記》，則德明倣之而撰《南康記》。則《南康記》大抵作於宋元嘉間。

　　從諸書徵引情況看，《水經注》最早引此書，《漢書·張耳傳》注、《後漢書·吳祐傳》注、《後漢書·劉表傳》注等並引此書。類書，隋代杜公瞻《編珠》引三條。唐代《藝文類聚》歲時部等引十四條，《初學記》卷二十九《政理部》引一條。宋代《太平御覽》引四十一條，《太平寰宇記》卷一百八引二十一條，葉廷《海錄碎事》引兩條。從《太平御覽》、《太平寰宇記》大量引文看，此書在北宋仍存世，可能亡佚於南宋。

（二）《南康記》佚文補輯

　　《南康記》輯本，有宛委山堂本《說郛》，商務印書館本《說郛》卷四《墨娥漫錄》，黃奭《漢學堂知足齋叢書·子史鈎沈》諸家。宛委山堂本《說郛》所輯共八節，黃奭《漢學堂知足齋叢書·子史鈎沈》所輯與宛委山堂本《說郛》卷六十一同。

　　商務印書館本《說郛》卷四《墨娥漫錄》所輯僅一節，即宛委山堂本所輯中的《神闕》一節。

　　今人劉緯毅《漢唐方志輯佚》輯有鄧德明《南康記》，其中有可補《說郛》本之闕者二十六節。

　　劉本又有失採者，今補之：

1. 陽道士葬岩室，臨終語弟子等，可送吾屍置彼石室中，巾褐香爐，此外無所須也。葬數年，屍猶儼然，今舟行者過其山渚，長聞香氣，咸歎異焉。

　　按，《太平御覽》卷五十四《地部十九》引《南康記》。又《太平御覽》卷五百五十六《禮儀部三十五·葬送四》引鄧德明《南康記》曰：「陽道士葬岩石室，元嘉中，道士過世，臨終語弟子等：『可送吾置彼石室，巾褐香爐，此外無所須也。』及其亡日，謹奉遺命。葬經數年，屍猶儼然，葛巾覆之，如初弗朽。後忽不復見。今舟行者過其山渚，尚聞香氣咸異焉。」《太平御覽》卷六百九十九《服用部一》引鄧德明《南康記》曰：「陽道士葬岩

室，經數年，屍猶儼然。葛帳覆之。」

2. 南康縣嘗永極源去郡並九百，地多章（木尤）樹。

按，《太平御覽》卷九百六十《木部九》引鄧德明《南康記》。

3. 合浦有鹿，額上戴科藤，一枝四條，上各一丈。

按，唐段成式《酉陽雜俎》卷十六《廣動植之一》引《南康記》。

4. 盤固山有石井，井側有大銅人常守之。按此石井五百年，水一湧起高數丈，銅人以手掩之，其水即止。其山盤紆峻嶒，因號盤固山焉。

按，《太平御覽》卷四十八《地部十三》引《南康記》。

5. 平固縣西覆笥下，有洞穴。穴口可廣五六尺，高五尺餘。昔有人採鍾乳深入，為瞑不得出，遂留住宿，忽聞頭上有篙舡之聲。

按，《太平御覽》卷五十四《地部十九·穴》引《南康記》。隋杜公瞻《編珠》卷一《天地部》引鄧德明《南康記》曰：「平固縣覆笥山上有笥，貯玉牒記，故山因笥為名。」

6. 峽山，上時有夜光飛焰，遙見若火，照燎於原，從峽沵流數十里，有石臨水，名曰蛟窟。

按，《太平御覽》卷四十八《地部十三·峽山》引《南康記》。

7. 柴侯峽山，漢靈帝時，有劉叔喬避地於茲，死葬村側，自云柴侯墓。晉末喪亂，有發其冢者，忽有大風雨，棺及松柏悉飛渡水，移上此峰，其棺乃化為石，因是而名之。

按，《太平御覽》卷四十八《地部十三·柴侯峽》引《南康記》。

8. 南野縣大庾嶺三十里至橫浦，有秦時關，其下謂為「塞上」。

按，《史記》卷一百一十三《南越列傳》「囂死，佗即移檄告橫浦」句司馬貞《索隱》引《南康記》。

9. （大庾嶺）前漢，南越不賓，遣監軍庾姓者討之，築城於此，因之為名。

按，唐李吉甫《元和郡縣志》卷二十九《江南道》引《南康記》云：「前漢，南越不賓，遣監軍庾姓者討之，築城於此，因之為名。」宋葉庭珪《海錄碎事》卷三上《地部上·地門》：「大庾嶺，一名塞嶺，又曰『塞上』。《南康記》云：漢兵擊呂嘉，眾潰，有神將戍是嶺，其姓庾，謂之大庾。又以其

上多梅而先發，亦曰梅嶺。」

　　10. 王僧虔惡白髮，一日對客，左右進銅鑷，僧虔曰：「卻老先生至矣。」
　　按，明顧起元《說略》卷二十四《諧志》引《南康記》。

十八、南朝宋雷次宗《豫章記》考

（二）《豫章記》作者、歷代著錄情況及亡佚時代考

　　《隋志》與《新唐志》並言雷次宗撰《豫章記》一卷。雷次宗，《宋書》卷九十三列傳五十三有傳，曰：「次宗，字仲倫，豫章南昌人也。少入廬山，事沙門釋慧遠，篤志好學，尤明《三禮》、《毛詩》，隱退不交世務。」蓋次宗本豫章人，《豫章記》記其本土也。《傳》又稱其「二十五年，卒於鍾山，時年六十三。」則雷次宗生於東晉孝武帝太元十一年（386），卒於宋文帝元嘉二十五年（448）。

　　雷次宗尤以儒術見長，為一代儒宗。《宋書》本傳言：「元嘉十五年，徵次宗至京師，開館於雞籠山，聚徒教授，置生百餘人。時國子學未立，上留心藝術，使丹陽尹何尚之立玄學，太子率更令何承天立史學，司徒參軍謝元立文學，凡四學並建。車駕數幸次宗學館，資給甚厚。」宋文帝立儒、玄、史、文四學而以儒學居前，可見其對儒學的推重。以次宗為儒館之主，又自可見次宗地位之優崇。是時，齊高帝蕭道成、齊衡陽元王蕭道度、齊太學博士亦從次宗學〔註254〕。而顧歡又「於剡天台山開館聚徒，受業者常近百人」，可見雷次宗所傳儒學之影響，延及後世。《南史》卷四：「儒生雷次宗立學於雞籠山，（高）帝年十三，就受《禮》及《左氏春秋》。」考同書云「高帝以宋元嘉四年丁卯歲生」，則高帝受學時為元嘉十七年，時次宗尚在館講授儒經。「後南還廬岳，何尚之設祖道，文義之士畢集，為連句詩」〔註255〕，又可知次宗既為儒學泰斗，明於《毛詩》，固當屬意文學，故時人賦詩以送之，以藉此機會望其評判指點以求時譽。當時沈懷文、謝靈運等並有詩送之。《初學記》卷十八《人部中》載有謝靈運《送雷次宗詩》，曰：「符瑞守邊楚，感念

〔註254〕《南齊書》卷四十五《宗室傳》：衡陽元王道度，太祖長兄也。與太祖俱受學雷次宗。宣帝問二兒學業，次宗答曰：「其兄外朗，其弟內潤，皆良璞也。」中華書局，1974年版，第787頁。《南齊書》卷五十四《高逸傳》：「（顧）歡年二十餘，更從豫章雷次宗諮玄儒諸義。」中華書局，1974年版，第929頁。

〔註255〕《宋書》卷八十二《沈懷文傳》。中華書局，1974年版，第2102頁。

淒城壕；志苦離念結，情傷日月滔。」《隋書》卷三十二《經籍志》：「《毛詩序義》二卷，宋通直郎雷次宗撰。梁有《毛詩義》一卷，雷次宗撰。」《隋書》卷三十二《經籍志》著錄：「宋徵士《雷次宗集》十六卷。梁二十九卷，錄一卷。」兩《唐志》亦著錄《雷次宗集》三十卷。可見次宗於文頗有年造詣。

　　《宋書》本傳又稱「後又徵詣京邑，爲築室於鍾山西岩下，謂之招隱館，使爲皇太子諸王講《喪服》經。次宗不入公門，乃使自華林東門入延賢堂就業。」以此知次宗通三《禮》而尤明於喪服之學。《隋書》卷三十二著錄：「《略注喪服經傳》一卷，雷次宗注。」〔註256〕《日知錄》卷六：「昔之大儒有專以喪服名家者，其去鄒魯之風未遠也。故蕭望之爲太傅，以《論語》禮服授皇太子。宋元嘉末，徵隱士雷次宗詣京邑，築室於鍾山西岩下，爲皇太子諸王講喪服經。」

　　雷次宗又師事於慧遠，清淨自守，故終其生不屬意於仕進矣。其與子姪書以言所守，曰：「吾少嬰羸患，事鍾養疾，爲性好閒，志棲物表，故雖在童稚之年，已懷遠跡之意。暨於弱冠，遂託業廬山，逮事釋和尚。於時師友淵源，務訓弘道，外慕等夷，內懷俳發，於是洗氣神明，玩心墳典，勉志勤躬，夜以繼日。爰有山水之好，悟言之歡，實足以通理輔性，成夫罍罍之業，樂以忘憂，不知朝日之晏矣。自游道餐風，二十餘載，淵匠既傾，良朋凋索，續以釁逆違天，備嘗荼蓼，疇昔誠願，頓盡一朝，心慮荒散，情意衰，故遂與汝曹歸耕壟畔，山居谷飲，人理久絕。日月不處，忽復十年，犬馬之齒，已逾知命。」既有「山水之好」、「志棲物表」，又「玩心墳典」，記其鄉國山水、鄉邦故實，自在情理之中。看來雷次宗《豫章記》當成書於其隱居廬山之十年間。其時雷次宗四十多歲至五十多歲，爲元嘉五年（428）至元嘉十五年（438）間。

　　《隋書》卷三十三《經籍志》：「《豫章記》一卷，雷次宗撰。」《新唐書》卷五十八：「雷次宗《豫章記》一卷。」《宋史》卷二百四志一百五十七《史類十三》有「雷次宗《豫章古今記》三卷」，不作《豫章記》，且爲三卷，不同於隋、唐兩《志》。《四庫全書總目》卷七十七《史部》三十三《地理類·存目六》：「《豫章今古記》一卷，不著撰人名氏。考《隋書·經籍志》有雷次宗《豫章記》一卷。宋王象之《輿地碑記目》又云次宗作《豫章古今志》，是

〔註256〕清馬國翰《玉函山房輯佚書》輯有宋雷次宗《略注喪服經傳》一卷，見《清史稿》卷一百四十五。

編首引次宗語，末云次宗於元嘉六年撰《豫章記》，則必非雷書。觀所紀至唐而止，有『皇唐』、『大唐』之語，似爲唐人之作矣。書分《郡記》、《寶瑞記》、《寺觀記》、《神記》、《變化記》、《神祠記》、《山石記》、《冢墓記》、《魁俊記》等九部，記載寥寥，絕無體例，疑依託者雜鈔成之也。浙江范懋柱家天一閣藏本。」《四庫全書總目》的懷疑是有道理的。王象之《輿地碑目》言：「《豫章古今志》，見隋志。」「古今」二字非隋《志》所有，「志」、「記」通。今以商務印書館本《說郛》卷四《墨娥漫錄》、王仁俊《玉函山房輯佚書補編》等所輯之雷次宗《豫章記》輯本，與宛委山堂本《說郛》卷六十七、《五朝小說·魏晉小說外乘家》、黃奭《漢學堂知足齋叢書·子史鈎陳》等雷次宗《豫章古今記》輯本參考比較，二者並不相同。如宛委山堂本《說郛》卷六十七所輯《豫章古今記》所載凡共十一部：《郡城縣部》《城闕部》《山石部》《水沙部》《津濟部》《泉池部》《寺觀部》《神祠部》《第宅部》《冢墓部》《魁俊部》。諸部各條無同於《豫章記》輯本所輯者。又《魁俊部》云：「雷次宗，字仲倫，入廬山侍沙門慧遠，篤志好學，屢徵不起，卒有文集，注《禮記》、《周易》，元嘉六年撰《豫章記》。」則是雷次宗原有是書，今本爲後人所附益明矣。六朝地記也少有此種體例和這樣詳細的內容。又云：「滕王元嬰，高祖第二十三子，顯慶元年除洪州，三十年築閣。」又云：「應知項高安萬載鳳嶺人，起義師，佐大唐，仕靖州刺史。」敘及滕王閣事和佐唐助義事，可見附益者大約是唐人。

　　據此，《豫章記》與《豫章古今記》爲二不同作品。《豫章記》爲南朝宋雷次宗撰，《豫章古今記》或爲唐人假託雷次宗撰，或原有是書而後人附益之，或合併增錄各家豫章地記而成。豫章地名，早見於《左傳》昭公六年：「楚子蒲帥師伐吳，師於豫章。」漢置郡，治南昌縣（今江西南昌）。《藝文類聚》卷六《郡部》引應劭《漢官》曰：「秦用李斯議，分天下爲三十六郡，凡郡，或以列國，陳魯齊吳是也，或以舊名，長沙丹陽是也，或以山陵，太山山陽是也，或以川源，西河河東也，或以所出，金城城下有金，酒泉泉味如酒，豫章樟樹生庭中，雁門雁之所育是也。」則豫章蓋以其所出名郡。記撰豫章風物的地記很多，如《新唐書》卷五十八載（吳）徐整《豫章舊志》八卷；《隋書》卷三十三載《豫章舊志後撰》一卷，熊欣撰；《明史》卷九十七著錄「郭子章《注豫章古今記》一卷，《豫章雜記》八卷，《廣豫章災祥記》

六卷」〔註257〕。又明楊士奇《文淵閣書目》著錄:「《豫章志》三冊;《豫章志》二冊;《豫章志》三冊;《豫章志》四冊;《豫章志》十一冊;《豫章志》十四冊。」此各本《豫章志》冊數既異,又不著撰人,必非一書。

雷次宗《豫章記》,除史《志》著錄外,宋《冊府元龜》卷五百五十五著錄:「雷次宗以散騎侍郎徵詣宋邑,撰《豫章記》一卷。」又同書卷五百六十:「雷次宗豫章南昌人,撰《豫章記》一卷。」《崇文總目》著錄:「《豫章記》三卷,闕。」宋鄭樵《通志》卷六十六著錄:「《豫章記》三卷,雷次宗撰。《豫章記》一卷,雷次宗撰。」按,此三卷本《豫章記》或即前述《豫章古今記》,至宋王堯臣等於宋仁宗嘉祐五年(1060)修撰《崇文總目》時就已殘缺。此一卷本《豫章記》當即次宗所撰。可見南宋初二書名已自混淆。又南宋尤袤《遂書堂書目》著錄《豫章古今記》,又著錄《豫章古今志》,均不著錄撰人和卷數,其中《豫章古今記》或即《豫章記》。又檢南宋晁公武《郡齋讀書志》、陳振孫《直齋書錄解題》,元馬端臨《文獻通考》,明高儒《百川書志》,清黃虞稷《千頃堂書目》等均不著錄雷次宗《豫章記》,知此書大約亡於南宋後期或元代。

就徵引雷次宗《豫章記》情況看,《水經注》最早引之。隋代杜公瞻《編珠》引兩條,《北堂書鈔》亦引。唐代《藝文類聚》軍器部等引四條;又《晉書·張華傳》、《文選·別賦》注並引存。宋代《太平御覽》兵部等引二十七條,《太平寰宇記》江南西道等引十七條,又《輿地紀勝》、《太平廣記》等並引存。北宋類書、地理書大量徵引,是此書於北宋尚存之證明。

(二)《豫章記》佚文補輯

雷次宗《豫章記》輯本有商務印書館本《說郛》卷四《墨娥漫錄》、葉昌熾《擊淡廬叢稿》、王仁俊《玉函山房輯佚書補編》等輯本。

商務印書館本《說郛》卷四《墨娥漫錄》凡輯兩條,王仁濬《玉函山房輯佚書補編》據《稽瑞》採得一條,即上所引「松陽門內有大梓樹」條。葉昌熾《擊淡廬叢稿》據《歲時廣記》卷三十四採得一條,今未能見。今人劉緯毅《漢唐方志輯佚》共輯得雷次宗《豫章記》二十一條,較諸本詳備。

又有諸家《豫章記》輯本失採者十餘條,茲錄於下:

〔註257〕黃虞稷《千頃堂書目》卷七《地理類》中:「郭子章《豫章大記》一百六十卷,又注《古今豫章記》一卷;又《豫章新記》八卷,又《廣豫章災祥記》六卷。」《明史》卷九十九:「郭子章《豫章詩話》六卷,《續》十二卷」。

1. 按舊經云，古老相傳，有洪崖先生者居此山上，故以為名。

   按，《太平御覽》卷四十八《地部十三》引《豫章記》。

2. 《豫章記》曰：西山周回三百里。此山時有夜光，遠望如火氣。（《輿地志》曰：此為銅之精光也。）《豫章記》又曰：豐城縣獄後，有雷孔章掘神劍窟，方七八丈。

   按，《初學記》卷八《州郡部》引《豫章記》。

3. 去洪井六七里有風雨池，山橋水出，激著樹木，星散遠灑，如風雨焉。

   按，《太平御覽》卷六十七《地部三十二》引雷次宗《豫章記》。隋杜公瞻《編珠》卷一《天地部》引《豫章記》曰：「洪井北有風雨池，山高水激，霏散遠灑，如風雨彌泛於數百里中。」

4. 徐孺子墓在郡南時杜，牧守徐興於墓邊種松，太守謝景立碑，太守夏侯嵩於碑邊立思賢頌碑，今並在。松大合抱。

   按，《太平御覽》卷九百五十三《木部二·木下·松》引《豫章記》。

5. 擔石湖在州東北，其湖水中有兩石山，有孔如人穿擔狀，古老云：壯士擔此兩石置湖中，因以為名。

   按，《太平御覽》卷六十六《地部三十一》引《豫章記》。

6. 吳猛坐郭璞事被收，寄載往南，令舡勾開戶，船主聞船下有聲，如在樹杪，試窺之，有二龍負舡，一宿至宮亭湖，還豫章。

   按，《太平御覽》卷九百三十《鱗介部二·龍下》引《豫章記》。，高士奇《編珠》卷四《補遺·黍稷部》引《豫章記》同。

7. 永嘉末有大蛇，長十餘丈，斷道，經過者輒以氣吸引取之，吞噬已百數，行旅斷道。道士吳猛與弟子數人，往欲殺蛇。蛇藏深穴不肯出，猛符南昌社公，蛇乃出穴，頭高數丈，猛於尾緣背，而以足按蛇頭著地，弟子於後以斧殺之。

   按，《太平御覽》卷九百三十四《鱗介部六·蛇下》引雷次宗《豫章記》。

8. 似因此水為其地名，雖十川均流，而此源最遠，故獨受名焉。

   按，《水經注》卷三十九《贛水注》：「故《後漢·郡國志》曰：章程有豫章水。雷次宗云：似因此水為其地名。」

9. 有二崖，號曰「大蕭」、「小蕭」，言蕭史所遊萃處也。雷次宗云，此乃係風捕影之論，據實本所未辯，聊記奇聞以廣井魚之聽矣。

按，《水經注》卷三十九《贛水》「又北過南昌縣西」注引。

10. 南陽菊水源，《豫章記》云：南陽有菊水，居其側者多壽。劉寬月致三十斛，水源芳菊被崖，故以名。

按，宋朱勝非《紺珠集》卷五《嘉話錄》。

11.（米山）生禾香茂，為食精美。

按，宋王存等撰《元豐九域志》卷六《江南路》引《豫章記》。

12. 章江東岸沙，埶如臥龍狀。

按，宋董逌《廣川書跋》卷八：「《豫章記》言章江東岸沙，埶如臥龍狀。故叔倫詩曰：鄰里龍沙北。以沙岸如龍故云。」

13. 海昏侯國在昌邑城東十三里，縣列江邊，名慨口，出豫章大江之口也。昌邑王每乘流東望，輒憤慨而還，故謂之慨口。

按，宋吳曾《能改齋漫錄》卷九《地理·石頭之名有二》引。

十九、南朝宋孔靈符《會稽記》考

（一）《會稽記》作者、歷代著錄情況及亡佚時代考

《會稽記》作者非一。《隋書》卷三十三《經籍志》：「《會稽記》一卷，賀循撰。」《舊唐書》卷四十六並《新唐書》卷五十八皆著錄朱育《會稽記》四卷。又據《南齊書》卷五十三列傳三十四《虞願傳》，會稽餘姚人虞願，字士恭，也撰《會稽記》。《太平御覽綱目》又列「孔曄《會稽記》、孔靈符《會稽記》、夏侯曾先《會稽記》」三種。

諸《會稽記》今皆亡佚。

朱育，考《三國志》卷五十七《吳書卷十二·虞翻傳》引《會稽典錄》曰：「孫亮時，有山陰朱育，少好奇字，凡所特達，依體象類，造作異字千名以上。」又《三國志》卷六十《吳書卷十五·鍾離牧傳》引《會稽典錄》曰：「牧之在濡須，深以進取可圖，而不敢陳其策，與侍中東觀令朱育宴，慨然歎息。」可知：朱育為會稽山陰人，於吳主孫亮（252～258）時官侍中東觀令，明毛詩〔註258〕，好奇字〔註259〕，與鍾離牧友善。

〔註258〕《隋書·經籍志一·經志》：《毛詩答雜問》七卷，吳侍中韋昭、侍中朱育等

—220—

　　賀循，《晉書》卷六十八有《傳》。按《晉書·賀循傳》，循，字彥先，會稽山陰人，「少玩篇籍，善屬文，博覽眾書，尤精禮傳。」歷官太子舍人、會稽相、吳國內史、軍諮祭酒、宗正、侍中，卒拜太常。循為人廉潔，尤明於《禮》。《晉書》卷十九：「元帝渡江，太興二年始議立郊祀儀。其制度皆太常賀循所定，多依漢及晉初之儀。」是晉元帝草創基業時的股肱之臣，「朝廷疑滯皆諮之於循，循輒依經禮而對，為當世儒宗」，深相倚重〔註260〕。太興二年卒，時年六十。

　　孔靈符，會稽山陰人。《宋書》卷五十四列傳十四《孔季恭傳》後附有《孔靈符傳》。靈符父孔季恭，本名靖，以字行。孔季恭於晉末投機政治，曲意禮接劉裕。隨劉裕不斷遷升，曾任吳興太守、會稽內史、領軍將軍等要職。劉裕篡晉後，即以之為侍中、特進、左光祿大夫，永初三年卒。由於孔季恭的緣故，靈符兄弟官曆顯位，家業豪富〔註261〕。山士，歷侍中，會稽太守。靈符，「元嘉末為南譙王義宣司空長史、南郡太守，尚書吏部郎。世祖大明初，自侍中為輔國將軍、郢州刺史〔註262〕，入為丹陽尹〔註263〕。靈符「愨實有材幹，不存華飾，每所蒞官，政績修理」，為丹陽尹時，因為山陰縣土境褊狹，民多田少，於是上書請徙無資之家於餘姚、鄞、鄮三縣界，墾起湖田，宋孝武帝令公卿博議。因為這樣做無異於同豪富搶奪民戶〔註264〕，故此以太宰江夏王劉義恭為首之諸臣，擡出種種理由，紛紛反對。但孝武帝力排眾議，從

撰。中華書局，1995 年版，第 916 頁。

〔註259〕《隋書·經籍志一·經志》：《異字》二卷，朱育撰。中華書局，1974 年版，第 942 頁。

〔註260〕《晉書》卷六《中宗元帝紀》：永嘉初，用王導計，始鎮建業，以顧榮為軍司馬，賀循為參佐，王敦、王導、周顗、刁協並為腹心股肱，賓禮名賢，存問風俗，江東歸心焉。中華書局，1974 年版，第 144 頁。

〔註261〕《宋書》卷五十四《孔靈符傳》：靈符家本豐，產業甚廣，又於永興立墅，周回三十三里，水陸地二百六十五頃，含帶二山，又有果園九處。中華書局，1974 年版，第 1533 頁。

〔註262〕《宋書》卷六《孝武帝紀》：「（孝建三年）十二月丙午，以侍中孔靈符為郢州刺史。」（中華書局，1974 年版，第 119 頁）《宋書》卷二十九《符瑞志下》：「大明三年五月甲申，白燕產武陵臨沅民家，郢州刺史孔靈符以聞。」（中華書局，1974 年版，第 841 頁）

〔註263〕《宋書》卷二十八：「大明四年二月乙巳，甘露降丹陽秣陵龍山，丹陽尹孔靈符以聞。」中華書局，1974 年版，第 822 頁。

〔註264〕如《宋書》卷五十四《孔靈符傳》劉義恭言「山陰豪傑富室，頃畝不少，貧者肆力，非為無處」。中華書局，1974 年版，第 1533 頁。

其徙民，果然使民「並成良業」。靈符自丹陽出爲會稽太守後，按《水經注》卷四十《漸江水》「北過餘杭，東入於海」注：「江南有上塘，陽中二里，隔在湖南，常有水患，太守孔靈符遏蜂山前湖以爲埭，埭下開瀆，直指南津，又作水楗二所以捨此江，得無淹潰之害。」又表現了他的治理才能。前廢帝景和（465）中，靈符因犯忤近臣，爲所讒構〔註265〕，遣使鞭殺之。二子湛之、淵之，於都賜死。靈符既生長於會稽，操吳音〔註266〕，又兼父兄並自己都曾爲其一郡之長，記其郡之山奇水異、物阜人賢，自在情理之中。

按《南齊書》卷五十三《良政・虞願傳》，虞願，字士恭，會稽餘姚人，建元元年卒，年五十四。是其《會稽記》其撰著於宋末。

夏侯曾先，史無記載，生平不詳。唐時撰述已引其書，且語涉梁武，當是陳、隋間人。

是吳末朱育、東晉初賀循、劉宋中葉孔靈符、劉宋末虞願、南朝末夏侯曾先等各有《會稽記》。朱育、賀循、孔靈符、夏侯曾先所撰《會稽記》，魯迅《會稽郡故書雜集》並有輯本。朱育《會稽記》言人物居多，故《新唐書》列之於傳記類。賀循《會稽記》，魯迅據《史記正義》、《宋書》、《輿地紀勝》等採得六條。夏侯曾先《會稽記》，魯迅據《嘉泰會稽志》、《太平寰宇記》等採得三十餘條。虞願《會稽記》，今無輯本，亦不見諸家徵引或著錄。因《水經注》惟引孔靈符《會稽記》，下面則專論靈符之《記》。

孔靈符《會稽記》，諸書徵引，或作孔靈符，或作孔曄。魯迅以爲「曄」當是靈符之名，如《射的諺》一條，《御覽》作「靈符」，《寰宇記》引作「曄」，而文辭無其異，知爲一人。《藝文類聚》或作「孔皐」，則「曄」傳寫之誤。魯迅的看法是有道理的。靈符父既以字行，而其兄山士與靈符名字中並無相同之字，或山士與靈符相承其父，均以字行。日華爲靈，意義通。故《太平御覽綱目》所列《會稽記》三種，實際上是兩種，而今考《太平御覽》僅引夏侯曾先《會稽記》一條，敍曹娥父溺事，餘皆作孔《會稽記》，或有數條但言《會稽記》而不出撰人者，亦多應是孔《記》。

〔註265〕今按：靈符嘗爲豫章王子尚撫軍長史，時爲人所糾。前廢帝立，以尚領尚書令。又前廢帝姊山陰公主行多不端，進爵會稽郡長公主。譖靈符之近臣，或爲二人歟？

〔註266〕《宋書》卷八十一《劉秀之傳》：「先是，宋世江東貴達者，會稽孔季恭，季恭子靈符，吳興丘淵之及（顧）琛，吳音不變」。中華書局，1974 年版，第2078 頁。

史家著錄外，今檢《冊府元龜》、《崇文總目》、鄭樵《通志》、晁公武《郡齋讀書志》、陳振孫《直齋書錄解題》、尤袤《遂書堂書目》諸宋代書目文獻，除鄭樵《通志》卷六十六著錄：「《會稽記》一卷，賀循撰」外，其餘並無著錄有《會稽記》者，是諸書亡佚已久。

孔靈符《會稽記》，除《水經注》外，《世說新語‧言語篇》注最早引。唐《藝文類聚》卷七《山部上‧總載山》引一條，卷八引兩條；《初學記》卷五引一條；《文選》卷三十一《江文通〈雜體詩〉》注、《文選‧顏延年〈和謝靈運詩〉》注等引五條；又《北堂書鈔》、張守節《史記正義》亦引之。宋《太平御覽》引最多，達三十餘條；《太平寰宇記》卷九十六引五條，卷九十八引一條；《嘉泰會稽志》卷六亦引十餘條，又《太平廣記》卷三百九十七、《海錄碎事》卷十三上《鬼神道釋部‧射的山》、《路史‧後紀》卷十二等並引之。唐諸書所引孔靈符《會稽記》，總數不及《太平御覽》一書所引，或其書宋初猶存歟？考明彭大翼《山堂肆考》卷十六《地理‧山》、卷二百十一《羽蟲‧鳳》等明清諸作所引，則無出唐宋諸書所引之外者，是其書已經亡佚矣。

（二）《會稽記》佚文補輯

孔曄《會稽記》輯本主要有宛委山堂本《說郛》、黃奭《漢學堂知足齋叢書‧子史鉤沈》、杜文瀾《曼陀羅華閣叢書‧古謠諺卷二十八》、魯迅《會稽郡故書雜集》諸家。

宛委山堂本《說郛》卷六十一所輯共六節，但其一爲：

> 孫興公、許玄度共在白樓亭，共商略先往名達。林公既非所關，
>
> 聽訖云：二賢故自有才情。亭在山陰，臨流映壑也。

按，《說郛》誤將《世說新語》文與注文相混淆。《世說新語》卷之下宋臨川王義慶撰、梁劉孝標注《賞譽第八》（下）：「孫興公、許玄度共在白樓亭（下注：《會稽記》曰：亭在山陰，臨流映壑也），共商略先往名達。林公既非所關，聽訖云：二賢故自有才情。」

黃奭《漢學堂知足齋叢書‧子史鉤沈》全同《說郛》本，係從《說郛》本抄來無疑。

杜文瀾《曼陀羅華閣叢書‧古謠諺卷二十八》僅輯有《射的山諺》一條，從《太平御覽》卷四十一輯出：

> （會稽）山有石室。云是仙人射堂。東亭巖有射的石。遠望的

的如射侯。形圓。視之如鏡。土人常以占穀食貴賤。射的明則米賤。
暗則米貴。諺曰：「射的白，斛一百；射的元，斛一千。」（《水經注》
作「斛米」）

魯迅《會稽郡故書雜集》輯孔孔靈符《會稽記》最詳，大約有六十多條。
今人劉緯毅《漢唐方志輯佚》亦輯有孔靈符《會稽記》，共輯得條，但不出魯
迅輯本之外。

今又採得諸家失輯者數條，茲錄之於下：

1. 上虞蘭室山，葛玄所隱之處，有隱几化為鹿。鹿鳴，即縣令有罪。

按，《獨異志》卷中引《會稽記》。

2. 葛玄得仙後，幾遂化為三足獸。至今上虞人往往於山中見此案几，蓋
欲飛騰之兆也。

按，《太平廣記》卷七七引孔懌《會稽記》。「懌」當為「曄」。

3. 城西門外百餘步，有怪山。越時起靈臺於山上，又作三層樓以望。

按，《太平御覽》卷四十七《地部十二·會稽東越諸山·龜山》：「《吳越
春秋》曰：怪山者，琅邪東武海中山也。一夕自來，百姓怪之，故曰怪山。
形似龜體，故謂龜山。孔曄《會稽記》曰：城西門外百餘步，有怪山。越時
起靈臺於山上，又作三層樓以望。

4. 雷門上有大鼓，圍二丈八尺，聲聞洛陽，孫恩之亂，軍入斫破，有雙
白鶴飛出，後不鳴。

按，宋樂史《太平寰宇記》卷九十六《江南東道》八引《會稽記》。又
引《湘州記》云：「泉陵山有大石鼓，云昔有神鶴飛入會稽雷門中，鼓因大
鳴。」

二十、南朝齊劉澄之《永初記》考

（一）《永初記》作者、歷代著錄情況及亡佚時代考

劉澄之，本為劉宋宗室，其父劉遵考，是劉裕的族弟。曾從劉裕北伐，
又助其篡晉。按《晉書》卷五十一《宗室傳·營浦侯遵考傳》「遵考無才能，
直以宗室不遠，故歷朝顯遇」，「元徽元年卒，時年八十二。」是知遵考生於
晉孝武帝太元十七年（391）。則澄之似應生於劉宋初，或即永初年間（420～
422）。

　　澄之既爲劉宋宗室，世被恩榮，故撰《永初記》以志劉宋輿圖。其弟琨之，爲竟陵王誕司空主簿，誕作亂，琨之不從而爲所殺，亦可見其對皇室的忠心。但澄之於「順帝昇明末貴達」，官驃騎長史。昇明元年（477）八月，始「以驃騎長史劉澄之爲南豫州刺史」〔註267〕。入齊，澄之官都官尚書〔註268〕。

　　劉澄之《永初記》，諸書或作《永初山川古今記》。《水經注》河水、獲水、汾水、轂水並稱《永初記》，夏水注作《永初山川記》。《初學記》文部、《太平御覽》地部並作《永初山川古今記》。《文選》苦熱行注、《初學記》天部稱《宋永初山川記》。《太平御覽》州部、居處部及《太平寰宇記》或省作《古今山川記》。名雖繁簡不一，書則一也。又，澄之，酈氏或稱「劉中書」。《隋書》卷三十三《經籍志二·史志》：「《永初山川古今記》二十卷齊都官尚書劉澄之撰」，又載「《司州山川古今記》三卷劉澄之撰」。《新唐書》卷五十八志四十八《藝文二》：「劉澄之《永初山川古今記》二十卷。」今又檢史志之外諸書目文獻，宋《冊府元龜》卷五百六十著錄：「劉澄之爲都官尚書，撰《永初山川古今記》二十卷。」《崇文總目》不著錄。南宋初鄭樵《通志》卷六十六著錄：「《永初山川古今記》二十卷，齊都官尚書劉澄之撰。《司州山川古今記》三卷劉澄之撰。」尤袤《遂書堂書目》、晁公武《郡齋讀書志》、陳振孫《直齋書錄解題》諸家不著錄。元代馬端臨《文獻通考》不著錄。明《文淵閣書目》、《百川書志》，清《千頃堂書目》皆不著錄。《太平御覽經史圖書綱目》並有《宋永初古今山川記》、劉澄之《宋初古今山川記》、劉澄之《江州記》、劉澄之《揚州記》、劉澄之《豫州記》。〔清〕姚振宗《隋書經籍志考證》卷二十一以爲諸書俱爲《永初山川古今記》中之一卷：「案宋武受禪，改元永初。永初之時，拓地稍廣。《宋書·州郡志》序言所據諸書有《永初郡國》，故篇中時以爲言，是書蓋總名《永初郡國記》，故《初學記》、《御覽》引劉澄之《揚州記》、《荊州記》、《江州記》、《豫州記》、《梁州記》、《廣州記》、《交州記》，而本志亦別出《司州山川古今記》三卷，皆是書之篇目也。」

　　姚氏所言，自不無道理，但《水經注》只引作《永初記》，不言劉澄之別《記》；又《御覽》分列劉澄之各《記》，故今但掇其《永初記》以考之。

〔註267〕見《宋書》卷十帝紀十《順帝紀》。中華書局，1974 年版，第 1482 頁。
〔註268〕《隋書》卷三十三《經籍志》：「《永初山川古今記》二十卷齊都官尚書劉澄之撰。」中華書局，1973 年版，第 984 頁。

劉澄之《永初記》,《水經注》引凡二十四條,最多。《後漢書》卷九《孝獻帝紀》梁劉昭補注引一條。隋杜公瞻《編珠》卷一《天地部》引一條。唐《初學記》引十一條張守節《史記正義》引一條,《文選》李善注引兩條。宋代《太平御覽》引六條,《太平寰宇記》引二十條。從《太平寰宇記》多引之這一點看,此書在北宋時或許還在,或漸亡佚。

(二)《永初記》佚文補輯

《永初記》輯本有王謨《重訂漢唐地理書鈔》、王仁俊《玉函山房輯佚書補編》、葉昌熾《擊淡廬叢稿》等。永初(420~422),南朝宋武帝年號。二王作《永初山川記》,葉作《永初山川古今記》。

王謨《重訂漢唐地理書鈔》本,共採得五十三條,為諸輯本中所輯條數最多者。除從《水經注》輯得二十一條外,又從《史記正義》輯得一條,從《文選》注輯得二條,從《初學記》輯得十一條,從《太平寰宇記》輯得十八條。王仁俊《玉函山房輯佚書補編》題《永初山川記》南齊劉澄之撰,從《寰宇記》卷一百四採得二條,為王謨本無:

1. 昭山有旋潭,深無底,是湘水最深之處。昔有人舟覆於此潭,其甌後於洞庭得之,即知暗通。

2. 長沙有寒泉,炎夏飲之,令人寒顫。

據《古佚書輯本目錄》,葉昌熾《擊淡廬叢稿》自《草堂詩箋》卷十三採得一條,今未能見。

又有不見諸本輯錄之《永初記》佚文者數條,今輯補如次:

1. 有水從沔陽縣,南至梓潼漢壽,人大穴,暗通岡山。

按,《水經注》卷二十《漾水》「出隴西氏道縣嶓冢山,東至武都沮縣為漢水」注引劉澄之語。

2. 劉澄之引是山(按:指梁山)以證梁父,為不近情矣。

按,見《水經注》卷八《濟水》「又東北過壽張縣西界,安民亭南,汶水從東北來注之」注。

3. 新安縣有金水。

按,隋杜公瞻《編珠》卷一《天地部》銀山金水:「《湘州記》曰:『曲江縣有銀山,山多素霧。』《永初山川記》曰:『新安縣有金水。』又戴祚《西征記》曰:『洛陽建春門外有金水,入金谷塢,石崇所居也。』」

4. 寧州瘴氣莽露，四時不絕。

按，《太平御覽》卷十五《天部十五》引《宋永初山川記》。

5. 商安縣西有羊山，山有燃石，黃色而理粗，以水灌之便熱若石灰，以
　　鼎置之，烹煮可熟。

按，《太平御覽》卷四十八《地部十三》引《宋永初山川記》。

6. 宛陵北有敬亭山，山有神祠，即謝朓賽雨賦詩之所。其神云梓華府君，
　　頗有靈驗。

按，《太平御覽》卷四十六《地部十一》引《宋永初山川記》。

7. 昭山下有旋潭，深無底，是湘水最深之處。昔有舟人覆於此潭，其槽
　　並甑有名題號，後於洞庭尋得，即知暗通也。

按，《太平御覽》卷四十九《地部十四》引《永初記》。

8. 漢水古為滄浪，即《漁父》所云滄浪之水清。今滄浪之水合流出鄖城
　　北界山，此蓋後人名之，非古滄浪也。

按，《太平御覽》卷六十五《地部三十》引《永初記》。

9. 鄱陽長壽山，山形似馬，白氣出於鞍中，不崇朝而雨。

按，《太平御覽》卷十一《天部十一》引《宋永初山川記》。

第三節　《水經注》所引故事性雜史傳記考

一、漢代《漢武帝故事》考

（一）《漢武帝故事》作者、歷代著錄及亡佚時代考

　　《隋書》卷三十三《經籍志二》：「《漢武帝故事》二卷。」《舊唐書》卷
四十六《經籍志上》：「《漢武故事》二卷」。《新唐書》卷五十八《藝文志二》：
「《漢武帝故事》二卷。」各書均不題撰者。《冊府元龜》不著錄此書，但卷
八十所云「上覽《漢武故事》，修葺舊祠」，則表明在宋眞宗景德、祥符年間
修撰《冊府元龜》時《漢武故事》還存於世。可是宋眞宗所見《漢武故事》，
未必是隋志及兩唐志所記載之二卷本，因爲稍後於《冊府元龜》的《崇文總
目》卷三著錄：「《漢武故事》五卷。」書的卷數由二卷增而至五卷，明顯是
後人有所附益。而《宋史》卷二百三《藝文二》：「班固《漢武故事》五卷。」

則認定書系班固所撰。

以是書屬之班固的說法，則早在《宋史》修撰之前。晁公武《郡齋讀書志》卷二下《史部‧傳記類》著錄：「《漢武故事》二卷。右世言班固撰，唐張柬之《書洞冥記後》云：《漢武故事》，王儉造。」這表明，宋時就有此書為班氏所作之說，而且是較為通行的說法。

今按，此書未必是班固所作。一，《後漢書‧班固傳》不云班固曾有此書。二，若班固確撰有此書，隋志及兩唐志斷不會遺漏作者。故云班氏作乃後人假託無疑。

張柬之言書為王儉造，當是有可能的。張柬之是唐太宗、高宗時人。唐初去齊梁未遠，當有所據。又《南齊書》卷二十三《王儉傳》：「儉長禮學，諳究朝儀，每博議，證引先儒，罕有其例。八座丞郎，無能異者。」「證引先儒，罕有其例」說明王儉為了言事或制禮等的需要，很可能偽造故事而託名前人，以便使「八座丞郎，無能異者」。《南齊書》王儉本傳記其「跪上前誦相如《封禪書》。上笑曰：『此盛德之事，吾何以堪之！』」可見他往往以前朝故事作為建言白事的手段。《漢武故事》很可能經過王儉的修正增補。故清代《山東通志》卷三十四就直接著錄：「王儉《漢武故事》二卷。」

按《南齊書》本傳，王儉，字仲寶，琅琊臨沂人。生於宋文帝元嘉二十八年（451），卒於齊武帝永明七年（489）。王儉幼為叔父王僧虔所養，及長，尚宋明帝陽羨公主。專心篤學，手不釋卷，仕宋時曾上表求校墳籍，依《七略》撰《七志》四十卷，又撰定《元徽四部書目》。深相攀結齊高帝蕭道成，齊高帝即位禮儀詔策，皆出於儉。入齊，為遷右僕射，領吏部。齊武帝亦「深委仗之」，王儉也每自比於謝安。惜年命不久，僅三十八歲而卒。

若說《漢武故事》完全由王儉杜撰，似乎也嫌武斷。如書中多有記述武帝興作之事，如蜚廉觀、延壽觀、通天台、道山宮、建章宮、鳳闕、漸臺、太液池、玉堂、神明臺、奇華殿、明光宮等等，描寫窮極華麗，不無炫耀之意。但《南齊書》王儉本傳載，蕭道成「壞宋明帝紫極殿，以材柱起宣陽門。儉與諸淵及叔父僧虔連名上表諫」，中有「臣聞德者身之基，儉者德之輿」、「陛下登庸宰物，節省之教既詔；龍袞璿極，簡約之訓彌遠」等語；又「宋世外六門設竹籬」，蕭道成改立都牆，儉又諫。可見《漢武故事》必不全出於王儉，應係前人本有此作，而王儉更續成之。黃廷覽《第六弦溪文集鈔‧跋重輯漢武故事》謂：「出成帝、哀帝間人之手，而後人又有附益」，大致不

錯。殆後人以《漢武故事》託名於固，並舉王儉之書而歸之也。

　　大約北宋時《漢武故事》的卷數就出現了舛誤，而諸書著錄又均不署撰人名號。故《太平廣記引用書目》、南宋尤袤《遂初堂書目》雜傳類著錄《漢武故事》，而無撰人和卷數。鄭樵《通志》卷六十七著錄：「《漢武故事》二卷。」也還是沿用《隋志》的說法。陳振孫《直齋書錄解題》不著錄。元代馬端臨《文獻通考》卷一百九十八著錄：「《漢武故事》二卷。晁氏曰：世言班固撰，唐張柬之《書洞冥記後》云：《漢武故事》，王儉造。」這自然是沿續《郡齋讀書志》的說法。明代楊士奇《文淵閣書目》無著錄，只卷二有「《漢武帝洞冥記》一部一冊。」明高儒《百川書志》不著錄。清黃虞稷《千頃堂書目》不著錄，但有十二卷《漢武帝內傳》、《外傳》。

　　《四庫全書》有《漢武故事》一卷，題漢班固撰。但正如《提要》所說：「如《藝文類聚》《三輔黃圖》《太平御覽》諸書所引甲帳珠簾、王母青雀、茂陵玉椀諸事，稱出《漢武故事》者，乃皆無之。又李善注《文選·西徵賦》引《漢武故事》二條，其一爲柏谷亭事，此本亦無之；其一爲衛子夫事，此本雖有之，而文反略於善注。」可見不是原本，而是輯本，係鈔合而成，又非王儉原本也。《提要》又稱：「錢曾《讀書敏求記》亦尚作二卷，稱所藏凡二本：一是錫山秦汝操繡石書堂本，一是陳文燭晦伯家本，又與秦本互異，今兩存之云云。兩本今皆未見，此本爲明吳管古今逸史所刻，並爲一卷，僅寥寥七八頁，蓋已經刊削，又非兩家之本，以其六朝舊帙，姑存備古書之一種云爾。」〔註269〕

　　《漢武故事》有時會成爲皇帝起居行事的參照。《四庫全書總目》卷八十一《史部》三十七《政書類》一：「志藝文者，有故事一類。其間祖宗創法，奕葉慎守者爲一朝之故事。後鑒前師，與時損益者，爲前代之故事。史家著錄，大抵前代事也。」歷朝多有參照《漢武故事》行事的記錄，如：宋范祖禹《唐鑒》卷三《太宗》：「突厥部落分散，其降唐者尚十萬口。詔群臣議區處之宜……溫彥博請準《漢武故事》，置降匈奴於塞下，使爲中國扞蔽。」又如《冊府元龜》卷三十六有「若依《漢武故事》，即非親射之儀」的說法。又如金代元好問《歸潛志》卷十：「宣宗興定六年夏，慧星出西方，長丈餘，朝廷下詔改元元光，據《漢武帝故事》以厭之。」《漢武帝故事》有時竟能夠成爲朝廷政事禮儀的根據，也就難怪有人出於干預政治的需要而對它進行附益

〔註269〕《四庫全書總目》卷一百四十二《子部》五十二《小說家類》三。

了。

就徵引情況來看，除《水經注》外，較早的是《三輔黃圖》〔註270〕。此外，隋代杜公瞻《編珠》引五條。唐代《藝文類聚》引二十二條；《初學記》卷十九、卷二十四引兩條；《白孔六帖》卷三十九引一條，敘汲黯事；李瀚《蒙求集注》卷下引一條，敘三朝不遇事。宋代《太平御覽》凡引四十七條，葉廷珪《海錄碎事》引三條，王應麟《玉海》引八條。

從諸書著錄、徵引及元好問《歸潛志》的記述情況，《漢武故事》至少在金末或宋末還存於世，但歷代或有刪補，而明清書目文獻不著錄，可見已經亡佚。《四庫》本《漢武故事》一卷殆為輯本。

（二）《漢武帝故事》佚文補輯

《漢武故事》輯本除《四庫》本外，有清洪頤煊《問經堂叢書‧經典集林》、王仁俊《玉函山房輯佚書補編》、《魯迅全集‧古小說鉤沈》等輯本。洪本、魯迅本所輯較諸本為詳，且所採互為有無，洪本以條錄之，魯迅本則連綴成文。

洪頤煊《經典集林》卷十五所輯為魯迅失採者有五條。魯迅《古小說鉤沈》第四集所輯可補洪本之闕者十九條。王仁俊《玉函山房輯佚書補編》所輯僅一條：

> 《漢武帝故事》云：帝齋七日，遣欒大將男女數十人至君山，得酒欲飲之，東方朔曰：「臣識此酒，請視之。」因即便飲，帝欲殺之。朔曰：「殺朔若死，此為不驗，若其有驗，殺亦不死。」帝赦之。

王仁俊採自《太平寰宇記》卷一百一十三。按，《太平御覽》卷四十九《地部十四》引同。又，庾仲雍《湘州記》也言及此事。

以下數條，不為諸家輯本所採，今列於次：

1. 上至郎署舍，見一老郎，鬚眉皓白，問何時為之。對曰：臣姓顏名駟，文帝時為郎。文帝好文而臣好武，景帝好老而臣尚少，陛下好少而臣已老，是以三朝不遇也。上感其言，擢為會稽都尉。一本作景帝好美臣貌醜。

按，唐李瀚撰宋徐子光注《蒙求集》注卷下引《漢武故事》。

2. 星辰動搖，東方朔謂民勞之應。

〔註270〕晁公武《讀書志》據所引劉昭《續漢志》注，定為梁陳間人作。

按，宋胡仔《漁隱叢話》前集卷十《杜少陵》五引《漢武故事》。又，宋魏慶之《詩人玉屑》卷七《用事》同。

3. 建章宮以香柏為之，香聞數十里。

按，宋葉廷珪《海錄碎事》卷四下《宮殿門·香柏》引《漢武故事》。

4. 上以琉璃珠玉明月夜光，雜錯天下珍寶為甲帳，次為乙帳。甲以居神，乙以自居。

按，宋葉廷珪《海錄碎事》卷五宋《衣冠服用部·衣服門》引《漢武故事》。

5. 玉堂去地十二丈，基階皆用玉。

按，宋程大昌《演繁露》卷九《玉堂》引《漢武故事》。

6. 《漢武故事》有鼎湖宮、宜春宮、谷口宮、望仙宮、通天宮。

按，見元方回續《古今考》卷二十八。

二、漢代《玄中記》考

（一）《玄中記》作者、歷代著錄及亡佚時代考

《玄中記》作者今已不可確考。羅萍《路史發揮二》引《玄中記》：

> 昔高辛氏有美女，未嫁。犬戎為亂，帝言曰：『有討之者，妻以美女，封三百戶。』帝之狗名盤瓠，亡三月而殺犬戎，以其首來。
>
> 帝以女妻之，不可教訓。浮之會稽東南得海中土，方三千里而封之。
>
> 生男為狗，生女為美人，是為犬封氏。

《路史》卷二注據此一節與郭璞《山海經注》同，謂此書即郭璞作。可備一說。按，《太平御覽》卷九百五《獸部十七·狗下》引《玄中記》同，《路史》當係據《太平御覽》轉引。

諸史志皆不著錄《玄中記》。宋代《崇文總目》著錄：「《玄中記》一卷，缺。」又檢宋《冊府元龜》、尤袤《遂書堂書目》、鄭樵《通志》、晁公武《郡齋讀書志》、陳振孫《直齋書錄解題》，元代馬端臨《文獻通考》，明代《文淵閣書目》、《百川書志》，清代《千頃堂書目》等諸書目文獻皆不著錄，知亡佚已久。宋仁宗嘉祐五年（1060）修《崇文總目》時是書既已經殘缺，至北宋中葉則已不存於世矣。

除《水經注》引《玄中記》外，隋代《北堂書鈔》引一條。唐代《藝文

類聚》引十七條,《初學記》引六條,《文選》注、《通典》、《白帖》亦有引及。宋代《太平御覽》引凡五十三條,《路史》注、《太平廣記》等書也有稱引。從《太平御覽》引《玄中記》最多,而《崇文總目》又著錄有殘本《玄中記》看,《太平御覽》之前諸書所引當錄自原書。

清葉德輝《郭氏玄中記》輯本序談到《玄中記》的特點時說:「小說家言,大率唐以前與宋以後劃若兩途。唐以前之書,崇尚博聞,所載怪異之事之物,今日多有可徵。宋以後之書,皆無稽之言,或侈談鬼神,染於釋氏因果之見,即偶徵異類,皆鑿空以臆揣度,不復求其出處。故後世尚小說者不得已而推取唐人。然唐人述劍俠,敘情感,雜錄宮闈瑣事、名人逸聞,文章則爾雅可觀,但以資於談助,無裨多識也。」葉德輝認爲《玄中記》等唐前作品「所載怪異之事之物,今日多有可徵」,這個說法是有道理的。但《玄中記》喜談詠奇瑰麗,又與《山海》、《十洲》諸書略相彷彿,誇飾虛構成分明顯多於事實內容,故而完全可以歸屬於小說一類作品。

(二)《玄中記》輯本佚文考

《清史稿》卷一百四十七:「郭氏《玄中記》一卷,馬國翰輯。」《郭氏玄中記》輯本,除馬國翰《玉函山房輯佚書‧子編小說家類》外,還有宛委山堂本《說郛》卷六十、商務印書館本《說郛》卷四《墨娥漫錄》、茆泮林《十種古逸書》;黃氏《黃氏逸書考‧子史鈎沈》、葉德輝《觀古堂所著書第二集》、魯迅《古小說鈎沈》等諸家。

商務印書館本《說郛》卷四《墨娥漫錄》所輯共四條,宛委山堂本《說郛》卷六十所輯共十五條。諸輯本中尤以葉德輝本及魯迅輯本爲最備。

葉德輝《郭氏玄中記》序:

> 後見茆泮林《十種古逸書》、馬國翰《玉函山房輯佚書》諸子書中有此種,取校餘本,乃知茆、馬掛漏甚多。其中如《醫心方》、《莊子》成玄英疏、《玉燭寶典》等書,近日始出自海東,當時固無由見,然如宋人《古玉圖譜》、《經史類證本草》之屬,亦未檢及;即《書鈔》《御覽》所引且有遺而未採者,則疏漏之過也。況所引諸書增刪校補,核與原文不符,似非輯書之善法。今余此本,以各書所引完者居首,而以刪節有異者低附逐條之後,俾讀者一覽周知,可省複檢之力。吾知此本出,則凡異域殊方所出珍寶、動植之類,皆可即物以證耳目之見聞,而五金之精之化形,可以補早人之所未

載，則是書或亦談格致者所必祖歟？

可見葉氏亦頗以此輯本自負。

但葉氏輯本還是不如後來魯迅的輯本探錄全面。魯迅《古小說鈎沈》第五集所輯但為葉本所無者有三條：

1. 刑天與帝爭神，帝斷其首，葬之常羊山；乃以乳為目，以臍為口。

2. 千歲之鶴，隨時鳴。

3. 越燕，斑胸，聲小；胡燕，紅襟，聲大。

《古佚書輯本目錄》言「荊州有樹名烏臼，實如胡麻子，其汁如脂，其味亦如豬脂味也」一節，也為葉本無，非也，葉本並輯此條。

但魯迅亦有失探者。下面一條是葉德輝《觀古堂所著書第二集》所輯而為魯迅本所失探者：

> 蝙蝠百歲者倒懸，得而服之，使人神仙〔註271〕。

《古佚書輯本目錄》言「今人正朝作兩桃人」一節為魯迅本所無，誤，魯迅本並有該條。

今又採得三條，諸輯本所不錄，今輯補於下：

1. 《玄中記》曰：夫自稱山嶽神者必是蟒蛇，自稱江海神者必是黿鼉魚鱉，自稱天地父母神者必是貓狸野獸，自稱將軍神者必是熊羆虎豹，自稱仕人神者必是猨猴獼玃，自稱宅舍神者必是犬羊豬犢門戶井竈破器之屬。妖魅假形，皆稱為神，驚恐萬姓，淫鬼之氣，此皆經之所載，傳之明驗也。（梁釋僧祐《弘明集》卷十四釋竺道爽《檄太山文》）

2. 魏濬引《玄中記》云：堯時有何侯者，隱蒼梧山，至夏禹已二百餘歲，五帝賜之藥一器，家人三百餘口同升，今為太極真人。（清汪森《粵西文載》卷十四）

3. 《玄中記》：殷太戊使王英林樂於西王母，至此絕糧，不能進，乃食木實，衣以木皮，終身無妻，產二子，從背而出，是為丈夫民，去玉門二萬里。又扶桑東千餘里有女國，容貌端正，色甚潔白，體有毛髮，長委地。至二三月，競入水，則妊娠，六七月產子。女人胸無乳，項後生毛，根白，毛中有汁以乳子，百日能行，三四年則成人矣。（明徐應秋《玉芝堂談薈》卷十《女子男飾》）

〔註271〕此條《水經注・夷水注》引。

三、漢代《列士傳》考

（一）《列士傳》作者、歷代著錄及亡佚時代考：

《隋書》卷三十三《經籍志》：「《列士傳》二卷，劉向撰。」又說：「劉向典校經籍，始作《列仙》、《列士》、《列女》之傳，皆因其志尚，率爾而作，不在正史。」《新唐書》卷五十八《藝文志》：「劉向《列士傳》二卷。」今檢宋代《崇文總目》、鄭樵《通志》、尤袤《遂書堂書目》、晁公武《郡齋讀書志》、陳振孫《直齋書錄解題》，元代馬端臨《文獻通考》，明代楊士奇等《文淵閣書目》、高儒《百川書志》，清代黃虞稷《千頃堂書目》等，均無著錄。惟清代《陝西通志》卷七十四著錄：「《列士傳》二卷，劉向撰。」《江西通志》著錄：「《列士傳》二卷。」

又《冊府元龜》卷二百七十，又卷五百五十四著錄：「《烈士傳》，劉珍等撰。」按，此書名作「烈」而非「列」，又《烈士傳》蓋其省稱也，全稱爲《中興以下名臣烈士傳》。《後漢書》卷四十四《宗室四王三侯列傳第四·齊武王演傳》附子北海靜王興傳唐章懷太子賢注：「毅等皆宗事之。復子騊駼及從兄平望侯毅，並有才學。永寧中，鄧太后召毅及騊駼入東觀與謁者僕射劉珍著《中興以下名臣烈士傳》，騊駼又自造賦頌書論凡四篇，與平望侯毅並在《文苑傳》。」又宋王欽若等《冊府元龜》卷二百七十：「臨邑侯復，光武兄伯升孫也，好學能文章。永平中，每有講學事，輒令復典掌焉，與班固賈逵共述《漢史》，傅毅等皆宗事之。復子騊駼及從兄平望侯毅，並有才學。永寧中鄧太后召毅及騊駼入東觀，與謁者僕射劉珍著《中興以下名臣烈士傳》。」此書今亦早亡佚，也不見諸書徵引。

諸書所引《列士傳》或作劉向撰，或不署撰人，但亦當是向書。

從諸書所引《列士傳》情況看，除《水經注》外，隋代《北堂書鈔》武功部、衣冠部引二則；唐代《藝文類聚》天部、人部、服飾部、鳥部、木部引五則，《後漢書·申屠剛傳》注、《文選》盧子諒覽古詩注、《文選·鄒陽獄中上書》注並引存；宋代《太平御覽》居處部、兵部、人事部等共引十八則。《太平御覽》後諸書未有引《列士傳》而出於前代諸書所引之外者，說明《列士傳》在北宋中後期即已亡佚。

《漢書》卷三十六《楚元王劉交傳》附有《劉向傳》。劉向字子政，本名更生，本爲漢宗室。向父德，德父辟彊，辟彊父富，富父即楚元王交。劉交字游，是高祖的同父少弟，好書，多材藝，少時嘗從荀子門人浮丘伯受

《詩》。薨，以子郢客嗣。景帝即位，以元王諸子爲侯，劉富爲休侯。七國亂時，富數諫楚王，不從，懼奔京師，亂平後更封爲紅侯，傳國至曾孫。劉辟彊亦好讀《詩》，能屬文。劉德修黃、老術，有智略。看來劉向之精於《五經》之學、諳於陰陽術，自是受到了其父祖的影響。

　　劉向以文章、儒術秀出，「爲人簡易無威儀，廉靖樂道，不交接世俗，專積思於經術，晝誦書傳，夜觀星宿，或不寐達旦。」宣帝時招選名儒俊材置左右，劉向以通達能屬文辭進對，獻賦頌凡數十篇。時初立《穀梁春秋》，徵之受《穀梁》，講論《五經》於石渠。元帝初即位，劉向與太傅蕭望之、少傅周堪、侍中金敞同心輔政，數遭外戚許、史及宦官弘恭、石顯等的譖毀、排擠和打擊，遂廢十餘年，「著《疾讒》、《摘要》、《救危》及《世頌》，凡八篇，依興古事，悼己及同類也。」成帝即位，石顯等伏罪，劉向始得進用，由「更生」更名向，領校中《五經》秘書〔註272〕，苦外戚王氏用權，「乃集合上古以來歷春秋六國至秦、漢符瑞災異之記，推跡行事，連傳禍福，著其占驗，比類相從，各有條目，凡十一篇，號曰《洪範五行傳論》」，「發明《大傳》，著天人之應」。漢哀帝建平三年，年七十二卒。

　　劉向著述頗豐，除《列士傳》二卷外，還有《五行傳記》十一卷，賦三十三篇〔註273〕，《讚》一卷，錄《戰國策》三十二卷，《列女傳》十五卷，《列仙傳讚》三卷〔註274〕，《五經雜義》七卷，《五經要義》五卷，《七略別錄》二十卷〔註275〕，《新序》三十卷，《九章重差》一卷，《集》五卷〔註276〕等。

（二）《列士傳》佚文補輯

　　《列士傳》輯本有王仁俊《玉函山房輯佚書補編》、商務印書館本《說郛》卷七《諸傳摘玄》（《古佚書輯本目錄》未列）兩種。

　　王仁俊《玉函山房輯佚書補編》僅據《逸珝玉集》十二採得一節，敍伯夷兄弟隱居首陽山事。商務印書館本《說郛》卷七《諸傳摘玄》採錄兩條，敍朱亥、荊軻事。

　　今又輯得諸本失採者數條，列之於下：

〔註272〕《漢書》卷三十《藝文志》：「至成帝時，以書頗散亡，使謁者陳農求遺書於天下。詔光祿大夫劉向校經傳諸子詩賦。」中華書局，1965年版，第1701頁。
〔註273〕以上《漢書》卷三十《藝文志》。中華書局，1965年版，第1701頁。
〔註274〕以上《隋書》卷三十二《經籍志》。中華書局，1973年版，第978頁。
〔註275〕以上《舊唐書》卷四十六《經籍志上》。中華書局，1988年版，第2011頁。
〔註276〕以上《舊唐書》卷四十七《經籍志下》。中華書局，1988年版，第2038頁。

1. 隱陵君施酒文臺。(《史記》卷四十四《魏世家第十四》司馬貞《索隱》)

2. 設九牢於廷。(《史記》卷八十一《廉頗藺相如列傳》司馬貞《索隱》)

3. 徐衍，周之末世人。(《史記》卷八十三《魯仲連鄒陽列傳》「徐衍負石入海」句裴氏《集解》)

4. 鮑焦怨世不用己，採蔬於道。子貢難曰：「非其代而采其蔬，此焦之有哉？」棄其蔬，乃立枯洛水之上。(《史記》卷八十三《魯仲連鄒陽列傳》司馬貞《索隱》)〔註277〕

5. 孟嘗君食客三千人，上客食肉，中客食魚，下客食菜。馮援經冬無袴，面有饑色。(《太平御覽》卷六百九十五《服章部十二·袴》)〔註278〕

6. 羊角哀、左伯桃二人相與為死友。欲仕於楚，道遙山阻，遇雨雪不得行，飢寒無計，自度不俱生也。伯桃謂角哀曰：『天不我與，深山窮困並在，一人可得生，官俱死之，後骸骨莫收，內手捫心，知不如子，生恐無益，而棄子之器能，我樂在樹中。』角哀聽伯桃入樹中而死，得衣糧，前至楚。楚平王愛角哀之賢，嘉其義，以上卿禮葬之。竟，角哀夢見伯桃曰：『蒙子之恩而獲厚葬，然正苦荊將軍家相此，欲役使吾。吾不能聽也，與連戰，不勝。今月十五日當大戰，以決勝負。得子則勝，否則負矣。』角哀至期日，陳兵馬詣其冢上，作三桐人，自殺，下而從之。君子曰：執義可為世規。(《太平御覽》卷四百二十二《人事部六十三·義下》引《列士傳》)〔註279〕

7. 干將莫耶為晉君作劍，三年而成。劍有雄雌，天下名器也。乃以雌劍獻君，留其雄者，謂其妻曰：「吾藏劍在南山之陰，北山之陽，松生石上，劍在其中矣。君若覺殺我，生男以告之。」及至，君覺，殺干將。妻後生男，名赤鼻，具以告之。赤鼻斫南山之松，不得劍。思，於屋柱中得之。晉君夢一人，眉廣三寸，辭欲報讎，購求甚急。乃逃朱興山中，遇客欲為之報，乃刎首，將以奉晉君。客令鑊煮之頭三日。

〔註277〕《文選》卷三十九《鄒陽獄中上書》「此鮑焦所以忿於世而不留富貴之樂也」句李善注引《列士傳》曰同。此事又見《莊子》及《說苑》、《韓詩外傳》，小有不同。

〔註278〕又《北堂書鈔·衣冠部》引。

〔註279〕又《太平御覽》卷五百五十八《禮儀部三十七·冢墓二》引較略。又《後漢書·申屠剛傳》注亦嘗引之。《後漢書》：「左雄，字伯豪，涅陽人。」左伯桃當是指此人，《水經注》卷二十九作左伯豪。

三日，跳不爛。君往觀之，客以雄劍依擬君，君頭墮鑊中。客又自刎，三頭悉爛，不可分別，分葬之，名曰三王冢。（《太平御覽》卷三百四十三《兵部》）〔註280〕

8. 燕丹使田光往候荊軻，值其醉，唾其耳中，軻覺曰：此出口入耳之言，必大事也，則往見光。（《藝文類聚》卷十七《人部》）〔註281〕

9. 孟嘗君食客三千人，齊市有乞食馮諼，經冬無褲，面有饑色。（《太平御覽》卷二十六《時序部十一》）

10. 延陵季子，解寶劍帶徐君墓柏樹。（《藝文類聚》卷八十八《木部》）〔註282〕

11. 魏公子無忌方食，有鳩飛入案下，公子使人顧望，見一鷂在屋上飛去，公子乃縱鳩，鷂逐而殺之，公子暮為不食，曰：鳩避患歸無忌，竟為鷂所得，吾負之，為吾捕得此鷂者，無忌無所愛，於是左右宣公子慈聲旁國，左右捕得鷂二百餘頭，以奉公子，公子欲盡殺之，恐有辜，乃自按劍至其籠上曰：誰獲罪無忌者耶，一鷂獨低頭，不敢仰視，乃取殺之，盡放其餘，名聲流佈，天下歸焉。（《藝文類聚》卷九十一《服飾部》）〔註283〕

12. 吳王闔閭畏王僚之子慶忌，作石室銅戶以備之。（《太平御覽》卷一百八十四《居處部》）

四、魏王粲《英雄記》考

（一）王粲《英雄記》的歷代著錄情況及亡佚時代考

　　《隋書》卷三十三《經籍志》：「《漢末英雄記》八卷，王粲撰，殘缺。梁有十卷。」按，可見隋唐時此書已有殘佚。《舊唐書》卷四十六：「《漢末英雄記》十卷，王粲等撰。」《新唐書》卷五十八：「王粲《漢書英雄記》十卷。」按，「漢書」當爲「漢末」之誤。兩唐《志》並作十卷，反多出隋《志》所著錄八卷，《舊唐書》又題「王粲等撰」，可見或許有人對此書有所輯補。宋代

〔註280〕《列異傳》曰「莫耶爲楚王作劍，藏其雄者。」《搜神記》亦曰「爲楚王作劍」，餘悉同也。
〔註281〕清陳厚耀《春秋戰國異辭》卷三十二引之。
〔註282〕又《太平御覽》卷九百五十四《木部三‧柏》引《列士傳》同。
〔註283〕《太平御覽》九百二十六《羽族部十三‧鷂》引同。

《冊府元龜》卷五百五十五著錄：「王粲爲侍中，撰《漢末英雄記》八卷。」如果《新唐書》及《冊府元龜》的修撰者都確曾目驗過《漢末英雄記》，則此書在宋初應有十卷、八卷兩種本子。而鄭樵《通志》卷六十五著錄：「《漢末英雄記》十卷，王粲撰。」則或許是根據兩唐《志》的著錄情況而來，未必目驗過原書。因爲《崇文總目》及南宋尤袤《遂書堂書目》、晁公武《郡齋讀書志》、陳振孫《直齋書錄解題》都不曾著錄《漢末英雄記》，後世書目文獻如元代馬端臨《文獻通考》，明代《文淵閣書目》、高儒《百川書志》，清代黃虞稷《千頃堂書目》也都無著錄。故很有可能《漢末英雄記》原本在北宋末或南宋初就已經亡佚。

　　《水經注》作《英雄記》，《漢末英雄記》之省名也。清代《四庫全書總目提要》卷六十一《史部》十七《傳記類‧存目三》：「粲卒於建安中，其時黃星雖兆，玉步未更，不應名書以《漢末》，似後人所追題。然考粲《從軍詩》中已稱曹操爲聖君，則儼以魏爲新朝，此名不足怪矣。」按，今《漢魏叢書》有《英雄記》，係後人採輯，多疏漏，不足據也。唐代《藝文類聚》引此書凡八條，而宋代《太平御覽》引則多達五十八條，足見宋太宗太平興國年間此書還在。但《太平御覽綱目》誤作《漢宋英雄記》，又重出作王粲《英雄記》，二者實則一書也。

　　王粲事跡，可見《三國志‧魏書》卷二十一《王衛二劉傅傳》。王粲字仲宣，山陽高平人，生於漢靈帝熹平五年（176），卒於漢獻帝二十二年春建安二十二年（217）春，年四十一。曾祖父龔，祖父暢，皆爲漢三公。初闢司徒府，除黃門侍郎，以西京擾亂，不就。至荊州依劉表。表卒，王粲勸劉琮投降曹操。荊州平，曹公辟王粲爲丞相掾，封關內侯，遷軍謀祭酒，進侍中。王粲博物多識，問無不對。始時，深得名儒蔡邕賞識，蔡以爲王粲之才在己之上，並說：「吾家書籍文章，盡當與之。」故《郡齋讀書志‧序》稱「魏王粲爲蔡中郎所奇，盡得其家書籍文章，故能博物多識，問無不對。」「善屬文，舉筆便成，無所改定。《郡齋讀書志》卷第四上：「（王粲）著詩賦論議垂六十篇，今集有八十一首。按唐《藝文志》，粲集十卷，今亡兩卷，其詩文反多於史所記二十餘篇，不曉其故。」王粲另有《去伐論集》三卷，《漢末英雄記》十卷。又《隋書》卷三十二《經籍志》：「《尙書釋問》四卷，魏侍中王粲撰。」

（二）王粲《英雄記》輯本佚文考

　　《隋志》著錄《漢末英雄記》，已注云殘缺，可見其本久佚。除《說郛》

外，最早的輯本應是王世貞抄本。清代《四庫全書總目提要》卷六十一《史部》十七《傳記類・存目三》云該本「乃王世貞雜抄諸書成之，凡四十四人，大抵取於裴松之《三國志》注爲多。如《水經注》載白狼山曹操敲馬鞍作十片事，本習見之書，乃漏而不載；又如築易京本公孫瓚事，乃於瓚外別出一張瓚，以此事屬之，不知據何誤本，尤疎舛之甚矣。」

公孫瓚築易京事，見《三國志》卷八《魏書八》裴注：

> 《英雄記》曰：先是有童謠曰：「燕南垂，趙北際，中央不合大如礪，惟有此中可避世。」瓚以易當之，乃築京固守。瓚別將有爲敵所圍，義不救也。其言曰：「救一人，使後將恃救不力戰；今不救此，後將當念在自勉。」是以袁紹始北擊之時，瓚南界上別營自度守則不能自固，又知必不見救，是以或自殺其將帥，或爲紹兵所破，遂令紹軍徑至其門。

其實此條，元代陶宗儀《說郛》宛委山堂本卷五十七所輯已經輯錄，並屬之於張瓚名下。王世貞抄本大概就是根據這個輯本，也把它屬之於張瓚而不及詳察也。而後來黃奭《漢學堂知足齋叢書・子史鈎沈・史部雜史類》所輯則以之還原於公孫瓚名下。

《說郛》宛委山堂本卷五十七有《英雄記》輯本，所輯共四十餘人事跡，未注出處；《五朝小說大觀・魏晉小說雜傳家》、《增訂漢魏叢書・別史》亦同。其中有爲黃奭《漢學堂知足齋叢書・子史鈎沈・史部雜史類》等所不輯收者，如劉表一事、劉備二事、袁紹一事、諸葛亮一事、張遼二事、文聘一事、許楮一事、王修一事、孔融一事、華歆一事、張昭一事、顧雍一事、張一事、周瑜一事、魯肅一事、黃蓋二事、甘寧三事、丁奉一事、虞翻一事，共十九人二十四則事跡。以上諸條，現在則多不知陶宗儀氏據何書輯採。陶氏所採之書元代或許還有，今則亡佚，未可得知。因而，黃氏本不輯收。其中不乏描寫生動的小故事。

但此輯本也有一些明顯的錯誤。如其本中有張瓚二事、楊性一事，乃明顯舛誤。張瓚當爲公孫瓚，已見前論。楊性則當爲張楊，見《三國志》卷八《魏書八》裴注：

> 《英雄記》曰：楊性仁和，無威刑。下人謀反，發覺，對之涕泣，輒原不問。

《魏志》此節敍張楊事。張楊字稚叔，雲中人也。裴注所引是說張楊生

性仁和，但《說郛》本誤將「楊性」二字作人名。

《說郛》本還有時將裴注引他書者誤作《英雄記》文，如孔某條後「孔公緒能清談高論，噓枯吹生。」本張峯漢紀載鄭泰說卓語，《說郛》誤作《英雄記》文。袁遺條後「太祖稱『長大而能勤學者，惟吾與袁伯業耳。』語在文帝《典論》」，《說郛》亦誤作《英雄記》文。

黃奭《漢學堂知足齋叢書·子史鈎沈·史部雜史類》、《黃氏逸書考·子史鈎沈》據《三國志》注等採得五十餘人事跡，頗爲完備。其中有許多可補《說郛》宛委山堂本之闕。

黃奭本也有錯輯者。如《趙浮》條：

> 紹在朝歌清水口，浮等從後來，船數百艘，眾萬餘人，整兵駭鼓過紹營。紹甚惡之，浮等到，謂馥曰：「袁本初軍無斗糧，各欲離散，旬日之間，必土崩瓦解。將軍但閉戶高枕，何憂何懼？」

按，《三國志》卷六《魏書六》裴注引《九州春秋》。黃奭誤作《英雄記》引。

杜文瀾《曼陀羅華閣叢書·古謠諺卷十七》據《續漢書·五行志》注採得《英雄記》佚文一節，即《後漢末京師謠歌》：「獻帝臘日生也。河臘叢進。」按，《漢魏叢書》列《英雄記》，未載此條。此條爲《說郛》本無，但在黃輯本內。

又檢得諸本失採者二條，今輯補：

1. 《太平御覽》卷九百《獸部十二·牛下》引《英雄記》曰：董卓少嘗遊羌中，與豪帥相結，後更歸耕於野。諸豪帥有來從之者，卓乃為殺耕牛，與之共宴樂。

2. 《太平御覽》卷二百五十二《職官部五十·尹》引《英雄記》曰：董卓廢少帝，自公卿已下莫不卑下於卓，唯京兆尹蓋勳長揖爭禮，見者皆為失色。

五、魏晉《列異傳》考

（一）《列異傳》作者、歷代著錄及亡佚時代考

《隋書·經籍志》序：「魏文帝作《列異》以序鬼物奇怪之事」。《隋書》卷三十三《經籍志二》史部雜傳類：「《列異傳》三卷，魏文帝撰。」宋鄭樵

《通志》卷六十五著錄:「《列異傳》三卷,魏文帝撰。」魏文帝曹丕,字子桓,武帝長子。建安十六年爲五官中郎將,二十二年立爲魏太子,二十五年正月嗣魏王位,改建安爲延康,十一月受禪,改元黃初。在位七年,諡曰文皇帝,廟號高祖。有《典論》五卷,集二十三卷。

　　《水經注》等諸書引《列異傳》多不署名。但諸書徵引或有作「魏文帝《列異傳》」者,如《後漢書・光武紀》注、《初學記・服飾部》及卷二十八《果部》、《太平御覽》卷八百八十二《神鬼部二・神下》並引魏文帝《列異傳》。由諸書著錄或徵引情況看來,魏文帝撰有《列異傳》三卷,應繫事實。

　　但《舊唐書》卷四十六《經籍志》上《史部・小說類》:「《列異傳》三卷,張華撰。」《新唐書》卷五十九《藝文志》三《史部・小說類》:「張華《博物志》十卷,又《列異傳》一卷。」《冊府元龜》卷五百五十五著錄;「張華撰《列異傳》三卷。」張華字茂先,范陽方城人。仕魏爲太常博士,除著作佐郎。遷長史兼中書郎。晉受禪,拜黃門侍郎,封關內侯,遷中書令,加散騎常侍,尋爲度支尚書。吳平,進封廣武縣侯,出爲幽州都督,領護烏桓校尉安北將軍,徵爲太常,免。惠帝即位,以爲太子少傅,拜右光祿大夫侍中、中書監,封壯武郡公,拜司空,領著作。爲趙王倫矯詔所殺。有《博物志》十卷,《雜記》五卷,又《雜記》十一卷,《集》十卷。

　　諸徵引書無作「張華《列異傳》」者。《晉書・張華列傳》亦未言張華著此書。但是,我們就以此斷定張華初無與於《列異傳》而唐《志》所記有誤,則也有武斷之嫌。侯康《補三國藝文志》卷四《小說類》言及魏文帝《列異傳》時說:

　　　　裴氏注《三國志》,凡兩引此書。華歆傳引一條,記歆自知當爲公。蔣濟傳引一條,記濟亡兒爲泰山錄事,唯濟於齊王時始徙領軍將軍,而書中有以濟爲領軍之語,則非出自文帝。又《御覽》卷七百七引一條景初時事,卷八百八十四引一條甘露時事,皆在文帝後,豈後人又有增益耶?又據《史記・封禪書》索隱引一條秦穆公獲陳寶,《水經注・渭水注》、《後漢書・武帝紀》注引一條記秦文公梓樹化爲牛,則所載不獨時事也。

　　姚振宗《隋書經籍志考證》以爲,當爲魏文帝撰,而張華續成之,後人遂並二書爲一。這個說法頗有道理。張華雅好書籍,「天下奇秘,世所希有者,悉在華所,由是博物洽聞,世無與比。」又喜驚所未聞,異所未見。《全

晉文》卷五引王子年《拾遺記》云張華「才綜萬代，博識無倫，遠冠羲皇，近次夫子。然記事採言，亦多浮妄。」《晉書》所載張華識海梟毛、龍肉、蛇化雉、蜀桐鳴吳石諸事，皆張華列奇異以示多聞之例也。以張華之學識、愛好，見文帝《列異傳》，極有可能因其體例而續成之。

《太平御覽》引《列異傳》二十六則，《太平廣記》也引其事十餘條，是知其書在北宋初猶存世。但南宋尤袤《遂初堂書目》、晁公武《郡齋讀書志》、陳振孫《直齋書錄解題》，元代馬端臨《文獻通考》，明代《文淵閣書目》、《百川書志》等皆已不著錄此書，可見於南宋書即亡佚。

（二）《列異傳》佚文輯考

《列異傳》輯本有魯迅《古小說鉤沈》、《舊小說甲集》兩種輯本。

魯迅《古小說鉤沈》題魏曹丕撰，凡採得四十九條，為：

《黃帝劍》（《太平御覽》卷六百九十七引）、《陳寶祠》（《三家注史記》卷二十八《封禪書第六》索隱，《藝文類聚》卷九十，《太平御覽》卷三百七十五、卷九百一十七、卷九百五十四，《太平廣記》卷四百六十並引）、《怒特祠》（《水經注》卷十七、《藝文類聚》卷九十四並引）、《旄頭騎》（《閱微草堂筆記》卷十三《槐西雜誌三》引）、《干將莫邪》（《太平御覽》卷三百四十三引）、《鵷異》（《太平廣記》四百六十引）、《魯少千》（《太平廣記》卷四百五十六引）、《公孫達》（《太平御覽》卷八百八十四、《太平廣記》卷三百一十六並引）、《欒侯》（《太平廣記》卷二百九十二《神二》引）、《鮮于冀》（《太平御覽》卷八百三十六引）、《壽光侯》（《太平御覽》卷九百三十四引）、《鵠奔亭》（《文選》卷三十九引）、《鮑氏驄》（《太平御覽》卷二百五十、卷八百一十二，《樂府詩集》卷八十五引《列異傳》。《北堂書鈔》卷六十一及《太平御覽》八百九十七引作《列異記》)、《費長房又能縮地脈》（《藝文類聚》卷七十二及《太平御覽》卷八百六十二並引）、《費長房能使鬼神》（《太平御覽》卷八百八十二、《太平廣記》卷二百九十三並引）、《費長房知魅》（《太平廣記》卷四百六十八引）、《馮夫人》（《藝文類聚》卷三十五引）、《蔣子文》（《太平御覽》卷三百七十五引）、《胡母班》（《太平御覽》卷六百九十七引）、《度索君》（《藝文類聚》卷八十六、《初學記》卷二十八《果部》，《太平御覽》卷九百六十八、卷八百八十二並引）、《華歆》（《三國志》卷十三《魏書十三》裴注，《太平御覽》卷三百六十一、卷四百六十七並引）、《蔣濟兒》（《三國志》卷十四《魏書十四》裴注，《太平廣記》卷二百七十六引）、《火浣衫》（《初學

記》卷二十六、《太平御覽》卷三百九十九並引）、《劉卓》（《敦煌石室所出唐人寫本類書殘卷》引）、《湯聖卿》（《太平御覽》卷五百三十二、卷七百四十三引）、《細腰》（《太平御覽》卷七百六十二、《太平廣記》卷四百引）、《宋定伯》（《太平御覽》卷三百八十七、卷八百八十四，《太平廣記》卷三百二十一引）、《荻鼠》（《太平廣記》卷三百六十引）、《獵人化鹿》（《太平御覽》卷八百八十八引）、《營陵道人》（《文選》卷三十一「我慚北海術」句注及《太平御覽》卷八百八十四並引）、《拔杖復生》（《太平御覽》卷七百一十引）、《弦超》（《太平御覽》卷七百六十一引）、《泰山環》（《太平御覽》卷三百四十五引）、《青襦》（《太平御覽》卷六百九十五引）、《麻姑》（《太平御覽》卷三百七十五引）、《蔡經》（《太平御覽》卷三百七十引）、《盧君》（《北堂書鈔》卷七十六引）、《石侯祠》（《太平御覽》卷五十一《地部十六》引）、《談生》（《太平廣記》卷三七五引）、《蔡支妻》（《太平廣記》卷三百七十五引）、《鬼客》（《太平御覽》卷九百七十八引）、《狸髡》（《太平御覽》卷二百五十引）、《紫玉赤玉》（《太平廣記》卷四百一引）、《文納》（《太平御覽》卷七百七、卷七百六十引）、《鼠冠》（《藝文類聚》卷九十五、《太平御覽》卷八百八十五、卷九百一十一逼並引）、《鯉魅》（《太平廣記》卷四百六十九引）、《望夫石》（《太平御覽》卷八百八十八引）、《廬山野鵝》（《太平御覽》卷九百一十九引）、《紫氣浮關》（《史記‧老莊申韓列傳》索隱引）。

《舊小說甲集》題晉張華撰，所輯共七條，《何文》《彭城男子》《欒侯》《談生》《宋定伯》《公孫述》六條爲魯迅輯本所有。但《泰山黃原》不在魯迅輯本內：

> 漢時泰山黃原，平旦開門，忽見一青犬，在門外伏，守備如家養。原綜犬隨鄰里獵。日垂夕，見一鹿，便放犬，犬行甚迅，原絕力逐不及。行數里，至一穴，入百餘步，忽有平衢，槐柳列植，垣牆回匝。原隨犬入門。列房可有數十間，皆女子，姿容妍媚，衣裳鮮麗，或撫琴瑟，或執博棋。至北閣有三間屋，二人侍直，若有所伺。見原，相視而笑，云：「此青犬所引至，妙音婿也。」一人留，一人入閣。須臾，有四婢出，稱太眞夫人白黃郎：「有年一女，年已弱笄，冥數應爲君婦。」既暮，引原入內，有南向堂，堂前有池，池中有臺，臺四角有徑尺穴，穴中有光，照映帷席。妙音容色婉妙，侍婢六美。交禮既畢，宴寢如舊。徑數日，原欲暫還報家。妙音曰：

神人道異，本非久居。至明日，解佩分袂，臨階涕泣。「後會無期，深加愛敬，若能相思，三月旦可修齋戒。」四婢送出門。半日至家。情念恍惚，每至期，常見空中有駢車，彷彿若飛。

又有爲二本失採者三條，茲列之於下：

1. 《藝文類聚》卷九十二《鳥部下》引《列異傳》，敘韓馮夫妻事：宋康王埋韓馮夫妻，宿夕文梓生，有鴛鴦雌雄各一，恒棲樹上，晨夕交頸，音聲感人。

按，此故事《搜神記》所引較詳細：

> 宋康王舍人韓憑，娶妻何氏，美，康王奪之。憑怨，王囚之，論爲城旦。妻密遺憑書，繆其辭曰：「其雨淫淫，河大水深，日出當心。」既而王得其書，以示左右，左右莫解其意。臣蘇賀對曰：「其雨淫淫，言愁且思也；河大水深，不得往來也；日出當心，心有死志也。」俄而憑乃自殺。其妻乃陰腐其衣。王與之登臺，妻遂自投臺，左右攬之，衣不中手而死。遺書於帶曰：「王利其生，妾利其死。願以屍骨，賜憑合葬。」王怒，弗聽。使里人埋之，冢相望也。王曰：「爾夫婦相愛不已，若能使冢合，則吾弗阻也。」宿昔之間，便有大梓木生於二冢之端，旬日而大盈抱，屈體相就，根交於下，枝錯於上。又有鴛鴦，雌雄各一，恒棲樹上，晨夕不去，交頸悲鳴，音聲感人。宋人哀之，遂號其木曰「相思樹」。相思之名，起於此也。南人謂此禽即韓憑夫婦之精魂。今睢陽有韓憑城，其歌謠至今猶存。

考《史記》卷三十八《宋微子世家》：「剔成四十一年，剔成弟偃攻襲剔成，剔成敗奔齊，偃自立爲宋君。君偃十一年，自立爲王。」索隱云：《戰國策》、《呂氏春秋》皆以偃諡曰康王也。東敗齊，取五城；南敗楚，取地三百里；西敗魏軍，乃與齊、魏爲敵國。盛血以韋囊，縣而射之，命曰「射天」。淫於酒婦人，群臣諫者輒射之，於是諸侯皆曰「桀宋」。《晉太康地記》言其似桀也。

2. 《太平御覽》卷八百八十六《妖異部二·精》引《列異傳》：桂陽太守張叔高家居鄴陵，里中有樹大十圍，遣客斫之，樹大血出。客驚怖，叔高曰：樹老汁赤耳。斫之血大流，出空處有一白頭翁出走，高以刀斫殺之，所謂木石怪夔蝄蜽乎？

3. 《太平御覽》卷八百六《珍寶五・璧》引《列異傳》：秦召公子無忌，無忌不行，使朱亥奉璧一雙。秦王大怒，將朱亥著虎圈中。亥瞋目視虎，眥裂，血出濺虎，虎終不敢動。

六、魏周斐《汝南先賢傳》考

（一）《汝南先賢傳》作者、歷代著錄及亡佚時代考

《隋書》卷三十三《經籍志》：「《汝南先賢傳》五卷，魏周斐撰。」

《舊唐書》卷四十六《經籍志上》：「《汝南先賢傳》三卷，周裴撰。」

《新唐書》卷五十八：「周斐《汝南先賢傳》五卷。」

《舊唐志》「周斐」作「周裴」，「五卷」作「三卷」，著錄有誤，《新唐志》作「周斐」、「五卷」，可證。《初學記》卷二十五《器物部》亦引作「周斐」。周斐生平，史書無考，僅知其為三國時魏人。魏晉時，記載鄉國人賢物盛的一類作品漸多，如《隋書》卷三十三《經籍志》還著錄有魏明帝時的《海內先賢傳》四卷、吳左丞相陸凱《吳先賢傳》四卷、吳武陵太守謝承《會稽先賢傳》五卷、晉大司農白褒《魯國先賢傳》二卷等。周斐似應為魏時汝南人，著書以彰鄉賢事跡於後世也。汝南郡，漢置，初治平輿，後治新息，即今河南息縣。《史通》卷十：「汝穎奇士，江漢英靈，人物所生，載光郡國，故鄉人學者編而記之，若圈稱《陳留耆舊》、周裴《汝南先賢》、陳壽《益部耆舊》、虞預《會稽典錄》，此之謂郡書者也。」《汝南先賢傳》是產生時期較早的四種郡書之一，直接啓發影響了後來劉義慶《徐州先賢傳贊》、吳均《吳郡錢塘先賢傳》、郭緣生《武昌先賢傳》等的創作。

明人顧起元《說略》卷十三《典述》中謂「《史通》所載古今正偏史今多不存」，所列諸書中即有周斐《汝南先賢行狀》，可見周斐書在明代不存已可確定。周斐書，《史通・外篇》注作《汝南先賢行狀》，《太平御覽・人事部》引也作《汝南先賢行狀》；但《世說新語》注等諸書仍作《汝南先賢傳》。除史家著錄外，只有宋鄭樵《通志》卷六十五著錄：「《汝南先賢傳》五卷，魏周斐撰。」《冊府元龜》卷五百五十五著錄《徐州先賢傳》《會稽先賢傳》《交州先賢傳》《錢塘先賢傳》等，但無《汝南先賢傳》。宋代諸書目文獻如《崇文總目》、尤袤《遂書堂書目》、晁公武《郡齋讀書志》、陳振孫《直齋書錄解題》等也不著錄《汝南先賢傳》。

從征引情況看，《三國志》卷二十三《魏書二十三》裴注最早引《汝南

先賢傳》一條;《水經注》卷二十一引一條;《世說新語‧德行第一》及《賞譽第三》梁劉孝標注各引二條;隋《北堂書鈔》卷三十六《明察》、卷五十四《大匠》、卷六十八《掾》、卷九十八《誦書》共引四條;唐代《藝文類聚》卷二、卷九、卷二十、卷二十四、卷四十九、卷六十六、卷六十九、卷八十、卷八十九、卷九十六、卷九十七、卷一百共引十二條;《初學記》卷四《歲時部下》、卷十一《職官部上》卷十四《葬》、卷十七《人部上》、卷十九《人部下》、卷二十《政理書》、卷二十五《器物部》共引六條;《文選》卷四十六李善注引一條。宋代《太平御覽》引四十八條,但多重複引用者;《太平廣記》卷一百七十一引一條。

　　由書目文獻著錄及諸書徵引情況,可推知《汝南先賢傳》大概亡佚於北宋後期或南宋時。蘇軾《與客會飲聚星堂》詩有「汝南先賢有故事」句〔註284〕,其書彼時尚在乎?

　　《汝南先賢傳》等記載的內容,大多是有相當程度的真實性的,甚或可補史傳之闕。侯康《補三國藝文志》卷三《雜傳類》言周斐《汝南先賢傳》:「諸書引者甚多,如周乘之器識,闞敞之貞廉,黃浮、李宣之公正,陳華、王恢之義烈,薛勤之知人,史傳皆佚其事,且有不知姓名者,胥賴此書以傳。」《遺山先生文集》卷四十《跋張仲可東阿鄉賢記》:「至於大縣萬家,歷承平百年之久,風化之所涵養,名節之所動激,一介之士,時命不偶,齎志下泉,以與草木同腐者,亦何可勝數。誠使見之紀錄,如《汝南先賢》、《襄陽耆舊》,以垂示永久,此例獨不可援乎?」戴表元《剡源戴先生文集》卷八《題王氏寓庵遺稿》:「異時皆崢嶸名輩,杯觴冠蓋,笑談無虛日,而今問其子孫,一無在者,可為惋歎。安知吾黨無能贊《汝南先賢傳》《襄陽耆舊》者,其以此稿補之。」又卷十九《題沂州先賢考》:「古者鄉先生沒,則祠於社而其久也,百世猶紀其遺烈。如《汝南先賢》《襄陽耆舊傳》之類,皆足以起人之敬思,而風俗名教亦因之而增重,且又人無窮達貴賤,通得行之而法所不禁,則何為而不為沂學?」元好問、戴表元、侯康諸人對《汝南先賢傳》的肯定,自有道理。

(二)《汝南先賢傳》佚文輯考

　　《汝南先賢傳》輯本有宛委山堂本《說郛》卷五十八、商務印書館本《說

〔註284〕《集注分類東坡先生詩》卷七。

郛》卷七《諸傳摘玄》、《五朝小說大觀・魏晉小說雜傳家》、黃奭《漢學堂知足齋叢書・子史鉤沈》、《舊小說甲集》、王仁俊《玉函山房輯佚書補編》等諸家。

宛委山堂本《說郛》卷五十八所輯共十八條〔註 285〕，《五朝小說大觀・魏晉小說雜傳家》、黃奭《漢學堂知足齋叢書・子史鉤沈》與宛委山堂本《說郛》本同。商務印書館本《說郛》卷七《諸傳摘玄》所輯二條（敘鄭敬、周蔓二人事），與《舊小說甲集》所輯五條（敘袁安、薛苞、周燕、李宣、葛玄事），均不出宛委山堂本《說郛》外。

王仁俊《玉函山房輯佚書補編》所輯二條，自《稽瑞》採得，敘蔡君仲、應從仲事，可補《說郛》之缺。

今人劉緯毅《漢唐方志輯佚》也輯有《汝南先賢傳》，其可補諸本之缺者三十八條。

又有諸本失採者數條，今補輯如下：

1. 蔡順以至孝稱，順少孤，養母，嘗出求薪，有客卒至，母望順不還，乃噬其指，順即心動，棄薪馳歸，恐問其故，母曰：有急客來，吾噬指以悟汝耳。（《藝文類聚》卷八十《火部・薪炭灰》）

2. 李宣字公休，為太尉黃瓊所辟。時寒暑不和，瓊見掾屬曰：是太尉無德，願諸掾有以匡之。次及宣，宣曰：明公被日月之衣，居上司之位，輔弼天子，處諫諍之職，未有對楊謇謇之言，其所旌命，不授岩谷之士，小掾私所以於邑。（《太平御覽》卷二百九《太尉掾》）

3. 陳蕃上書云：昔明帝時，公主為子求郎，不許賜錢千萬，左右問之帝曰：郎，天官也，以當敘德，何可妄與人耶？今陛下以郎比一把菜，臣以為反側也。（《太平御覽》卷二百一十五《職官部十三・吏部侍郎・尚書郎》）

4. 屈霸字子卿，拜尚書郎。當五侯之時，貴戚傾天下，在朝者莫不慎睫承風，子卿終不屈撓。（《太平御覽》卷二百一十五《職官部十三・吏部侍郎・尚書郎》）

5. 召陵謝子微，高才遠識，見劭年十八時，乃歎息曰：「此則希世出眾之偉人也。」劭始發明樊子昭於鬻幘之肆，出虞永賢於牧豎，召李淑才

鄉閭之間，擢郭子瑜鞍馬之吏，援楊孝祖，舉和陽士，茲六賢者，皆當世之令懿也。其餘中流之士，或舉之於淹滯，或顯之乎童齒，莫不賴劭顧歡之榮。凡所拔育，顯成令德者，不可殫記。(《三國志》卷二十三《魏書二十三》裴注)

6. 謝子微高才遠見，許劭年十八時，乃歎息曰：此希世之偉人也。論語，子貢問曰：賜也何如？子曰：汝器也。曰：何器也？曰：瑚璉也。(《文選》卷四十六「豈非希世之雋民，瑚璉之宏器？」句注)

7. 范滂被詰受幾許賕，滂曰：曾為北部督郵、汝陽令，有記囊，表裏六尺，若以此為賕，直六十耳。

按，《太平御覽》卷七百四《服用部六·囊》引。

8. 劉璋遣法正迎劉備，劉巴諫曰：不可內也。既入，巴復諫曰：若使備討張魯，是放虎於山林也。璋不聽。巴閉門稱疾。備攻成都，令軍中：其有害巴者，誅及三族。及得，甚善。(《太平御覽》卷四百五十七《人事部九十八·諫諍七》)

9. 時匈奴數犯塞，帝患之，乃召百僚廷議。時郭憲以為天下疲弊，不宜動眾。諫諍不合，乃伏地眩瞀，不復言。帝令兩郎扶下殿，憲亦不拜。(《太平御覽》卷四百五十七《人事部九十八·諫諍七》)

10. 鄭欽吏隱於蟻陂之陽。

按，《分類集注杜工部詩》卷第六《院中晚晴懷西郭茅舍》「浣花溪裏花饒笑，肯信吾兼吏隱名」句王洙注：「公嘗為嚴公參謀，故云吏隱。趙曰：言浣花之開，似能獻笑，必笑我離草堂而宿院，此中有公家事，亦不信我兼為吏隱也。字出《汝南先賢傳》：鄭欽吏隱於蟻陂之陽。」《集注分類東坡先生詩》卷第十六《過淮三首贈景山兼寄子由》「故人真吏隱」句注及卷第二十四《孔毅父妻挽詞》「從君吏隱中「句注：「次公《汝南先賢傳》：鄭欽吏隱於蟻陂之陽。」

11. 黃浮為濮陽令，為政清明，號為神君。

按，《北堂書鈔》卷三十六《明察》引。《北堂書鈔》卷三十七《公正》引較略。

又有一條存疑。清紀昀《閱微草堂筆記》卷十一《槐西雜誌一》：

陳業滴血，見《汝南先賢傳》，則自漢已有此説。

今檢《汝南先賢傳》無記此事者，蓋紀氏之誤記。《初學記》卷十七《人部上》引謝承《會稽先賢傳》曰：「陳業，字文理。業兄度海傾命，時依止者五六十人，骨肉消爛而不可辨別。業仰皇天，誓后土曰：『聞親戚者必有異焉。』因割臂流血，以灑骨上。應時斂血，餘皆流去。」

七、晉《文士傳》考

（一）《文士傳》作者、歷代著錄及亡佚時代考

鍾嶸《詩品》：「張騭《文士》，逢文即書。」

《隋書》卷三十三《經籍志二》：「《文士傳》五十卷，張騭撰。」

《舊唐書》卷四十六《經籍志上》：「《文林傳》五十卷，張騭撰。」

《新唐書》卷五十八《藝文志二》：「張騭《文士傳》五十卷。」

《後漢書》注也引作「張騭《文士傳》」。《三國志》卷二十一《魏書》卷二十一《王粲傳》南朝宋裴松之注兩引《文士傳》均作張騭撰，且指謫其誤，云其書為「虛僞妄作」。則此書成於劉宋之前，作者為張騭甚明。張騭，生平不詳。惟此書所載記，多為魏晉文人事跡，可知作者應為晉人。考《晉書》，僅卷一百二十九《沮渠蒙遜載記》載有晉隆安五年，蒙遜以張騭為左司馬事，不知此張騭是否即《文士傳》之作者？

但《三國志》卷九《魏書》卷九《曹休傳附子肇傳》南朝宋裴松之注引作「張隱《文士傳》」，《初學記》卷十二《職官部下》、卷十七《人部上》、卷十八《人部中》、卷二十《政理書》、卷二十五《器物部》也引作「張隱《文士傳》」，又《宋史》卷二百三《藝文志二》也著錄為「張隱《文士傳》五卷。」《太平御覽綱目》列三種：「張騭《文士傳》」、「張鄒《文士傳》」、「張隱《文士傳》」，「鄒」、「隱」應係「騭」字之訛。《玉海》、《中興書目》、《崇文總目》、《文選》注，諸所徵引，「隱」、「騭」互出，其已誤在《宋史·藝文志》之前。

《後漢書》卷六十七《黨錮傳·序》名士「八顧」中有張隱，但此張隱為東漢人，必無與於《文士傳》。又《晉書》卷六十六《陶侃傳》載廬江太守張夔子名隱，陶侃以為參軍。張夔，吳孫皓時為太常，受遣奉皓所佩璽綬，委質請命於晉者〔註286〕。按，此張隱是否為《文士傳》之作者，並無任何根

〔註286〕《三國志》卷四十八《吳書第三·孫皓傳》，中華書局，1959年版，第1176

據可考。

據《新唐書》卷五十八，開元中懷州司馬裴朏又有《續文士傳》十卷。裴朏爲《文士傳》作續書，說明開元中此書尚全。宋《崇文總目》卷四《史部・傳記類》著錄：「《文士傳》十卷（謹案：《永樂大典》云裴朏《續文士傳》十卷《崇文總目》闕）」可知北宋仁宗嘉祐五年（1060）王堯臣等修《崇文總目》時已成殘卷。鄭樵《通志》卷六十五著錄：「《文士傳》五十卷，張騭撰。續文士傳》十卷，裴朏撰。」這可能是因襲唐志的著錄。尤袤《遂書堂書目》史部雜傳類著錄《文士傳》，不著錄撰人和卷數。晁公武《郡齋讀書志》、陳振孫《直齋書錄解題》不著錄此書。宋王應麟《玉海》卷五十八《藝文類》引《中興書目》曰：「《文士傳》五十卷，載六國以來文士，起楚芊原，終魏阮瑀，《崇文目》十卷，終宋謝靈運，已疑不全，今又闕其半。」王應麟是南宋理宗時人，可見《文士傳》殘本在南宋後期還在。元代馬端臨《文獻通考》無著錄，但卷一百三十八：「《文士傳》柯亭笛，作『高遠亭』，誤。」言及《文士傳》。明代楊士奇《文淵閣書目》、高儒《百川書志》，清代黃虞稷《千頃堂書目》等書目文獻均不著錄。則並殘本亦亡。從征引看，《藝文類聚》引十條，《太平御覽》引則多達三十九條，也說明北宋初此書還在。

（二）《文士傳》輯本佚文考

《文士傳》輯本有宛委山堂本《說郛》卷五十八、《古今說部叢書二集》、《五朝小說大觀・魏晉小說雜傳家》、《舊小說甲集》、杜文瀾《曼陀羅華閣叢書・古謠諺》、王仁俊《經籍佚文》、黃奭《漢學堂知足齋叢書・子史鈎沈》等諸家。

宛委山堂本《說郛》卷五十八題張隱撰，載十七人事跡〔註287〕。《古今說部叢書二集》、《五朝小說大觀・魏晉小說雜傳家》所輯與宛委山堂本《說郛》同。黃奭《漢學堂知足齋叢書・子史鈎沈》輯本從劉楨至顧榮間缺一頁，但從前文所記諸人事跡及順序，應係從《說郛》本抄來。

《舊小說甲集》所輯只載劉楨、桓驎二人事跡，不出宛委山堂本《說郛》外。

杜文瀾《曼陀羅華閣叢書・古謠諺》卷二十、卷八十九各採得《文士傳》

頁。又《晉書》卷四十二《王浚傳》記述同。
〔註287〕參見附錄三：《水經注》所引重要文獻《說郛》輯本佚文出處補。

佚文一則，可補《說郛》本之闕。卷二十據《太平御覽》採得《時人爲張氏諺》〔註288〕：「相里張，多賢良，積善應，子孫昌。」卷八十九據《三國志》卷二十一《魏書‧王粲傳》裴注〔註289〕採：「奕奕天門開，大魏應期運。青蓋巡九州，在東西人怨。士爲知己死，女爲悅者玩。恩義苟敷暢，他人焉能亂？」今按：《文選》卷六十、《太平御覽》卷五百七十二《樂部十‧歌三》引《文士傳》同。

王仁俊《經籍佚文》係轉錄杜輯。

八、晉盧綝《四王起事》考

（一）《四王起事》作者、歷代著錄及亡佚時代考

盧綝，生平不詳。惟《晉書》卷七十一《熊遠傳》：

> 尚書刁協用事，眾皆憚之。尚書郎盧綝將入直，遇協於大司馬門外。協醉，使綝避之，綝不回。協令威儀牽綝墮馬，至協車前而後釋。遠奏免協官。

以此知盧綝爲東晉初人，官尚書郎。又考《晉書》卷六十九《刁協傳》，刁協以「太興初，遷尚書令，在職數年」，則盧綝官尚書郎時在晉元帝太興時（318～321）。又《隋書》卷三十三《經籍志二》：「《晉八王故事》十卷、《晉四王起事》四卷晉廷尉盧綝撰。」知其又曾拜廷尉。又晉盧氏一族，爲漢侍中盧植後，范陽涿人，可參見《晉書》卷四十四《盧欽傳》、《盧志傳》、《盧諶傳》諸傳。陳橋驛《水經注文獻錄》以爲盧綝爲盧志兄子，檢今本《晉書》未見有關記述。又《刁協傳》：「協性剛悍，與物多忤，每崇上抑下，故爲王氏所疾。又使酒放肆，侵毀公卿，見者莫不側目。」而盧綝以其屬吏而忤之，敢於犯權豪之威怒，亦足見其爲人之剛正不阿，而以是推之，其書當亦自不隱惡矣，是以盧綝所撰《晉八王故事》、《晉四王起事》，並載諸王篡

〔註288〕《太平御覽》卷四百九十六《人事部一百三十七‧諺下》引《文士傳》曰：留侯七世孫張讚，字子卿，初居吳縣相人里。時人諺曰：）相里張，多賢良，積善應，子孫昌。

〔註289〕《三國志》卷二十一《魏書‧王粲傳》裴注引《文士傳》曰：太祖雅聞瑀名，辟之，不應，連見逼促，乃逃入山中。太祖使人焚山，得瑀，送至，召入。太祖時征長安，大延賓客，怒不與語，使就技人列。瑀善解音，能鼓琴，遂撫弦而歌，因造歌曲曰：「奕奕天門開，大魏應期運。青蓋巡九州，在東西人怨。士爲知己死，女爲悅者玩。恩義苟敷暢，他人焉能亂？」爲曲既捷，音聲殊妙，當時冠坐，太祖大悅。中華書局，1959 年版，第 600 頁。

逆作亂之實，而略無隱晦。故《全陳文》卷八載《徐陵與王僧辯書》：「綠林青犢之群，黑山白馬之卒，《八王故事》，曾未混淆，《九州春秋》，誰云禍亂？」

《晉四王起事》之「四王」，或指齊王冏、長沙王乂、成都王穎、河間王顒。唐代《北堂書鈔》卷一百二十九引一條，又陸羽《茶經》下引一條。宋代《太平御覽》凡引十二條。檢諸書所引，多載晉惠帝征成都王穎而軍敗於蕩陰之事。除《隋書》卷三十三《經籍志二》著錄外，《舊唐書》卷四十六：「《四王起居》四卷，盧綝撰。」按，「居」當作「事」，諸書著錄徵引多作「起事」。《新唐書》卷五十八：「又《晉四王起事》四卷。」《冊府元龜》卷五百五十五著錄：「盧綝爲廷尉，撰《四王起事》四卷，《八王故事》十二卷。」鄭樵《通志》卷六十五著錄：「《晉四王起事》四卷，盧綝撰。」但南宋後諸書目文獻如宋晁公武《郡齋讀書志》、陳振孫《直齋書錄解題》、尤袤《遂書堂書目》、元代馬端臨《文獻通考》、明代《文淵閣書目》、《百川書志》等並皆不著錄，知已亡佚。

（二）《四王起事》佚文補輯

黃奭《漢學堂知足齋叢書·子史鈎沈·史部雜史類》、《黃氏逸書考·子史鈎沈》輯有《四王起事》。黃氏據《太平御覽》、《水經注》、《北堂書鈔》等輯得十四條。

黃輯本尚有一條失採：

> 惠帝遷長安時，洛陽御府有大珠璫百餘斛。(《太平御覽》卷八百三《珍寶二·珠下》)

九、晉盧綝《晉八王故事》考

（一）《晉八王故事》作者、歷代著錄及亡佚時代考

《晉八王故事》作者盧綝，東晉初人，考見《四王起事》。八王者：汝南文成王亮、楚隱王瑋、趙王倫、齊王冏、長沙王乂、成都王穎、河間王顒、東海孝獻王越。

《隋書》卷三十三《經籍志二》：「《晉八王故事》十卷、《晉四王起事》四卷晉廷尉盧綝撰。」《舊唐書》卷四十六：「《晉八王故事》十二卷，盧綝撰。」《新唐書》卷五十八：「盧綝《晉八王故事》十二卷。」《冊府元龜》卷五百五十五著錄：「盧綝爲廷尉，撰《四王起事》四卷，《八王故事》十二卷。」

鄭樵《通志》卷六十五著錄：「《晉八王故事》十二卷，盧綝撰。」但南宋後諸書目文獻如宋晁公武《郡齋讀書志》、陳振孫《直齋書錄解題》、尤袤《遂書堂書目》、元代馬端臨《文獻通考》、明代《文淵閣書目》、《百川書志》等並皆不著錄。

　　從徵引情況看，《世說新語》劉注較早引《晉八王故事》，也最多，《雅量篇》注、《言語篇》注、《方正篇》注、《賞譽篇》注、《尤悔篇》注、《容止篇》注、《賢媛篇》注、《輕詆篇》注、《品藻篇》注等達十五條。隋代《北堂書鈔》卷五十《設官部二·總載三公》等引四條。唐代《藝文類聚》卷九十《鳥部上》引一則；《文選》卷四十三《稽叔夜與山巨源絕交書》李注引一條；李吉甫《元和郡縣志》卷六《河南道·河南府一·洛州東都》引一條。宋代《太平御覽》引三條。此後諸書如羅泌《路史》等所引條目無多，且不出前列諸書之外，知此書已漸散佚。

（二）《晉八王故事》輯本佚文考

　　《晉八王故事》輯本有《說郛》宛委山堂本卷五十九、黃奭《漢學堂知足齋叢書·子史鉤沈·史部雜史類》、《黃氏逸書考·子史鉤沈》等。《說郛》宛委山堂本卷五十九，共輯得四條，黃奭輯本又輯得爲《說郛》失採者二十一條。其中據《世說新語》劉注輯十四條〔註290〕，又據《水經注》引一條

〔註290〕　（1）司馬越字元超，高密王泰長子。少尚布衣之操，爲中外所歸，累遷司空太傅。（《雅量篇》注）（2）長沙王，世祖第十七子。（《言語篇》注）按：但《全晉文·卷十七》：「字士度，武帝第六子。」（3）成都王司馬穎字叔度，世祖第十九子，封成都王大將軍。（《言語篇》注）（4）楊濟字文通，弘農人。楊駿弟也。有才識，累遷太子太保，與駿同誅。（《方正篇》注）（5）董艾字叔智，弘農人。祖遇，魏侍中。父綏，秘書監。艾少好功名，不修士檢。齊王起義，艾爲新汲令，赴軍，用艾領右將軍。王敗見誅。（《方正篇》注）（6）馮蓀少以才悟，識當世之宜，蚤歷清職，仕至侍中，爲長沙王所害。（《賞譽篇》注）（7）劉輿才長綜覈，潘滔以博學爲名，裴邈強立方正。皆爲東海王越所昵，俱顯一府。故時人稱曰：「輿長才，滔大才，邈清才也。」（《賞譽篇》注））（8）華亭，吳由拳縣郊外墅也，有清泉茂林。吳平後，陸機兄弟其遊於此十餘年。（《尤悔篇》注）（9）潘岳與湛著契，故好同遊。（《容止篇》注）（10）周濬字開林，汝南安城人。少有才名。太康初，平吳，自御史中丞出爲揚州刺史。元康初，加安東將軍。（《賢媛篇》注）（11）夷甫雖居臺司，不以事物自嬰，當世化之，羞言名教。自臺郎以下皆推崇拱默，以遺事爲高。四海尚寧，而識者知其將亂。（《輕詆篇》注）（12）胡母輔之，少有雅俗鑒識，與王澄、庾凱、王敦、王夷甫爲四友。（《品藻篇》注）（13）王玄爲陳留太守，或勸玄過江投琅邪王，玄曰：「王處仲得志於彼，家叔猶不免害，豈能容我？」

〔註291〕，又據《北堂書鈔》引三條〔註292〕，據《藝文類聚》等引一條〔註293〕，《文選》引一條〔註294〕，唐李吉甫《元和郡縣志》一條〔註295〕，《太平御覽》引一條〔註296〕。

十、晉《長沙耆舊傳》考

（一）《長沙耆舊傳》作者、歷代著錄及亡佚時代考

《隋書》卷三十三《經籍志》：「《長沙耆舊傳贊》三卷，晉臨川王郎中劉彧撰。」《新唐書》卷五十八志四十八：「劉彧《長沙舊邦傳贊》四卷。」是《長沙耆舊傳》又有《長沙耆舊傳贊》或《長沙舊邦傳贊》之名。《舊唐書》卷四十六志二十六則作「《長沙舊邦傳贊》三卷，劉成撰。」又《史略》撰人訛爲「劉彧」。按，「成」、「彧」二字皆誤，當作「彧」，《北堂書鈔‧禮儀部》、《太平御覽‧天部》《初學記‧天部》、《藝文類聚‧天部》等並引劉彧《長沙舊邦傳》。劉彧，生平不詳，僅據隋志知其爲晉人，官臨川王郎中。

魏晉之時，以《先賢》、《耆舊》爲名的著述甚多。以《耆舊》爲名的就有魏蘇林的《陳留耆舊傳》、晉陳壽的《益部耆舊傳》、習鑿齒的《襄陽耆舊傳》以及《四海耆舊傳》、《續益部耆舊傳》等書。諸書大多記述鄉里賢能之士的孝行善舉、忠直仁信、特立獨行，兼及山川物產、土俗風情。雖或有過

謂其器宇不容於敦也。（《賞譽篇》注）（14）楊淮有六子，曰喬、髦、朗、琳、俊、仲，皆得美名，論者以爲悉有臺輔之望。文康庾公每追歎曰：「中朝不亂，諸楊作公未已也。（《賞譽篇》注）

〔註291〕《水經注》卷五《河水》注：東海王越治鄄城，城無故自壞七十餘丈。越惡之，移治濮陽城南。

〔註292〕（1）張方逼上出謁宗廟，上以青簡詔敕中書曰：「朕體中不佳，不堪出也。」（卷一百三）（2）汝南王葬。詔賜冰五斛。（卷一百五十九）（3）卞粹以才識清辨見稱，爲太子舍人。（卷六十六）

〔註293〕陸機爲成都王所誅，顧左右歎曰：「今日欲聞華亭鶴唳，不可復得。」華亭，吳國奉縣郊外之野，機素遊之所。（《藝文類聚》卷九十《鳥部上》）按：《太平御覽》卷九百一十六《羽族部三‧鶴》引同。又，《文選》卷十四「唳清響于丹墀，舞飛容於金閣。」句注、《文選》卷二十七「獨鶴方朝唳，饑鼯此夜啼」句注引較略。

〔註294〕公孫崇字顯宗，譙國人。爲尚書郎。（卷四十三《稽叔夜與山巨源絕交書》注）

〔註295〕鄂領阪在縣東南三十七里。《晉八王故事》曰：范陽王保於鄂阪，後於其上置關。（卷六《河南道‧河南府一‧洛州東都》）

〔註296〕初，趙王倫將篡位，洛下童謠曰：「屠蘇鄣日覆兩耳，當有瞎兒作天子。」於是商農通著大裁鄣日。倫實眇目也。（卷六百八十七）

言失實之處，然仍以事跡可考者居多，故往往能補史傳之闕。劉彧《長沙舊邦傳贊》是其中一種，也是在這樣的整體創作氛圍中產生的。長沙郡，按《晉書‧地理志下‧荊州》，秦滅楚，分黔中立；漢高祖分長沙爲桂陽郡，武帝又分長沙爲零陵郡，屬荊州；三國時屬吳，孫權分長沙立衡陽郡，孫皓分長沙立安成郡；晉因之。

　　《長沙耆舊傳》，除史家著錄外，只有宋鄭樵《通志》卷六十五著錄：「《長沙耆舊傳贊》三卷，晉臨川王郎中劉彧撰。」檢宋代諸書目文獻如《冊府元龜》、《崇文總目》、尤袤《遂書堂書目》、晁公武《郡齋讀書志》、陳振孫《直齋書錄解題》等，均不著錄《汝南先賢傳》。從征引看，除《水經注》外，唐代《北堂書鈔》引八條，《藝文類聚》引二條，《初學記》卷二《天部下》等亦引。宋代《太平御覽》引十餘條。宋後稱引者不出前舉諸書外，知已亡。

（二）《長沙耆舊傳》佚文補輯

　　《長沙耆舊傳》輯本有宛委山堂本《說郛》卷五十八、商務印書館本《說郛》卷七《諸傳摘玄》、黃奭《漢學堂知足齋叢書‧子史鈎沈》、杜文瀾《曼陀羅華閣叢書‧古謠諺卷十九》、陳運溶《麓山精舍叢書第一集‧歷朝傳記九種》諸家。

　　宛委山堂本《說郛》卷五十八所輯凡四條，商務印書館本《說郛》卷七《諸傳摘玄》所輯僅二條。黃奭《漢學堂知足齋叢書‧子史鈎沈》係抄錄宛委山堂本《說郛》。杜文瀾《曼陀羅華閣叢書‧古謠諺卷十九》所輯共二條〔註297〕。陳運溶《麓山精舍叢書第一集‧歷朝傳記九種》所輯共九人事跡，除見於《說郛》者外，尚有漢祝良、劉壽、文虔、虞芝事，魏桓階事，吳夏隆、虞授事，晉徐偉、桓龍事等。

　　今又於諸本外檢得一條，補之於下：

　　《太平御覽》卷二百四十八《職官部四十六》引《長沙耆舊傳》曰：

> 太尉李公，時爲荊州刺史，下辟書：夫採名珠，求之於蚌；欲得名士，求之文學。或割百蚌不得一珠，不可捨蚌求之於魚；或百文學不出奇士，不可捨文學求之於斗筲也。由是言之，蚌乃珠之所藏，文學亦士之場矣。

〔註297〕載祝良祈雨事及虞授説《易》事。